존재와 차이

SONZAI TO SAI – Deleuze NO CHOETSURON TEKI KEIKEN RON

ⓒ TAKAO EGAWA 2003

Originally published in Japan in 2003 by Chisen Shokan

Korean translation rights arranged through TOHAN CORPORATION, TOKYO.,

and Eric Yang Agency, Inc., SEOUL.

존재와 차이: 들뢰즈의 선험적 경험론

발행일 초판1쇄 2019년 1월 10일 | **지은이** 에가와 다카오 | **옮긴이** 이규원

펴낸곳 (주)그린비출판사 | **펴낸이** 유재건 | **주소** 서울시 마포구 와우산로 180, 4층

전화 02-702-2717 | **이메일** editor@greenbee.co.kr | **신고번호** 제2017-000094호

ISBN 978-89-7682-450-9 93100

이 도서의 국립중앙도서관 출판시도서목록(CIP)은 서지정보유통지원시스템 홈페이지(http://seoji.nl.go.kr)와 국가자료
공동목록시스템(http://www.nl.go.kr/kolisnet)에서 이용하실 수 있습니다.(CIP제어번호: CIP2018042104)

철학이 있는 삶 **그린비출판사** www.greenbee.co.kr

존재와 차이

들뢰즈의 선험적 경험론

에가와 다카오 지음
이규원 옮김

리좀총서 II
06

ЗB
그린비

차례

2부 · 존재의 전환

줄임말 표

본문 중에 들뢰즈의 저작과 논문이 출처로 등장할 경우 아래의 줄임말을 사용하여 표기하며, 원서의 쪽수와 번역본의 쪽수를 빗금(/)으로 구분해 함께 표시해 두었다.

AŒ   *L'Anti-Œdipe: Capitalisme et schizophrénie* (avec Félix Guattari), Minuit, 1972.
       『안티 오이디푸스』, 김재인 옮김, 민음사, 2014.

B   *Le Bergsonisme*, PUF, 1966.
       『베르그송주의』, 김재인 옮김, 문학과지성사, 1996.

CC   *Critique et clinique*, Minuit, 1993.
       『비평과 진단』, 김현수 옮김, 인간사랑, 2000.

CI   *Cinéma 1: L'Image-mouvement*, Minuit, 1983.
       『시네마 I: 운동-이미지』, 유진상 옮김, 시각과언어, 2002.

CII   *Cinéma 2: L'Image-temps*, Minuit, 1985.
       『시네마 II: 시간-이미지』, 이정하 옮김, 시각과언어, 2005.

D   *Dialogues* (avec Claire Parnet), Flammarion, 1977, éd. augmentée 1996.
       『디알로그』, 허희정·전승화 옮김, 동문선, 2005.

DR   *Différence et répétition*, PUF, 1968.
       『차이와 반복』, 김상환 옮김, 민음사, 2004.

ES   *Empirisme et subjectivité: Essai sur la nature humaine selon Hume*, PUF, 1953.
       『경험주의와 주체성』, 한정헌·정유경 옮김, 난장, 2012.

F   *Foucault*, Minuit, 1986.
       『푸코』, 허경 옮김, 동문선, 2003.

i   "L'immanence: une vie…", *Philosophie*, no.47, Minuit, 1995, pp.3~7.
       「내재성: 생명……」, 『들뢰즈가 만든 철학사』, 박정태 엮고 옮김, 이학사, 2007, 509~517쪽.

ID   *L'île déserte et autres textes*, Minuit, 2002.
       『들뢰즈가 만든 철학사』, 박정태 엮고 옮김, 이학사, 2007에 일부 수록.

LS   *Logique du sens*, Minuit, 1969.
       『의미의 논리』, 이정우 옮김, 한길사, 1999.

MP   *Mille plateaux: Capitalisme et schizophrénie* (avec Félix Guattari), Minuit, 1980.
       『천개의 고원』, 김재인 옮김, 새물결, 2001.

N   *Nietzsche*, PUF, 1965.
『들뢰즈의 니체』, 박찬국 옮김, 철학과현실사, 2007.

NP   *Nietzsche et la philosophie*, PUF, 1962.
『니체와 철학』, 이경신 옮김, 민음사, 2001.

P   *Le pli: Leibniz et le baroque*, Minuit, 1988.
『주름, 라이프니츠와 바로크』, 이찬웅 옮김, 문학과지성사, 2004.

PK   *La philosophie critique de Kant*, PUF, 1963.
『칸트의 비판철학』, 서동욱 옮김, 민음사, 2006.

PS   *Proust et les signes*, PUF, 1964, éd. augmentée 1970, 1976.
『프루스트와 기호들』, 서동욱 · 이충민 옮김, 민음사, 2004.

QP   *Qu'est-ce que la philosophie?* (avec Félix Guattari), Minuit, 1991.
『철학이란 무엇인가』, 이정임 · 윤정임 옮김, 현대미학사, 1995.

SPE   *Spinoza et le problème de l'expression*, Minuit, 1968.
『스피노자와 표현의 문제』, 이진경 옮김, 인간사랑, 2003.

SPP   *Spinoza: Philosophie pratique*, Minuit, 1970, éd. augmentée 1981.
『스피노자의 철학』, 박기순 옮김, 민음사, 2001.

| 일러두기 |

1 이 책은 江川隆男, 『存在と差異: ドゥルーズの超越論的経験論』, 知泉書館, 2003을 완역한 것이다.

2 주석은 모두 각주로 처리했으며, 옮긴이가 추가한 각주는 끝에 '— 옮긴이'라고 표시해 두었다.

3 대괄호([ ])는 독자의 편의를 위해 옮긴이가 추가한 것이며, 굽은대괄호(〔 〕)는 원저자가 사용한 것이다.

4 단행본·정기간행물의 제목에는 겹낫표(『 』)를, 논문·미술작품·영화의 제목에는 홑낫표(「 」)를 사용했다.

5 외국어 고유명사는 2002년에 국립국어원에서 펴낸 외래어표기법을 따라 표기하되, 관례가 굳어서 쓰이는 것들은 관례를 따랐다.

존재와
차이

에가와 다카오, 「인텐시티―현악 11중주를 위한」(1980)

0장 · 영원한 비-종속을 위하여
― '반-효과화'론을 향하여

이 책은 현대 프랑스 철학자 질 들뢰즈의 사상에 관한 연구다. 내가 이 철
학을 논하는 이유는 이 철학을 구원하기 위해서가 아니라 긍정하기 위
해서다. 하지만 긍정하기 위해서는 '긍정되어야 할 것'을 그 텍스트로부
터 표현적으로 확대해 가야만 한다. 왜냐하면 긍정이란 전면적인 칭송
이 아니라 어디까지나 부분의 긍정, 그 긍정 이전에는 결코 다른 부분들
과 식별할 수 없었을 어떤 부분의 긍정이며, 전체와 아울러 산출되는 부
분의 긍정이기 때문이다. 따라서 긍정은 늘 비판과 불가분적인 활동인 것
이다. 이러한 긍정과 비판의 언어 활동 ── 단순한 '말의 언어' 활동이 아
니라, 스피노자가 말하는 의미에서의 '관념의 언어' 활동 혹은 오히려 '관
념의 표현' 활동 ──을 통해 비로소 그 전체 ──다시 새롭게 태어나 '재-
개'되는 전체 ──가 지지된다. 이러한 의미에서 철학 논문은 하나의 글쓰
기로 변용하고, 또한 사상 속에서 연구는 바로 철학함 그 자체로 생성·변
화해야 한다. 이 양쪽의 이행 과정을 체현하는 것으로서 나는 이 책을 독
자에게 제시하고 싶다. 철학에서 '논문과 연구'는 '글쓰기와 철학함 그 자
체'로 생성·변화해야만 하는 것이다 ──반드시. 그렇지 않으면 철학 논문
과 연구는 단지 사회나 시대와 공가능적으로[1] 실현된 것이라는 의의 이

상의 그 어떤 것도 보여 줄 수 없고, 다수자의 가장 쇠약한 구성 요소가 될 수밖에 없을 것이다. 그러므로 그러한 논문들과 연구 일반이 **다수자의 소수성** 속에서, 즉 '적용[적응]의 질서' 속에서 안정감 있는 하나의 원만한 결과에 불과한 것인 데 반해, 하나의 글쓰기(이것은 일반 서적일 수도, 논문집일 수도 없다)와 철학함은 **창조적 소수자의 다수성**을 표현하고 산출하는 것이며, 따라서 다수자 속에서의 효과화[2]에서 벗어난 어떤 반-효과화적인 활동=행위의 분위기를 끊임없이 감돌게 한다. 이 분위기 혹은 증기, 이것은 니체가 말하는 의미에서 어떤 '재-개'의 원인이 되는 것만이 가질 수 있는 비역사적인[헤겔적인 '대문자 역사'가 아닌] 포피, '하나의 삶'[3]만을 늘 둘러싸는 구름, 비-물체적인 기상 현상이다.

들뢰즈의 내재성의 철학을 실질적으로 구성하는 것은 '에티카'에 근거한 선험철학이거나, 혹은 선험철학을 '에티카'의 방법론으로 행하는 것이다. 선험철학인 이상, 예컨대 칸트처럼 '경험의 조건'을 문제로 삼지만, 이는 오히려 그 조건짓기의 과정, 즉 조건지어지는 것이 조건에 **종속되는**

---

1) '공가능하다'(compossible)는 본래 라이프니츠의 용어로 '함께 가능함'을 뜻한다. 에가와는 이 말을 '현실에 타협해서', '기존의 것들에 적용해서'라는 의미로, 즉 기존에 형성되어 있는 동일성에 부드럽게 합체되어 들어가는 방식이라는 뜻으로 쓰고 있다. 이 점에서 뒤에 나오는 '불협화'(不協和)의 개념과 대비된다.──옮긴이

2) '효과화'(effectuation)란 '하나의 효과로 화하기'를 뜻한다. 한 주체가 어떤 구조나 변화의 한 효과(effect)로 화한다는 뜻이다. 누군가가 배가 고프다고 하면, 그것은 그가 그의 몸에서 일어난 숱한 변화들의 한 효과로 화했음을 뜻한다. 그러나 우리가 그저 한 효과(또는 '표면 효과')로, 철저히 수동적 존재로 그치지 않고 그 효과──하나의 사건으로서의 효과──를 자기화하면서 그 사건을 자신의 사건으로 살고자 할 때 '반-효과화'(counter-effectuation)가 성립한다. 에가와의 본 저작은 이 반-효과화 개념(과 역-식para-sens 개념)을 기둥으로 해서 전개된다.──옮긴이

3) 이 책에 계속 등장하는 '하나의 삶'은 들뢰즈가 마지막으로 쓴 짧고 아름다운 논문 「내재성: 생명……」("L'immanence: une vie…", *Philosophie*, no.47, Minuit, 1995, pp.3~7)을 염두에 둔 표현이다. 들뢰즈의 '내재성의 철학' 전반을 뜻한다.──옮긴이

과정에 대항하기 위해서, 나아가 이 조건짓기의 원리 그 자체를 변화시키기 위해서다. '모럴'[도덕]을 배후에 두는 비판철학에서 '선험적'이란, 우리의 아프리오리한 표상들로 경험의 소여가 필연적으로 종속되는 원리와 이에 완전히 대응하는, 경험의 소여로 아프리오리한 표상들이 필연적으로 적용되는 원리를 특징짓는 말이기 때문이다. 그러나 들뢰즈에게는 이러한 개념의 '적용'이 현실적인 것의 종속의 논리가 되지 않는 원리가 필요한데, 그것이 잠재적인 것의 '현실화'(actualisation)라는 사유 방식이다. 그렇지만 이 현실화의 개념만으로는 결코 충분하지 않다. 이러한 현실화의 운동을 개념의 "형성의 질서"[4]로부터 지지하고, 또한 그 잠재적인 것을 단지 소여로서 부여되는 아프리오리성과 역사성으로 폄하하지 않고 바로 '비역사성의 구름', '불공가능성의 포피'로 하려면, 이 잠재성이라는 선험적 장을 하나의 동적 발생의 문제로 끌어들이는 사유, 즉 '이미지 없는 사유'[5]가 불가결하게 되는데(이 사유와 스피노자적인 평행론을 이루는 신체가 '탈기관체'다), 그것이 바로 '반-효과화'(contre-effectuation)라는 개념이다──이 책의 과제는 이 '반-효과화'론의 관점에서 들뢰즈의 "선험적 경험론"[1부]과 "'존재'의 일의성"[2부]을 종합한 하나의 '에티카'

---

4) 이 책에서는 계속해서 칸트적 개념들의 '적용의 질서'와 들뢰즈적 개념들의 '형성(formation)의 질서'가 대비된다. 칸트의 개념들(범주들)은 하나의 완비된 형식으로서 우리의 의식 일반에 갖추어져 있으며, 경험적 자료들에 '적용'되어 그것들을 종합·구성한다. 들뢰즈는 개념들을 단적으로 주어진 것들로서가 아니라 형성되는 것들로서 다루며, 그것들의 발생적(génétique) 운동을 다룬다. 1부 3장에서 다뤄지는 '이데'(idée)에 대한 논의가 전형적인 예다. 칸트의 사유가 '외부적 구성'의 사유라면, 들뢰즈의 그것은 '내부적 발생/표현'의 사유다.──옮긴이

5) 들뢰즈에게 '사유의 이미지'란 "사유란 무엇인가?"라는 물음에 대해 이미 통념(doxa)으로서 굳어진 답을 말한다. 즉, 일정한 선험적(transcendental) 조건들에 둘러싸인 채 이루어지는 사유의 틀을 말한다. 이런 사유와 '이미지 없는 사유'의 관계는 기관들에 의해 일정하게 조직된 신체와 '탈기관체'(corps sans organes)의 관계와 같다.──옮긴이

형성하기다. 이는 단순한 마음의 '반성'(reflection)이 아니라, 스피노자가 말하는 **정신**의 영원한 '반-영'(contre-effectuation)이다. 우리에게 필요한 것은 마음이 아니라 정신이며, 기관으로 구성된 신체가 아니라 탈기관체다. 내가 이 책에서 들뢰즈의 철학으로부터 도출하는 '반-효과화'론이란 그 자체가 바로 '에티카'에서의 영원한 비종속의 논리며, 판단력(=심판)[6]으로부터 결별하기 위한 무의식적 관념[7]의 하나의 표현 활동, 하나의 생산 활동이다. 이를테면 '안티-모랄리아'(anti-moralia)에서의 인식론과 존재론을 적극적으로 밝히는 작업이다.

---

6) 우리에게 이미 주어져 있는 판단능력의 구조. 신체적으로 말하면, 신이 생명체들에게 내린 심판(예컨대 신이 "척추는 가운데에 있으라"고 했기에 척추는 가운데에 있다). 이 저작에서 '도덕'(Moral)이라 부르는 것은 바로 이런 신의 심판, 그리고 그것을 재현하고 따르려는 태도를 가리킨다.──옮긴이

7) 여기에서 에가와 '관념'이라고 한 것은 들뢰즈 특유의 의미에서의 '이데'다. 들뢰즈의 '이데'는 플라톤의 '이데아'나 칸트의 '이념'에 비해서는 주체적이지만, 영국 경험론 등에서의 '관념'이나 현대의 '아이디어'보다는 객체적이다. 들뢰즈의 '이데'들은 의식이 아니라 무의식──정신분석학적 의미에서 한 개인의 무의식을 뜻하기보다 잠재성, 생명을 가리킨다──속에 존재하는 관념들이다. 이 관념들은 잠재적으로 존재하지만 우리가 선험적 조건의 벽을 깨고 (에가와 식으로 말해서) '불공가능적으로' 사유하기 시작할 때 작동하는 관념들이다. 그리고 이 '이데'들은 실체적으로 존재하는 x가 아니라 생성하는 dx다. 그렇다고 잠재성 차원이 단순한 '카오스'인 것은 아니다. 들뢰즈 존재론의 핵심은 철저한 생성존재론(ontology of becoming)의 입장을 취하면서도 어떻게 존재들(beings)을 설명할 수 있을까 하는 것이다. 즉, 무규정의 dx로부터 x들의 발생을 설명코자 한다.──옮긴이

1부

사유의 생식

1장 · 비판과 창조의 원환

1. '에티카': 어떻게 반-도덕적 사유를 획득할까

들뢰즈의 철학, 그것은 무엇보다도 '반-도덕주의'의 철학이다. 칸트의 철학이 초월적 규범을 지닌 도덕을 기초로 한 선험철학이라고 한다면, 들뢰즈의 철학은 바로 스피노자와 니체가 긍정한 '에티카'에 따른 선험철학을 형성하려는 시도로서 파악해야 한다고 생각한다.[1] 따라서 이 책의 과제는 들뢰즈의 사상을 스피노자나 니체의 철학으로 환원하면서 고찰하기보다, 그들의 철학을 계승하면서 들뢰즈가 '에티카'를 (다른 개념들에 근거하여) 주장하는 철학을 어떻게 성립시키는가를 밝히는 일이다──다시 말하면 [우리 시대의] 동시대인으로서 스피노자나 니체를 논하는 것인데, 이것이 역으로 반시대적인 것을 낳게 된다. 칸트의 비판철학의 착상을 이

---

1) Friedrich Nietzsche, *Zur Genealogie der Moral*, I, §17. eds. Giorgio Colli and Mazzino Montinari, *Nietzsche Sämtliche Werke, Kritische Studienausgabe*, Walter de Gruyter, 1967~1977, vol.5, p.288[『선악의 저편·도덕의 계보』, 김정현 옮김, 니체전집 14, 책세상, 2002, 389쪽] 참조. 니체가 기술했듯이 도덕적인 '선·악'의 저편은 윤리적인 '좋음·나쁨'의 저편을 의미하지 않는다.

용하면서도 '에티카'의 측면에서 선험철학을 다시 행하기, 그것이 들뢰즈 철학의 가장 두드러진 특징이다.

먼저 첫 번째 문제는 차이를 어떻게 긍정적으로 사유하고, 또 어떻게 사유의 대상으로 하는가인데, 이때 중요한 것은 '도덕'과 '에티카'가 차이의 가치 평가에 관해 서로 전혀 다른 입장에 있다는 점이다. 즉 '도덕'과 '에티카'의 다른 점[2]은 차이를 파악하는 방식 그 자체에서 가장 잘 나타난다. 중요한 것은 '차이'를 긍정적으로 사유하기 그 자체가 모든 가치의 전환, 모든 도덕적 가치의 전환인 '에티카'를 주장하는 데에 필연적으로 연결된다는 점이다. "존재는 '차이' 그 자체다."[3] 이 언명은 단순히 "차이가 존재한다"고만 하기엔 불충분하며, 여기에 "차이[차이 생성] 그 자체는 긍정적 존재다"라는 주장을 덧붙여야 한다는 강한 의미가 함축되어 있다. 이 것이 '도덕'을 대체하는 '에티카'의 최초의 발상이다. 도덕적 사유는 초월적 가치로서의 '선'(Bien)과 '악'(Mal)의 규범으로 끊임없이 우리의 '삶'[4] 본연의 모습을 부정적으로 규정하고 재단하려는 데 반해, '삶' 그 자체의 내재적 양상을 '좋음'(bon)과 '나쁨'(mauvais)이라는 질적인 차이로부터 형성하고, '삶' 그 자체와 하나인 역능의 문제로부터 바로 그 '삶'을 긍정적으로 인식하려고 노력하는 것이 '에티카'다. 요컨대 '도덕'은 결국 우리의 삶보다도 이를 초월한 가치 쪽에 우월성을 두는 주지주의적 〈표상〉[5]

---

2) SPP, 27~43/31~47 참조. 「'도덕'과 '에티카'의 차이에 관하여」라는 제목의 이 텍스트에서 들뢰즈는 양쪽의 차이를 스피노자를 통해 명확히 논한다.

3) DR, 89/159.

4) 이 책 전체에 걸쳐 '生'의 번역어인 '삶'은 또한 '생명'이기도 하다. '생'(生)으로 그대로 살려 번역하기도 했다. ──옮긴이

5) 이 번역서에서 사용된 〈 〉 기호는 원서에는 없는 표시로, 독자들에게 대조되는 개념들을 변별해서 보여 주기 위해 부가했다. ──옮긴이

에 의해 성립하는 데 반해, '에티카'는 우리 삶의 내적인 의미와 가치를 어디까지나 긍정하려는 〈역능들〉로 구성된다는 것이다.

그렇지만 사실 '도덕' 그 자체도, 그 정당성도 꼭 자명하지는 않다. 우리의 삶 속에 어떠한 방식으로 도덕이 침투해 왔는지, 어떻게 우리의 삶이 도덕에 감염되고 있는지 꼭 자명하지는 않다. 도덕적 사유가 결국 초월적 가치인 '선·악'의 규범으로 우리 삶 본연의 모습을 재단하기에 이른다고 해도 어떤 방식으로 도덕이 우리의 삶을 구체적으로 규정하는지 꼭 자명하지는 않다. 하지만 이는 오늘날 도덕이 취약해졌거나 우리가 도덕을 놓쳤기 때문이 아니라, 그 반대로 모든 차원에서 도덕이 우리의 '삶의 조건'이 되어 버렸기 때문에 발생한 사태다. 그리고 이에 완벽히 대응하려는 듯 철학적 사유는 바로 시대와의 공가능성에 범람하는 사상(思想) 없는 주지주의에 빠지고, '좋음·나쁨'의 저편에서 서로 다른 가사를 같은 선율에 담아 계속해서 노래하고 있다. 거기에는 일반적인 것을 특수한 것의 차이 속에서 어떻게 되풀이할까라는 의미에서의 선택의 자유만이, 혹은 운명의 권리 아래에 놓인 삶만이 있을 뿐이다.[6] 그렇지만 이에 대항하기 위해 별도로 다른 지(知)의 체계를 가져와, 이에 대한 도덕적인 주지주의자들의 태도 혹은 지의 관리인으로서의 행동을 이 이상 늘리는 일에 결코 가담할 필요는 없을 것이다. 왜냐하면 이전에 데리다가 기술했듯이, "문제는 하나의 말을 죽이는 것",[7] 즉 '말의 언어'를 살해하는 것이며, 진

---

6) DR, 113~114/189 참조. "그들[철학자와 돼지, 범죄자와 성인聖人]은 각기 자신의 소리의 높이 혹은 장단을 선택하고 어쩌면 가사까지도 선택하겠지만, 선율은 완전히 같다. 모든 가사, 가능한 모든 장단, 그리고 모든 높이에서 똑같은 '트랄-랄-라'가"(강조는 인용자). 혹은 도덕적으로 무차이(無差異)적인 똑같은 '치-치-팝파'[일본 동요 「참새의 학교」雀の学校의 후렴구]가.

7) Jacques Derrida, *L'écriture et la différence*, Seuil, 1967, p.133[『글쓰기와 차이』, 남수인 옮김, 동문선, 2001, 145~146쪽] 참조.

리의 관리인의 언어를 불가능하게 만드는 것이기 때문이다. 또는 설령 그 진리적인[진리 관리적인] 행동에 가담했을지라도, 스피노자에 따르면 새로운 감정을 낳지 않는 개념은 결국 "역사-기억"을 떠받치는, 이를테면 '스토리(=목적론)-내-감정' 즉 수동감정의 형상과 다를 바 없는 것이기 때문이다. 새로운 변양을 만들어 내지 않는 개념은 단순한 추상개념이며, 역으로 개념을 형성하지 않는 감정은 단순한 수용적 촉발에 불과한 것이다.

사물의 '비교'를 혐오하는 철학자, 그가 스피노자다. 『에티카』의 4부 머리말에서 스피노자는 사람들이 습관적으로 자연 속의 모든 개체를 가장 보편적인 "유"(類) 개념 ── "초월개념"(초범주)으로서의 "존재"(ens) 개념 ── 으로 환원함으로써 그 개체들을 서로 비교한다는 점을 비판한다. 모든 개체에 공통적인 것으로서 아프리오리하게[경험에 상관없이] 주어진 "존재" 개념을 기초로 사물들을 서로 비교하고, 그런 한에서 사람들은 그 사물의 '실재성'(예컨대 그 사물이 행할 수 있는 것)의 대소에 따라 그 '완전성'을 표상하며, 또한 역으로 한계나 무능력 같은 '부정적인 것'을 그 개체들에 씌움으로써 그 '불완전성'을 표상하는 것이다.[8] 그러나 스피노자에 따르면, '완전성'과 '불완전성'은 단순한 사유의 양태인 "표상적 존재"에 불과하다. 즉 이러한 의미에서의 '완전성'과 '불완전성'의 차이는 결코 사물들 간의 본성상의 차이를 나타내지 않으며, 그 이상으로 '불완전성'의 쌍개념으로 사용되는 한에서의 '완전성' 개념은 사물의 실재성을 결코 표현하지 않는다. 이러한 것[표상]은 결국 그 사물을 처음부

---

8) 『에티카』 4부 서문. Baruch de Spinoza, *Spinoza Opera*, ed. von Carl Gebhardt, Carl Winter, 1925, vol.2, pp.207~208[『에티카』, 강영계 옮김, 서광사, 2007, 243~244쪽] 참조. [이하 『에티카』에서의 인용은 '서문', '정리', '증명' 등 한글로 표기하고, 이 전집 및 한글판의 쪽수를 함께 병기한다.]

터 '그 사물이 행할 수 없는 것'으로부터 평가하려는 태도, 부정적인 마음 가짐 속에서만 가능케 되는 사태와 다름없다. 그 사물의 평가를 설령 '그 사물이 행할 수 있는 것'으로부터 결정했을지라도, 다른 사물들과의 비교가 전제되어 있는 이상, 거기에는 부정성이 들어가 있다. 하지만 그 사물이 우리의 감각을 기쁘게 하지 않았거나 우리에게 사유적인 정합성을 부여하지 않았다고 해서, 그 사물은 정말로 '불완전'한 것일까. 그렇지 않을 것이다. 이러한 사태를 야기하는 것은 바로 우리가 가지고 있는 '비교'라는 **다의성의 방법**이며, 그 배후에는 이러한 방법을 암묵적으로 전제하고 있는 초월적 가치가 존재하는 것이다.[9]

이 논점을 여기서의 과제에 비추어 말해 보자. 주의해야 할 점은, 개체들을 어떤 기준에 입각해 평가할 때 이 보편적인 "존재" 개념은 우리의 '하나의 삶'을 초월한 "선"(善)이라는 또 다른, 그러나 참된 이름을 갖는다는 것이다. 사물의 외부에 있고, 또한 우리의 '하나의 삶'으로부터 분리된 초월적 원리, 즉 초월적 가치(선·악)가 반대로 소여의 규범으로서 우리에 대해 사물의 가치를 결정하고, 또한 우리의 '하나의 삶'을 규정하는 것이다. 이때 "존재"는 바로 우열의 개념을 동반하여 다의적으로 이야기되므로, 개체들 사이에서 발견되는 다양한 차이는 이러한 원리 또는 가치에서 먼지 가까운지에 따라 생기는 **부정적인 다양성**을 나타내고 있는 데 불과하다고 간주된다.[10] 차이가 부정적으로 파악되는 것과 존재가 다의

---

9) 다의성(equivocity), 일의성(univocity), 유비(analogy)는 중세 존재론의 용어다. 지금의 맥락에서 풀어 말한다면, '다의성'은 세계에 가치의 위계가 존재하며 존재론적으로 넘볼 수 없는 굵은 경계선들이 그어져 있음을 뜻하는 데 비해, '일의성'은 모든 존재들은 내재면(plane of immanence) 또는 혼효면(plane of consistency) 위에서 공존하며 경계선들은 점선들로 그어져 있을 뿐이라고 본다. 다의성이 〈도덕〉과 통한다면, 일의성은 〈하나의 삶/생명〉과 통한다.─옮긴이

적으로 이야기되는 것은 바로 표리일체의 관계다. 이러한 초월적 가치에 기초한 원리들이 이미 충분히 기능하고 이에 따른 관계들의 분화가 실제로 일어나는 이상, 긍정적인 실재성의 차이는 이러한 '관계=연관' 속에서 완전히 도덕화되거나 혹은 오히려 소거되므로, 그 관계'항'은 자신의 긍정적인 실재성(행할 수 있는 것)으로부터 파악되지 않고, 결여나 무능력 같은 부정적인 것(행할 수 없는 것)으로부터 인식될 것이다.

다음으로 능력론[11]의 관점에서 '도덕'과 '에티카'의 차이를 고찰해 보면, 예컨대 칸트의 『판단력비판』에서 어떤 하나의 입법적인 능력에 의한 능력들의 일치[『순수이성비판』의 테제]를 넘어선 곳에서 생기는 능력의 작용을 특징짓는 "초감성적 사명"도, 결국에는 도덕적 '존재'의 상징이 될 '이념'을 준비한다는 의미밖에는 갖지 않는다는 점을 알 수 있다. 개념을 넘어선 이념[12]은 도덕적 '존재'의 표면적인 선명한 '예고'(précurseur)와 다름없는 것이다. 그러므로 칸트에게서 능력들의 "자유로운 일치", 특히 이성과 구상력의 "불협화적 일치"는 실은 이미 초월적 규범으로서의 "선"에 대한 규정적 역할, 즉 도덕적인 마음가짐을 포함하

---

10) DR, 55/105 참조. "존재자들을 그것들의 한계에 따라 측정하고, 또한 하나의 원리와의 관계에서 이야기되는 그 존재자들의 '가깝거나' '먼' 정도에 따라 측정하는 하나의 위계 서열이 존재한다."

11) 능력론(theory of faculties)이란 인간이 가진 각종 능력, 즉 감각능력, 지각능력, 기억능력, 상상력, 이성적 능력, 언어능력 등에 대한 이론을 말한다. 에가와는 특히 칸트가 3대 비판서에서 전개한 능력이론(감성과 오성 그리고 구상력 등)과 들뢰즈가 주로 『차이와 반복』의 3장(「사유의 이미지」)에서 전개한 능력이론을 비교하면서 논의를 진행한다. ─옮긴이

12) 칸트에게서 개념(Begriff)은 오성의 범주고, 이념(Idee)은 사변이성의 범주다. 개념은 분명한 대상을 가지지만, 이념은 가지지 못한다(그래서 '사변'이성의 범주다). 그러나 이념은 개념들을 전체적으로 규제/통어하는 역할을 할 수 있다. 달리 말해, 자체의 고유한 대상을 가지는 것이 아니라 개별 과학들의 성과들을 전체적으로 조정하는 것이 형이상학의 역할이다. 오성과 사변이성 사이에 판단력이 존재한다. ─옮긴이

고 있어야 한다. 칸트에게는 "미"(美) 그 자체가 "선"의 한 발로며, 또한 "선의 상징"이라 생각되기 때문이다.[13] 칸트의 『실천이성비판』과 『판단력비판』에서 감성은 감정이라 생각되어 일관되게 폄하되는데, 이 자체가 바로 의식을 통해서 감정을 지배하려는 '도덕'의 특성이 전제되어 있다는 증거다. 칸트의 능력론, 그것은 어디까지나 **도덕적** 능력론이다.

그러나 들뢰즈는 칸트처럼 능력들을 절대적인 전제 아래에 두지 않고, 그 능력들을 발생시키는 요소들을 각 능력에 고유한 대상으로 생각함으로써, 공통감각[상-식] 속 능력들의 경험적 〈사용〉 내에서의 '일치'(이는 구체적으로는 어떤 것에 관한 의식상 동일성의 실감으로서 나타난다)를 비판한다. 이러한 사용에 대항하여 제기되는 것은 어떠한 도덕적인 규범도, 도덕적인 초감성적 사명도 전제로 하지 않는, 자신에게 그 작용이 맡겨진 능력들의 〈실행〉이며, 그 능력들의 '일치'다. 바꿔 말해, 여기서는 삶 일반을 상정한 도덕적 판단으로서의 '선'과 '악'을 대신하여 '하나의 삶'에 내재하는 윤리적 규정으로서의 '좋음'과 '나쁨'을, 의식 일반을 넘어선 정신의 활동역능의 증대와 감소에 따라 측정하는 것이 중요해지는 것이다.[14] 왜냐하면 능력들의 "실행"이란, 자신에게 그 작용이 전면적으로 맡겨진 각각의 능력 그 자체의 활력을 묻는다는 '에티카'에 고유한 문제이기 때문이다. 이러한 의미에서의 '좋음'과 '나쁨'에 관해 스피노자는 "우리는 그것을 '좋다'고 판단하기 때문에 그것을 향해 노력하고 의지(意志)하며 충동을 느끼고 욕망하는 것이 아니라, 반대로 우리가 그것을 향해

---

13) PK, 80/106 참조.

14) SPP, 75~76/85 참조. "모든 '나쁜' 것은 활동역능[puissance d'agir]의 감소(슬픔-증오)에 따라 측정되고, 모든 '좋은' 것은 이 역능의 증대(기쁨-사랑)에 따라 측정된다."

노력하고 의지하며 충동을 느끼고 욕망하기 때문에 그것을 '좋다'고 판단하는 것"[15]이라고 하며 어디까지나 판단의 사후성을 주장한다. 바꿔 말하면 〈의식 속의 판단〉이 아니라 〈무의식 속의 욕망〉이 문제인 것이다. '하나의 삶'의 내적 활동역능의 정도에 비추어 어떤 것이 우리에게 유익하다면, 그것이 '좋다'고 말할 수 있는 것이다. 우리는 우리의 활동역능을 증대시키는 '좋은' 것과의 마주침을 통해, 그것들과 우리의 신체 사이의 긍정적인 차이적 요인 속에서만 전달되는 어떤 '공통적인 것'의 개념을 비로소 형성할 수 있게 된다. 이런 의미에서 공통개념은 하나의 차이의 개념이며, 그런 한에서 '사이'의 개념이면서 그 '사이' 자체의 발생이다. 여기서는 바로 우리 자신의 생성·변화가 관련되어 있다고 할 수 있다. 즉 끊임없이 더 많은 것에 유능한 신체로 생성하기, 그리고 항상 더 많은 영원한 부분으로 구성되는 정신으로 생성하기, 이러한 문제를 자신의 생존 양식으로 하는 것이 관계되어 있는 것이다.[16] 선험적 경험론[17]의 한 의의는 이렇게 '도덕'을 구체적으로 그 도덕적 능력론의 측면에서 비판하여, 스피노자/니체가 주장하는 '에티카'를 하나의 윤리적 능력론으로서 정립하는 데에 있다.

이러한 의미에서 들뢰즈의 철학은 『에티카』의 5부──평행론의 형성의 질서, 즉 신체의 '기관-존재'로부터 신체의 본질(탈기관체)로의 탈-유

---

15) 『에티카』 3부 정리 9 주석, p.148[165쪽].
16) 『에티카』 5부 정리 39, p.304[362~363쪽]; 정리 40, p.306[363~364쪽] 참조.
17) 이 책 전체의 주제인 선험적 경험론(transcendental empiricism)은 흔히 들뢰즈의 철학을 특징짓는 말로 사용된다. 우리의 경험을 조건짓는 선험을 드러내는 데('비판'의 작업) 만족하지 않고 그 선험의 테두리를 넘어가면서 우리 경험의 한계를 확장해 나가는 작업('창조'의 작업)을 뜻한다. 이 장의 제목인 '비판과 창조의 원환' 또한 이 맥락을 가리키고 있다. ──옮긴이

기화(임상의 문제) 아래에서, 감정에서 출발하여 공통개념의 형성을 문제로 하고, 나아가 그로부터 직관지를 묻는 속도의 차원(비판의 문제) ——를 **재-개하는** 철학이며, 이 책에서 가장 강조되는 '반-효과화'론을 중심으로 한 "선험적 경험론"도 바로 이[재-개]를 위한 문제들을 구성하는 것이다. 들뢰즈는 스피노자의 『에티카』에서 기쁨의 수동감정이 공통개념을 형성하는 계기가 된다는 것이 명확하게 언명되어 있는 부분으로서, 특히 5부의 정리 10과 그 증명을 든다. 즉 "우리의 본성에 반하는 감정(우리와 일치하지 않는 대립적인 대상들에 의해 야기되는 슬픔의 감정)에 동요되지 않는 동안(quamdiu)은, 사물을 이해하려고 노력하는 정신의 역능(potentia)은 방해받지 않는다. 따라서 그동안 정신은 명석·판명한(완전한) 관념을 형성하는 힘(potestas)을 갖는다"(단, 〔 〕 안은 들뢰즈 자신이 보충한 말이다).[18] 그렇다면 '우리가 우리의 본성에 반하는 감정, 즉 슬픔의 감정에 사로잡히지 않는 동안'이라 할 때의 '동안'이란 어떠한 시간일까. 그것은 우리가 초월적 가치인 '선·악'의 관념을 갖지 않고, 따라서 도덕적 사유가 지닌 모든 '표상적 현재'로부터 해방되어 어떤 기쁨의 감정에서 출발하여 하나의 삶에 내적인 역능을 형상적으로, 즉 동사적으로 파악할 수 있는 개념을 바로 형성하는 계기가 되는 시간, 즉 얼마간의 주기적 운동에 의해 측정되는 크로노스적 시간의 틈에 있는 '생성의 지금'이다(상세한 논의는 뒤로 미루는데, 나는 거기서 '생성의 지금'이라는 말을 이렇게 해석하여 '반-효과화'론이라는 사상에 근본적으로 속하는 시간의 관념으로서 논했다).

---

18) 『에티카』 5부 정리 10 증명, p. 287[341쪽]; SPE, 261~262/382. 또한 SPP, 128~129/142~143 참조.

마지막으로 '신체의 본질'에 관해 선험적 경험론의 관점에서 간단히 서술해 두면, 들뢰즈는 스피노자에게서 신의 본질이 신의 역능임에 대응하여, 양태의 본질이 신의 역능의 일부분, 즉 하나의 강도적 부분이라고 생각한다. '강도'란, 양에 고유한 질이라는 의미에서의 내포량을 넘어, 혹은 경험적 감성을 벗어나 바로 감관 안에 다른 감성을 발생시킴으로써 (감관 안에 다른 방식으로 '감각하다'라는 동사가 발생하는 것, 즉 하나의 생이 발생하는 것) 다른 능력의 재인의 대상이 될 수 없는, '감각될 수밖에 없는 것'이다. 스피노자는 『에티카』 5부에서 신체의 존재와 그 본질을 구별하는데, 스피노자가 말하는 "신체의 현재의 현실적 **존재**" 즉 '신체의 존재'란 어디까지나 '감각될 수 있는 것'을 감각하는 존재다. 그렇다면 이에 대한 "신체의 **본질**"이란 무엇일까. 그것은 지성이나 기억 일반의 대상이 될 수 없는, 바로 '감각될 수밖에 없는 것'을 감각하는 역능이다. 따라서 스피노자에게 '신체의 본질'이란, 신의 역능의 부분을 이루는 각 양태의 영원한 본질을 **감각하는 것**이다.[19] 그것은 각 양태의 역능의 정도 차를, 즉 '강도의 차이'를 감각하는 역능이다.[20] 스피노자가 주장하는 3종 인식 (직관지)이란 이 "신체의 본질을 영원의 상(相) 아래에서 생각함"으로써 모든 것을 인식하는 것이므로, 그때 인식되는 것은 바로 이러한 '감각될 수밖에 없는 것' 즉 '감각되어야 할 것'으로서의 개체의 본질과 다름없다. 그러므로 반-도덕주의로서의 윤리적 능력론은 이러한 의미에서의 "참된 감성론"을 수립하고, '경험적 감성'에 관한 선험(칸트에게서의 "선험적 감

---

19) SPE, 293/424 및 "특이한 본질의 영원성은 기억의 대상도 아니요 예감의 대상도, 계시의 대상도 아니다. 그것은 문자 그대로 현실적인 경험의 대상이다"(SPP, 101/113. 강조는 인용자) 참조.
20) SPE, 180/268 참조. 양태의 본질의 차이는 바로 "내적 차이이자 강도의 차이"다.

성론")이 아니라 '초월적 감성'[21]에 관한 하나의 경험론을 문제 제기하는 것이다.

2. 묻는 힘을 지닌 문제: 새로운 비판철학의 과제에 관하여

지금까지 간단히 열거한 차이, 가치, 능력들, 완전성, 감각, 신체 등의 문제들은 단지 '하나의 물음'의 본질을 구성하는 그 '존재의 방식' 혹은 그 '존재의 강도'와 다름없다. 즉 들뢰즈의 철학(반-도덕의 철학으로서 '에 티카')에서는 처음부터 끝까지 일관되게 '하나의 물음'만이 제기되고 있 는 것이다. 그러나 그것은 다양한 '문제들' 속에서 전개되고 표현되는 한 에서만 제기될 수 있는 '하나의 물음'이다. 이 '하나의 물음'은 그 문제들 의 중심으로 상정[措定]되는 것이 아니라, 오히려 반대로 그 문제들에 의 해 비로소 구성되고 표현되는 **문제들의 실체**다. "'물음'(question)은 '문제 들'(problèmes)에 의해 전개되며, 또한 '문제들'은 하나의 근본적인 '물 음' 안에 포함된다."[22] 문제는 그것이 실제로 물어지지 않는다면, 결코 물 음을 표현하는 문제가 될 수 없을 것이다. 그러나 그 이상으로 '문제'는 그 자체가 물어져야 할 힘을 갖지 못한다면, 애초에 물음의 역능을 표현하는 문제가 될 수 없을 것이다. 또한 역으로, 물음은 다양한 문제들로 구성되 지 않고서는 스스로 물음의 작용을 행할 수 없을 것이다. 문제들에 의해

---

21) 이 맥락에서의 '초월'이란 '내재'와 대립하는 개념이 아니라, '선험적 조건'의 테두리를 깨고 서 경험을 확장해 나간다는 의미에서의 초월이다. 들뢰즈의 선험적 경험론은 선험적인 것 이 경험적인 것을 〈어떻게 조건짓는가〉를 밝히는 것에 그치지 않고, 선험적인 것의 테두리 를 〈어떻게 넘어가면서 경험적인 것을 확장할 것인가〉를 추구한다. '초월'이라는 말은 이런 맥락에서 사용된다.—옮긴이

22) LS, 72/129.

'하나의 물음'이 전개된다는 것은, 역으로 말하면 문제가 어떤 '해'(解)로 흡수되거나 제거되지 않는 측면을 바로 그 문제가 지닌다는 것이다. 다시 말해 물음은 그것이 물음인 이상 '문제-해'의 관계를 결코 완결시키지 않는다는 것이다. 또한, 문제는 해에 따라 그것에 대답하고 응답하려는 구조, 즉 '물음-응답'의 원환에 빠져들지 않는 한에서 바로 그 물음의 작용을 구성한다.[23] 이는 단지 풀 수 없는 물음을 멋대로 상정하여 그것을 부정적으로 살아가는 것이 아니라, 양태로서 **문제적인 것의 존재**를 긍정적으로 살아가는 것이다. '에티카'가 '하나의 삶'의 철학일진대, 그것은 '기' (氣=종자적 로고스)가 빠진 삶 일반의 철학이 아닌, 바로 반시대적인 '하나의 삶'의 철학이어야 한다. 그렇다면 들뢰즈의 철학에서 이러한 **물어져야 할 '문제들'**이란 무엇인가. 그리고 그 문제들은 어떻게 이 철학에서의 '하나의 물음'을 표현하고 구성하는 것일까.

들뢰즈의 철학, 그것은 이미 기술했듯이 하나의 '에티카'를 창조해내는 새로운 '선험철학'의 기획이다. 이 새로움은 이중적이다. 왜냐하면 한편으로 선험적일 수밖에 없는 '경험론' ——경험은 항상 아프리오리성을 띠고 있다는 것이 아니라, 역으로 참으로 아포스테리오리한 경험은 자신의 경험의 조건들을 파괴하고 그것들을 변화시킨다는 것이다——을 주장함과 **동시에**, 다른 한편으로 이 선험성의 모든 것이 하나의 '내재성'의

---

23) LS, 72/129 참조. "'해'(solution)가 '문제'를 제거하기보다는 오히려 거기에서 존속의 조건——이것 없이는 '해'가 어떠한 의미도 갖지 않게 될 것이다——을 찾아내는 것과 마찬가지로, '응답'(réponse)은 '물음'을 결코 제거하지도 충족시키지도 않으며, '물음'은 모든 '응답'을 통해 지속된다. 따라서 그에 따라 '문제'가 '해' 없는 채로 있고, 또한 '물음'이 '응답' 없는 채로 있는 하나의 측면이 존재한다. 이런 의미에서야말로 '문제'와 '물음'은 그 자체에 의해 '관념'적인 대상성을 지시하고, 또 하나의 고유한 존재 즉 **최소한의 존재**(일의적 '존재')를 갖는 것이다."

철학을 정의한다는 문제-틀을 이루고 있기 때문이다. 그러므로 먼저 "선험적 장(champ transcendantal)이란 무엇인가"라는 물음이 제기되고, 그 다음에 "내재성(immanence)이란 무엇인가"라고 물어지는 것이다.[24] 죽기 직전에 발표된 들뢰즈의 마지막 텍스트는 바로 이러한 순서로 이 문제들을 묻고 있다. 내재성이라는 '하나의 물음'을 구성하려고, 마지막까지 이러한 의미에서 선험적인 것으로서의 '문제들'을 계속해서 물었던 것이다. 들뢰즈에게 가장 중요한 철학적 과제인 이 새로운 선험철학의 기획이란, 달리 말하면 바로 비판철학을 새로운 면 위에서, 새로운 개념과 더불어, 칸트와는 전혀 다른 형식으로 다시 행하는 것이다. "니체는 『도덕의 계보』에서 『순수이성비판』을 일신하려 했다." 그리고 니체가 "영원회귀"나 "힘에의 의지" 속에서 찾아낸 것은 바로 "'칸트주의의 근본적 변형', 칸트가 착수함과 동시에 배반하기도 한 '비판의 재발견', 새로운 기반 위에서 새로운 개념에 의한 '비판의 기획'"[25]이라고 들뢰즈는 분명히 말한다. 그러나 이 과제들은 니체와 함께 혹은 니체 이상으로 들뢰즈 자신의 철학적 기획에 걸맞은 것이다. 즉 칸트가 착수한 비판철학을 새로운 개념과 더불어 다른 형태, 다른 방식으로, 즉 '에티카'에 근거하여 다시금 선험철학으로서 행하는 것이다.

그렇다면 그때 '비판의 목적'이란 무엇일까. 그것은 무언가를 "정당화하기(justifier)가 아니라 다른 방식으로 느끼기(sentir autrement), 즉 다른 감성"이다.[26] 칸트처럼 인간 자신의 혹은 인간적 이성의 목표로서

---

24) i, 3/509, 5/513.

25) NP, 59/107, 100/163 참조. 또한 들뢰즈 자신이 제기하는 새로운 개념들과 그에 따라 비판되는 범주들의 구분에 관해서는 DR, 364~365/595~597.

26) NP, 108/174.

비판의 목적을 세우는 것이 아니라, "극복하고 뛰어넘은 인간"의 완전히 '다른 감성' 즉 '초인의 감성'을 문제로 한다는 점에 참된 비판의 목적이 있다는 것이다. 따라서 이를 위해서는 먼저 칸트와는 전혀 다른 "감성론", 즉 감성을 단순한 수용성이라는 무능력으로 폄하하는 게 아니라 '**감성의 실행'을 포함한 "감성론"**을 형성할 필요가 있다. 또한 이 "**다른 방식으로 느끼기**"뿐만 아니라, 이와 동시에 "**다른 방식으로 사유하기**"(penser autrement)도 비판의 목적이 된다.[27] 이러한 '다른 방식'이라는 사태가 함의하는 것은, 들뢰즈의 비판철학에서는 "비판의 조건"과 "창조의 조건"이 완전히 동일한 것이라는 점이다.[28] 즉 비판은 무언가를 부정적으로 제한하고 한정하는 것이 아니라, 오히려 제한이나 한정이 적극적인 의미를 가지며, 그로써 무언가를 창출한다는 것이다. 뒤에서 논하겠지만, 창조 없는 비판은 오로지 표상=재현전화[재현]를 전제로 하고 또 목적으로 하는 '잠재성'이 없는 비판 작업이며, 또한 비판 없는 창조는 단지 재현의 근거짓기라는 목표를 거울 너머에 숨겨진 잠재적인 것 가운데에서 계속해서 추구할 뿐이다. 그러나 새로운 문제는, 비판이 동시에 창조인 "이

---

27) F, 53~130/77~184 참조. 이 「위상학: '다른 방식으로 사유하기'」(Topologie: "penser autrement")라는 장 전체는 분명히 푸코가 『쾌락의 활용』의 「서론」에서 주장하는 것, 즉 "그러나 철학——철학적 활동(activité philosophique)이라는 의미에서——이 사유의 사유 자체에 대한 비판적 작업이 아니라면, 또한 자신이 알고 있는 것을 정당화하는(légitimer) 대신에 다른 방식으로 사유하는 것이 어떻게 그리고 어디까지 가능할지를 알려는 기획에 철학이 존립하고 있지 않다면, 오늘날 철학이란 무엇인가"(Michel Foucault, *L'usage des plaisirs*, Gallimard, 1984, pp.14~15[『쾌락의 활용』, 문경자·신은영 옮김, 나남, 2004, 23쪽]. 강조는 인용자)에 대한 깊은 공명 아래에서 푸코의 철학을 새로운 비판철학으로서 혹은 일종의 신칸트주의로서 논한 것이다(F, 67/97 참조). 이 점으로부터 말해도, '다른 방식으로 사유하기'는 바로 들뢰즈의 선험철학[선험적 경험론]에서 비판의 목적 중 하나다.

28) NP, 1~3/15~20; DR, 182/311 참조. "참된 비판의 조건들과 참된 창조의 조건들은 같은 것이다. 즉 자기 자신을 전제로 하는 사유의 이미지의 파괴, 사유 그 자체 내에서의 '사유한다'는 행위의 발생."

미지 없는 사유" 혹은 "사유의 새로운 이미지"를 탐구하는 것이다.[29] 즉 '이미지 없는 사유'에 의한 비판과 '사유의 새로운 이미지'의 창출. 이렇게 '다른 방식으로 사유하는 것'은 다른 감성과 함께, 비판적인 동시에 창조적인 하나의 비판철학, 하나의 선험철학에 따라 전개된다. 요컨대 비판은 늘 '발생의 문제'(어떠한 발생인가quelle genèse)에 관계되는 것이다.

이 전혀 새로운 **선험적** 철학의 기획, 그것은 "성숙한 경험론" 혹은 "선험적 경험론"[30]이라 불리는 것이다. 그것이 선험철학인 한, 먼저 경험을 넘어 '경험의 조건'을, 즉 "조건지어지는 것"(conditioné)[경험적인 것]을 넘어 이들을 조건짓는 "조건"(condition)[선험적인 것] 그 자체를 탐구하게 되지만, 단지 그뿐이라면 자신의 철학을 일부러 형용모순이라고까지 생각되는 "선험적 경험론"이라 부를 필요는 없을 것이다. 여기서 중요한 점은 '선험적'일 수밖에 없는 '경험론' ——왜냐하면 경험이란, 가능한 경험이 아니라 선험적인 것의 발생의 실재적 요소들이기 때문이다——이 주장되고, 또한 '차이' 혹은 '구분'이야말로 선험적인, 성숙한 경험론에서의 유일한 대상이라는 것이다.[31] 들뢰즈가 예컨대 "본성의 차이"를 주장

---

29) "이미지 없는 사유"에 관해서는 DR, 173/297, 217/368, 354/580, "사유의 새로운 이미지"에 관해서는 NP, 118~126/188~200 참조.

30) NP, 57/103; B, 22/36; DR, 187/320 참조. 이 두 표현은 완전한 동의어라고 생각할 수 있지만, 유의해야 할 점이 있다. 들뢰즈의 텍스트에서 처음으로 사용되었던 것은 "성숙한 경험론"(empirisme supérieur)이다("La conception de la différence", ID, 49). 그리고 마지막까지 사용된 것은 분명 "선험적 경험론"(empirisme transcendantal)이다(i, 3/510). 여기에는 하나의 중요한 문제, 즉 '성숙한'에서 '선험적'으로의 이행 속에서 들뢰즈의 경험론이 파악되어야 한다는 문제가 숨어 있다. 즉 성숙한 경험론 아래에서 이 경험론이 선험적 경험론으로 변화해 가는 결정적인 지점이 존재한다는 것이다.

31) DR, 79~80/144~145 참조. "거기서 질들이 자신의 이유를 발견하고, 감각될 수 있는 것이 자신의 존재를 발견하는, 그와 같은 차이들의 강도적 세계가 바로 성숙한 경험론의 대상이다"(DR, 80/145).

할 때, 거기에는 "정도의 차이"가 아니라, 또한 단순한 "질적 차이"뿐만 아니라 보다 강한 의미에서 '어떤 것'이 다른 것에 대해 비판적으로 구분되지 않으면 안 된다는 것이 함의되어 있다. 또한 "실재적 구분"을 주장할 때, 거기에는 단순한 "수적 구분"이 아니라[32] 그 사이에 본성적 차이의 정립이 함의되어 있다는 점을 이해할 필요가 있다. '차이'란, 우리에게 배후세계에 나타나는 발견적 성질을 갖는 것이 아니라, 어떤 것을 다른 것으로부터 비판적으로 구분하는 긍정적 '차이'며, 그 어떤 것으로부터 창출되어야 할 내적인 '구분'이다.

3. 일촉즉발의 '지금': 선험적 경험론의 조건들

그런데 앞서 기술한 의미에서의 '차이' 및 '구분'을 대상으로 하는 선험적 경험론이 의거하는 경험이란 어떠한 것일까. 즉 [칸트 식의] 〈가능적 경험〉이 아니라 [들뢰즈가 말하는] 〈실재적 경험〉(expérience réelle)이라 불리는 경험이란 과연 어떤 것일까. 이 문제를 전개하기 위해, 여기서는 반-도덕주의로서의 '에티카'에서 긍정되어야 할 '선험적 장'의 본질들을 먼저 아프리오리하게[경험에 상관없이] 제시하고, 다음으로 이를 실재적 경험론의 차원에서 어떻게 아포스테리오리하게[경험적으로] 발생시킬지를 논하려고 한다.

---

32) 수적 구분(numerical distinction)은 같은 본성의 여럿 사이에서의 구분이며(사과가 두 개 있을 때 그것들은 수적으로만 구분된다), 실재적 구분(real distinction)은 상이한 본성의 여럿 사이에서의 구분이다(예컨대 데카르트에게서 생각하는 실체와 연장을 가진 실체는 실재적으로 구분된다).──옮긴이

(1) 선험적 장은 칸트적인 가능적 경험의 '조건짓기'의 원리가 아니라, 경험될 수밖에 없는 가장 아포스테리오리한 실재적 경험의 '조건',[33] 즉 '경험되어야 할 것'(experiendum)의 '조건'이다.

【주석】 경험론을 바로 경험론이라고 할 때의 기준은 무엇인가. 그것은 '관계=연관'[34]이 결코 사물의 본성에서 유래하지 않는다고 생각하는 것, 즉 어떠한 '관계'도 그 관계'항(terme)'에 대해 외재적이라는 "'관계=연관'의 외재성"(extériorité des relations)의 입장을 취하는 것이다. 즉 어떠한 의미에서도 관계는 결코 소여에 포함되지 않고, 사물의 한 본성으로서 우리에게 부여되는 것이 아니라고 생각하는 것이다.[35] 크리시포스를 중심으로 한 초기 스토아학파에게도 "관계=어떤 것에 대한 양태"(pros ti pos echonta)는 비-물체적인 것의 범주에 들어 있었다.[36] 이 '관계=연관'이

---

33) B, 17/30; DR, 95/167 참조.

34) 프랑스어에서 '관계'를 뜻하는 말로는 'relation'과 'rapport'가 있다. 저자는 'relation'을 '관계=연관'으로, 'rapport'를 '관계=비(比)'로 구분해 번역하고 있다.──옮긴이

35) 이는 곧 흄(David Hume)의 입장이다. 흄은 우리가 세계에서 발견해 낸다고 하는 인과(因果), 즉 어떤 필연적인 관계가 사실은 '잇따름'에 불과한 것을 존재론적으로 실체화한 것일 뿐임을 역설했다. 즉 A와 B 사이의 관계는 그 자체로서 실체적으로 존재하는 것이 아니며, 단지 A와 B 사이에 외재적으로 존재할 뿐이다. 들뢰즈는 그의 처녀작인 『경험주의와 주체성』에서 흄의 이 테제를 논했으며, 이후 이 생각은 그의 기본 사상으로 자리 잡는다. 다양체/배치 개념이 기본적으로 이 관계의 외재성의 사유──'그리고'의 사유──에 기반하고 있다.──옮긴이

36) Emile Bréhier, *La théorie des incorporels dans l'ancien stoïcisme*, Vrin, 1928, p.43 참조. 브레이어의 이 저작의 가장 큰 특징은 두 가지라고 생각한다. ① 비-물체적인 "표현 가능한 것"(exprimable)은 어떠한 이성적 표상으로도 혹은 이성의 어떠한 대상으로도 결코 환원되지 않으므로, 이로부터 "표현 가능한 것"(lekton)은 반드시 "의미되는 것"(semainomenon)과 혼동되는 것은 아니라는 것(pp.15~16), ② 아리스토텔레스의 열 가지 범주를 대신해 제기된 스토아학파의 네 가지 "제일 유"(第一有)는 물체적인 것인 "기체"(基體)와 "성질", 비-물체적인 것인 "양태"와 "관계"라는 두 그룹으로 구분되어야 한다는 것(pp.42~43). 브레이어가 이러한 결정적인 견해들을 기술할 수 있었던 것은 '형상의 작용'

어떠한 변화도 입지 않고, 또한 우리도 그것을 변화시킬 수 없거니와 일방적으로 그것에 종속되는 것은, 그러한 '관계=연관'(예컨대 원인과 결과의 관계, 부모와 자식의 관계, 남편과 아내의 관계 등) 그 자체가, 혹은 이 '관계=연관'을 규정하는 '관계=비(比)' 그 자체가 바로 **비-물체적**이기 때문이다. 그렇지만 이러한 '관계의 외재성'의 입장을 취하는 경험론은 단지 관계 없이 항만으로 모든 일을 진행시키려는 것이 아니라, 오히려 관계가 소여를 그 소산으로 하는 "'자연'의 힘"과는 전혀 다른 원리에 속한다는 것을 주장한다. 그렇다면 경험론은 '관계'와 '항'의 이원론, 예컨대 인간적 본성이 지닌 '연합적 원리들'과 자연의 '힘들'이라는 이원론으로부터 성립하게 된다. 이는 바로 흄의 경험론이 주장한 바다.[37] '항'은 자연의 힘에 의해 끝없이 우리에게 주어지지만, '관계'는 어디까지나 우리의 인간적 본성에 의해 그 항들 속에 **반입된다**. 이때 수동감정에 따른 의미나 가치를 불가피하게 동반한 스토리나 목적론이 **투입될** 여지가 생기지만,[38] 어디까지나 도덕은 이러한 스토리들(=가능적 관계)이나 그것들 중 최선의 시나리오(=이상적 관계)가 사물의 본성에 속한다고 주장할 것이다. 즉 도덕은 관계의 외재성에 전면적으로 의존하고 있는데도, 그것을 사물에 내적인 성질이라고 계속해서 착각하는 것이다. 도덕의 매체(media), 그것은 사물에 내재화된 '관계=연관'이다.

그런데 관계가 항에 대해 철저히 외재적이라 한다면, 경험론에서 소

(=존재)과 '작용의 형상'(=존재의 방식)을 명확하게 구별할 수 있었기 때문이라고 생각한다 (pp.10,12).

37) ES, 122~123/220~221 참조.

38) ID, 232/141 참조. "실제로 연합의 원리들이 의미를 갖는 것은 정념(passion)과의 관계에서뿐이다. [……] '관계=연관' 그 자체가 정념들에 따른 의미, 방향성, 불가역성, 배타성을 할당받는 것이다."

여로서의 항들은 바로 연결의 부재 속에서 서로 직접적으로 결합될 것이다. 이 '연결의 부재에 의해 연결된다'는 사태에 주목하는 것이, 경험론이 바로 경험론일 수 있는 가장 강력한 징표 중 하나가 된다(이로부터 우리는 곧바로 『안티 오이디푸스』에서의 '욕망하는 기계들'이나 세 가지 '수동적 종합'과 같은 사유에 이 경험론을 접속할 수 있다).[39] 이 '비-관계성'이 부정적인 방법에 따라서긴 하지만, 항에 대한 단순한 관계의 외재성을 주장할 뿐 아니라, 흄에게서와 같은 연합의 원리들조차 필요로 하지 않을 정도로 더욱더 비정당화, 비합법화되는——즉 '착란'(délire)이나 '환상'(illusion)에 의해 스토리가 없는 허구(픽션)가 오히려 강도의 차이로서 주어지는——것이라면, 거기서 열리는 세계는 이미 우리에게 허구의 의미조차 부여하지 않는 '비-관계' 속에서의 탈유기적인 결합이 될 것이다. 이런 한에서 이 경험론은 반-변증법, 반-스토리로서 하나의 "극화 방법",[40] 즉 차이 그 자체를 '관계=연관'으로부터 순화하는 방법이 되어야 한다.

이러한 사항에 대해 "관계는 항상 사물의 본성에서 유래한다"고 생각하는 입장이 있을 수 있는데, 실은 그것이야말로 '좋음·나쁨'의 저편을 떠받치는 **비-경험적** 이론으로서 칸트의 비판철학이다. 칸트에게서 '관계=연관'은 사물의 본성에 의존한다고 생각되는데, 이는 바로 "현상으로서의 사물이 관계와 그 원천을 같이하는 하나의 종합을 전제로 한다"는 의미다.[41] 즉 여기서는 우리 자신의 주관적이고 경험적인 발걸음을 설명하

---

39) ACE, 475~476/573~574 참조. 욕망하는 기계들이란 "실재적으로 구분되는 한에서 집합을 이루어 작동하는, (연결의 부재에 의해 연결된) 실재적으로 구분되는 부분들의 하나의 집합"이다. 『안티 오이디푸스』는 부분들의 연결이 완전히 부재하게 되기까지 '관계의 외재성'을 파고듦으로써, 역으로 그 부분들이 연결되어 작동하는 것이 어떠한 의미를 갖는지를 욕망하는 기계들이라는 개념과 더불어 논구한 '생산적 무의식'의 형성의 질서에 관한 저작이다.
40) NP, 88~90/147~149 참조.

는 것이, **동시에** 우리의 그러한 주관적 발걸음에 따라 소여를 인식의 대상으로 구성하는 원리들과 동일한 것으로 주장되고 있는 것이다. 칸트는 주관과 객관 사이의 단순한 조화를 이야기하는 것이 아니라 주관성 그 자체로 대상이 필연적으로 종속되는 원리를 정립하는데, 이 원리는 바로 현상으로서의 사물들을 종합하는 작용임과 **동시에** 그러한 사물들의 객관적 구성을 가능케 하는 관계의 원천이기도 해야 한다. 즉 소여로서 '항'의 '가능성의 조건'이 동시에 '항'들을 종합하는 '관계의 원리'이기도 하다는 의미에서 칸트에게 관계는 사물의 본성에 의존한다고 할 수 있으므로, 칸트의 선험철학은 비-경험적이며 "비판주의는 경험론이 아닌" 것이 된다.

그렇다면 소위 "가능적 경험"은 애초에 '경험'이라는 이름에 걸맞지 않게 될 것이다. 분명히 그렇다. 가능적 경험이란, 그 자신은 어떠한 작용도 없이 자신에게 외적인 조건들에 의해 오로지 "조건지어질" 뿐인 경험, 그저 특수성과 일반성 사이에서만 성립하고 정의되는 경험 이외의 어떤 것도 아니므로, 이 경험에 부여되는 것은 항상 일반성(개념적 차이)으로 환원될 수 있는 특수한 것(불활성적인 표상상)에 지나지 않는다. 이 〈가능적 경험〉에 반해, 들뢰즈가 주장하는 〈실재적 경험〉은 바로 경험의 유일한 양상이며, 거기에 **적극적인 어떤 것**을 포함하는 우리 자신의 변양이다. 그것은 '관계를 외재화한다'는 작용을 가진 경험, 특이성(예컨대 원근법)과 보편성(예컨대 원근법주의)에 의해 정의되는 경험을 의미한다. 즉 실재적 경험은 자신의 조건들의 단순한 결과로서 일방적으로 규정되는 것이 아니라, 오히려 그 자체가 독자적인 작용을 갖춘, 바로 '생성의 지금'을

---

41) ES, 125/225.

포착하는 **일촉즉발의 경험**, '결정된다', '조건지어진다'는 것이 역으로 어떤 능력의 소유로 이어지는 경험이다.[42] 가능적 경험이란, 일반성을 갖춘 개념적 틀 속에서 규정되는 결과 일반이며, 결국 그 틀에 의해 오로지 "조건지어질" 뿐인 화판 위의 무언의 그림과 같은 것, 즉 해답적 표상과 다름없다.[43] 이에 반해 들뢰즈가 경험론을 강조할 때 그 경험이란, 다른 '어떤 것'으로 생성하고 있을 때 감각될 수밖에 없는 자기변양의 감각이며, 이런 의미에서 하나의 존재 방식, 하나의 자기보존 양식이다. 이렇게 일반적 관계성을 외재화하는 한에서, 역으로 어떤 '표현되어야 할 것'을 표현하는 양태에 관해 말할 수 있는 변양, 그것이 실재적 경험이다. 그리고 여기서의 물음은 바로 이러한 '**경험의 조건**'은 무엇인가라는 것이다.

　이 논점들을 구체적으로 생각해 보자. 예를 들어 부모는 학교에서 돌아온 아이에게 곧잘 "공부하고 나서 놀아라"라고 말한다. 하지만 이것만으로는 공부가 놀이에 우선해야 할 이유로 아이를 이끌 수 없으므로, 부모는 계속해서 "공부를 먼저 끝내두면 **안심**하고 놀 수 있으니까"라고 덧붙인다. 그러나 이는 정말로 아이를 생각해서 하는 말일까. "너를 위해 하는 말이야"라고 부모는 아이에게 말하지만, 실은 단지 부모 자신이 안심하고 싶기 때문이 아닐까. '공부하고 나서 놀아라', 이것을 하루 중의 사건으로서가 아니라 인생 속에서 생각한다면, '먼저 공부해서 사회적으로 안정된 후에 놀아라'가 될 것이다. 공부를 시간적으로 우선해야 한다는 언명에는 바로 그 아이에게 공동주관적인 자기형성을 이루게 함(즉 먼저 타

---

42) 『에티카』 1부 정리 26 증명, p.68[55쪽] 참조. "그에 따라 사물이 어떤 작용을 하도록 결정되어 있다고 할 수 있는 것은 필연적으로 **적극적인 어떤 것이다**[……]"(강조는 인용자). 또한 1부 정리 36 증명, p.77[67쪽] 참조.

43) 『에티카』 2부 정리 43 주석, p.124[130쪽]; 정리 49 주석, p.132[141쪽] 참조.

자화시킴)으로써, 즉 인칭적 세계를 재빨리 열게 함으로써 시대가 준비하는 가능성과 자유가 더 많이 주어지도록 하려는 의도가 근본적인 메시지로서 함의되어 있는 것이다. 요컨대 **적용과 종속으로 이루어진 공가능성의 내면화(근원적 획득)다.** 즉 소여의 규범으로서 다수자의 가치를 내면화시키고 자기관리화시키려는 것, 공부가 만들어 낸 경계선에 의해서만 그 외부의 놀이가 관리되도록 하려는 것이다. 그러나 시대나 사회를 공동체로서 **도덕적으로** 부패시키는 것은 실은 이러한 시간을 보낸 인간이며, 더 본질적으로는 각각의 사람 중 그 누구의 것도 아닌 다수자에게 감염된 부분이다. 그들은 놀 수 없다. 분명 실재적 경험을 느끼고는 있지만, 그것을 전개하는 관념도, 그 표현의 블록(참된 패러·그래프)도 갖고 있지 않은 것이다. 왜냐하면 공부가 선행하고 있어서 본질적으로 적용의 차원 혹은 가능성의 조건 속에서만 자신의 삶을 충족시킬 수 있기 때문이며, 따라서 그 가두어진 놀이는 항상 추악하다. 그러나 실제로는 놀이와 공부 사이에 시간상 공부를 선행해야 할 내적인 전후 '관계' 같은 것은 존재하지 않는다. 바로 그렇기 때문에 '에티카'는 시간 속에서의 이 전후 '관계'의 외재성을 이용하여 반대로 놀이의 선행함을 긍정할 것이다. 왜냐하면 '생성의 지금'을 자신의 '존재 방식'으로 하는 자는 놀고 난 후에 배울 수 있는 아이(하나의 덕이 된 상상하는 능력), 놀이로부터 개념을 창출하는 어른(특이한 공통 개념의 형성), 반시대적으로 계속해서 노는 초인(탈기관체의 본질)이기 때문이다(스피노자와 니체 사이에 발생하는 참된 내적인 동일성). 우리가 바라는 것은, 이러한 '놀이'(=실재적 경험)의 조건을 생각한다면 그것은 대체 어떤 것일까라는 물음을 던지는 것이다.

(2) 선험적 장은 '조건지어지는 것'으로부터 결코 유비적으로 파악할 수 없는 '조건'이다(즉 '조건'과 '조건지어지는 것' 혹은 '선험적인 것'과 '경험적인 것' 사이에는 "복사"décalque의 불가능성이 존재한다는 것이다).[44]

【주석】 여기서 다시 한 번 '관계는 그 항들에 대해 외재적이다'라는 경험론의 가장 근본적인 언명이 무엇을 의미하는지 생각해 본다. 이 언명이 본질적으로 함의하는 것은, 결국 관계는 그 관계항과 닮지 않았다는, 혹은 장소는 그 장소를 점유하는 것과 유사하지 않다는 것이다. 즉 "선험적 장을 모든 유사로부터 순화하기" 위해서는, 혹은 이것을 모든 비교로부터 순화하기 위해서는,[45] 요컨대 '관계' 개념을 모든 일반성의 개념(예컨

---

44) DR, 186~187/318~320 참조. "오늘날 능력들의 이론은 철학의 체계에서 분명히 필요한 부분인데도 불신의 늪에 빠져들었다. 바로 이러한 선험적 경험론에 대한 몰이해 때문이며, 이 선험적 경험론 대신에 경험적인 것에 기초한 선험적인 것의 복사가 덧없이 행해지고 있었던 것이다. [……] 선험적 경험론은 이와 반대로 경험적인 것의 형상들에 입각하여 선험적인 것을 복사하지 않는 유일한 방법이다."

45) LS, 149/226. 이것은 사르트르가 『자아의 초월성』에서 제기한 결정적 문제, 즉 선험적 장을 어떻게 모든 "자아론적 구조"(structure égologique)로부터 순화할지의 문제이기도 하지만 (Jean-Paul Sartre, *La transcendance de l'Ego*, Vrin, 1966, pp.74~84[『자아의 초월성』, 현대유럽사상연구회 옮김, 민음사, 2017] 참조), 들뢰즈에게는 오히려 이 영역을 모든 타자론적 구성―자아의 문제는 이 구성에 의한 하나의 귀결에 불과하다―으로부터 순화하는 것이 문제가 되며, 구체적으로는 그것을 위한 의의를 공통개념의 형성 차원은 가지고 있다. 이미 기술했듯이, 분명 스피노자는 사물의 상호 비교를 혐오했는데, 이는 일의적 '사연'(능산적·소산적 '자연' 즉 '속성의 일의성')의 영역을 '존재'의 다의적인 이해로부터, 즉 '완전성'과 '불완전성' 혹은 '선'과 '악' 같은 유비적인 도덕적 개념으로부터 순화할 필요를 그 자신이 끊임없이 느끼고 있었기 때문이다. 결국 들뢰즈는 이러한 점에서 사르트르와 그 문제를 완전히 공유하고 있다고 할 수 있다. 그것은 '잠재성'에 관한 사르트르의 다음과 같은 언명에서도 분명히 드러난다. "성질과 감정의 관계는 유출의 관계가 아니다. 유출은 오로지 의식을 심적 수동성에 결부시킬 뿐이다. 성질과 상태(또는 행동)의 관계는 현실화의 관계다. 성질은 다양한 요인의 영향 아래 현실성으로 이행할 수 있는 하나의 잠세성(potentialité), 하나의 잠재성(virtualité)으로서 주어지는 것이다. 그 현실성은 바로 상태(또는 행동)다. 성질과 상태 사이에는 본질적인 차이가 보인다. 상태는 자발성의 노에마적 통일이며, 성질은 대상적인 수

대 원인·결과와 같은 범주, 대·소와 같은 비교 혹은 순서의 개념 등)으로부터 순화하기 위해서는 제일 먼저 실제로 관계를 외재화하는(혹은 서로 끌어안은 요소들을 배반시키는) 힘을 가진 '경험'이 거기에 필요하다는 것이다. 관계도 항과 마찬가지로 소여로서, 마치 하나의 개체처럼 우리에게 주어진다고 생각하는 한, 항과 관계는 완전히 혼동되고, 게다가 서로 유사한 것으로 상정되어 버린다. 단, 여기서 언급된 '유사'라는 말에는 주의가 필요할지도 모른다. 이는 단지 가시적인 형상이 닮았다는 것이 아니기 때문이다. 관계가 비-물체적이라면 그 유사성은 단지 형태의 유사는 아닐 것이다.

한편 관계의 외재성은 '관계'에 관한 전통적인 철학적 사유 방식 가운데 전형적인 두 가지 유형에 완전히 대립한다. 그 두 가지란 첫째, 실체적인 것이 상정되고 관계는 그 실체가 가진 다양한 속성의 하나라는 사유 방식이고(실체주의), 둘째, 이러한 실체적인 것을 단순한 관계항으로서 파악하고 이 항이 가진 성질들을 모두 관계로 환원해 가는 사유 방식이다(관계주의). 첫 번째 경우에 실체로 간주된 것은 두 번째 입장에서는 관계들의 다발로 이루어지는 단순한 관계항에 불과하다고 이해된다. 관계를 실체의 속성들의 하나로부터 해방시켜 항들의 가능성의 조건으로 간주하는 관계주의로의 이행은 언뜻 보면 사유상의 극적 변화——낙관주의자는 이것을 야단스럽게 '패러다임의 변화'라 할지도 모른다——가 거기에 존재하는 듯 생각된다. 그러나 '관계'에 관한 이 일견 상반되는 두 가지

동성의 통일이다. 증오의 의식이 전혀 없는 경우에도 증오는 현실적으로 존재하는 것으로서 주어진다. 이에 반해, 원한의 감정이 전혀 없는 경우에 그에 대응하는 성질은 하나의 잠세성에 머물러 있다. 잠세성은 단순한 가능성이 아니다. 그것은 실재적으로 존재하는 어떤 것으로서 나타나지만, 그 '존재 방식'은 잠세적으로 존재한다는 것이다"(pp.53~54).

입장은, 실은 함께 관계를 항의 성질로서 생각한다는 점에서는 완전히 일치하며, 또한 양쪽이 의존하고 있는 도덕적 원근법은 완전히 같다. 여기에는 현실적인 항들 사이의 상호 치환이 있을 뿐, 잠재적인 것의 변용은 어디에도 없다. 따라서 관계의 외재성은 '관계'에 관한 세 번째 관점으로서, 앞의 두 가지에 대해 비판적인 입장에 서게 될 것이다. 이렇게 들뢰즈가 경험주의 아래서 주장하는 관계의 외재성은 단지 하나의 원리로서 제기되는 것이 아니라, 초월적 가치에 따라 '존재'를 다의적으로 이해하는 것에의 생생한 저항, 그 도덕적 사유나 의식에의 강제이며, 그러한 것에 대한 영원한 비종속의 표명이다. 그러므로 경험론은 늘 이러한 '관계의 외재성'에 입각하는 한에서 성숙한 경험론이 될 수 있는 것이다.

관계가 항의 아프리오리한 '가능성의 조건'이면서 그 관계가 항의 성질로서 파악된다면, '선험적인 것'은 바로 경험적으로 이해되는 것의 형상이나 그 성질들을 복사한 것에 불과하게 될 것이다.[46] 하지만 우리의 '하나의 삶'은 실체나 주체에 그저 귀속되는 것도 아니요, 단순한 관계항도 아니다. '하나의 삶'이란, 도덕적이고 거의 부정적이라고까지 할 수 있는 조건들의 전체에 대해 그것과는 불공가능적인, 반시대적인 것으로 생성하는 소수자의 부분이며, 그것은 바로 스피노자가 밝힌 정신의 비-가멸적(可滅的) 부분에 마땅한 말이다.[47] '선험적인 것'이 '경험적인 것'과의 유비에 의해 파악된다면, 그것은 관계를 사물의 본성에서 유래하는 것으로 상정한 필연적 결과다. 들뢰즈가 강조하는 경험론에서의 관계는, 그

---

46) 따라서 칸트에게 인식의 원리는 경험을 가능케 하면서 "그 경험 자체를 위한 대상을 필연적인 것[필수 불가결한 것]"으로 만드는 원리이기도 하다(ES, 126/226 참조).

47) 『에티카』 5부 정리 40 따름명제, p.306[364쪽] 참조.

것을 사물의 본성에 의존하지 않는다고 생각하는 한, 실체의 단순한 하나의 성질도 아니고, 항으로서 파악되는 존재자를 근저에 이르기까지 표상적으로 설명하는 일차성의 원리도 아니다. 칸트의 비판주의가 '비-경험적'이라 불리는 것은, 결국 거기서는 아프리오리한 '관계' 개념이 소여의 본성으로서 바로 그 소여 속에 상정되어 있기 때문이다. 그러면 현상으로서의 소여는 완전히 '특수-일반적'인 의미에서의 관계항으로만 인식될 수 있게 된다. '관계를 외재화한다'는 것은 가능성 속에서 사물을 지각하기 ─ 혹은 시점의 가능성에 의존하기 ─ 를 그만두고, 오히려 비가시적인 것 즉 스스로를 표현하는 것에 대해 **하나의 관점**에서 **시선을 집중하기 위한 방법**이다.[48]

시점이 표상에 관계된다면, 시선은 표현에 관계된다. 예컨대 식물을 사생(寫生)하는 것은 우리의 '그리기'라는 능력의 통상적인 경험적 사용(모사하기, 그 결과로서 무언의 그림, 표상상)이지만, 지각 불가능한 것(예컨대 그 식물의 변양능력)을 **사생하기**는 단순한 형태의 모사에 맞서 이 '그리기'라는 우리의 능력을 초월적으로 실행하지 않는다면, 그 지각 불가능한 것의 운동을 도저히 포착할 수 없을 것이다. 즉 이 경우의 '그리기'는 바로 하나의 '표현하기'다(스피노자에게서의 완전한 관념의 표현 활동, 사유의 개념). 이처럼 '표현'이란, 우리 능력들의 경험적 사용을 넘어 그 능력들을 초월적으로(자유롭게) 실행함으로써만 달성될 수 있는 어떤 '표현되는 것'을 포함한 양태다. 사례를 들어 보자. 우리는 '표현'으로서의 「게르니카」(현대의 종교화라고도 불리는, 피카소의 1937년 작품)

---

48) 이는 바로 스피노자가 말하는 '정신의 눈'(mentis oculi)이 지닌 '시선'(regard)이다. SPE, 18/33;『에티카』5부 정리 23 주석, p.296[352쪽] 참조.

에 의해 비로소 '표현 가능한 것'이 된, 전쟁의 비참함에 관한 어떤 '표현되어야 할 것'이 표현되고 있음을 느낀다. 즉 「게르니카」라는 표현의 양태에 의해 비로소 지각 가능하게 되는 전쟁에 관한 '지각태'(percept)가 존재한다는 것이다. '전쟁'이라는 말을 그 말에 의해 단지 '의미되는 것' (semainomenon)으로부터 해방하는 것은, 어떤 양태를 전쟁의 '표현 가능한 것'(lekton)의 '표현'으로 보는 것과 불가분하다(바로 이러한 능력의 초월적 실행이라는 사명을 갖는 것 중 하나가 예술이며, 또한 이는, 예컨대 전쟁에 대한 다른 전투 방식을 만들어 내는 것이기도 하다). 바꿔 말하면, 그것은 우리가 가진 어떤 동사에 관한 초월적 실행이자 그 동사들을 변형시키는(déformer) 역능이기까지 하다. 따라서 뒤에서 논할 사건의 '반-효과화'의 관점에서 말하면, 사실 동사의 부정법은 오히려 활용된 동사의 '재-변형'이라고 해야 한다(예컨대 동판을 '부식시키다'가 '그리다'의 부정법이 되는 경우가 있는 것이다). "보이는 것은 그것을 변형시키는 감응이 있어 비로소 가시적이게 된다. 보이는 것의 윤곽을 뚜렷하게 만드는 것은 감응에 의한 인상이다."[49] 이것은 우리의 '보다'라는 '활동=동사'의 경험적인 사용을 무화(無化)하는, '보다'에 관한 하나의 충격적인 실행이며, 이러한 문제의 본질에 존재하는 것이 '사유의 이미지'라는 테마에서 들뢰즈가 해명한 감성과 구상력, 오성과 이성 같은 능력들에 관한 그것들의 '초월적 실행'이라는 개념이다. 선험적 경험론은 칸트와 달리 능력들

---

49) ジャン゠クレ・マルタン, 『物のまなざし: ファン・ゴッホ論』, 杉村昌昭・村沢真保呂 訳, 大村書店, 2001, 157頁[Jean-Clet Martin, *Van Gogh: l'œil des choses*, PUF, 1998]. 또한 "색채가 사물의 핵심부에 놓인 비인간적인 눈으로서, 그로부터 자신에게 보이는 것을 봄과 동시에 우리에게 '봐야 할 것'을 보도록 유인하는 것이다. 해바라기는 우리 외부에 놓여 일정한 거리를 두고 보이는 사물임을 그만둔다. 역으로 해바라기는 우리에게 밀착한 채 우리를 파악하고 우리를 조망할 수 있는 생명력으로 활기를 띠는 것이다"(163頁).

의 존재를 결코 아프리오리한 것으로 전제하지 않는다. 그 능력들은 모두 하나의 특이한 '존재 방식'으로 발생하는 것이다. 그 발생 본연의 모습으로서 어떤 능력이 다른 능력과의 관계에서 스스로의 작용이 규정되는 칸트적인 도덕적 능력론과, 이에 반해 자신에게 그 작용이 맡겨지고 자신의 한계(할 수 있는 것) 속에서 능력들이 발생하는 스피노자적인 윤리적 능력론은 비판적으로—혹은 임상적으로도—구별되어야만 한다.

유비 비판은 단순히 '경험적인 것'과의 유사성 아래에서 '선험적인 것'을 파악해서는 안 될 뿐 아니라, 역으로 경험 그 자체를 '선험적인 것'과 혼동해서는 안 된다는 점도 함의하고 있다. 왜냐하면 관계를 사물의 성질로서 그 사물에 **내재화함**으로써 성립하는 가능성 일반 속에서의 경험이 아니라, 항에 대해 관계를 철저하게 **외재화하는** 힘을 지닌 특이한 경험 즉 실재적 경험은, 항을 전제로 하지 않는 관계, 즉 '비'(rapport)로서의 관계를 물음과 동시에 '연관'(relation)으로서의 관계를 전제로 하는 명목적인 '항'(terme)이 아니라 그러한 '관계=연관'의 외부에서 생성·변화하는 실재적 '요소'(élément)를 문제화해야 하기 때문이다.[50] 선험적 '경험론'에서, 선험적인 것의 경험적인 것으로의 필연적 적용(=현실화)으

---

50) DR, 237~238/399~401 참조. 예컨대 『차이와 반복』은 3장 「사유의 이미지」와 다른 장의 영원회귀가 논해진 부분들을 제외하면, 그 대부분이 '잠재성'에서 '현실성'으로의 조건을 짓는 이론으로서의 "현실화" 수준 아래 쓰여져 있다. 이는 **발생의 유형**으로부터 말하면, 칸트주의나 구조주의와 다를 바 없는 "역동 없는 발생"(genèse sans dynamisme), "정적 발생"(genèse statique)이다. 하지만 유의해야 할 가장 중요한 것은, 그와 동시에 선험적 경험론이 스피노자의 『에티카』 5부와 마찬가지로 현실화의 차원(=적용의 질서)과는 완전히 반대인 방향, '반-효과화'의 위상(=형성의 질서)을 여는 것이라는 점이다. 이러한 의미에서 들뢰즈의 사상은 『에티카』 5부를 바로 **동적 발생**으로서 '재-개하고' '재-표현하는' 철학이며, 이러한 의미에서 묻는 힘을 지닌 문제들, 혹은 문제들에 의해 구성되는 역능을 그 본질로 하는 '하나의 물음'이다.

로부터 그 선험적인 것을 해방하는 것은, 동시에 경험적인 것의 선험적인 것으로의 필연적 종속 외부에서 그 경험적인 것을 파악하는 것이다. 다시 묻는다. 경험이란 무엇인가. 그것은 처음부터 "다른 어떤 것도 전제로 하지 않고" 어떤 것도 그것에 앞세우지 않는 것이다. 오해를 무릅쓰고 흄의 문맥에서 말한다면, "경험은 자신의 변양인 어떠한 주체도, 자신의 양태적 변양이나 양태인 어떠한 실체도 포함하지 않는 것이다".[51] 즉 경험은 어떠한 아프리오리한 일반적 선행자도 전제로 하지 않는 '변양'이라는 것이다. 경험은 그 경험의 조건이 결코 행할 수 없는 것, 즉 이 조건 자체의 발생을 가능케 하는 실재적 요소들이다. 그러므로 **경험론**에는 필연적으로 '관계=연관' 개념에 관한 비판이 함축되어 있는 것이다.

4. '비역사성의 구름' 속에서 휘청대지 말지어다: 선험적인 것의 발생적 요소들

(3) 선험적 장은 '조건지어지는 것'의 단순한 외적 조건짓기의 원리가 아니라 그것들의 표현적이고 긍정적인 "내적 발생의 원리"며, 또한 그 이상으로 '조건지어지는 것'들과 함께 변화하면서 자신도 그에 따라 규정되는 실재적인 "가소적 원리"(principe plastique)다.[52]

[**주석**] 실재적 경험이란 관계를 외재화하는, 능력들을 초월적으로 실행하는 '힘'을 지닌 경험을 의미했다. 그렇다면 이 경험은 오히려 항으로부터

---

51) ES, 93/173.
52) NP, 57/103~104, 104/168; DR, 56/107 참조.

완전히 자율적인 참된 관계를 찾아내기 위해 생각된 것이었을까. 그렇지 않다. 실재적 경험에 의거하는 경험론은 우리가 '관계=연관'으로 이해하는 것이 실은 모두 명목적으로 이해된 항들의 상호 관계밖에 나타내고 있지 않음을 보여 주는 것이므로, 실재적 경험은 바로 **명목적 경험으로서의 가능적 경험**에 대립하는 것이다. 이 명목적 경험을 구성하는 표상적인 항들은, 예컨대 원을 어느 동일한 점으로부터 같은 거리에 있는 점의 집합이라고 정의할 때의 그 무수한 '점'과 같은 것이지만(원의 '명목적 정의'), 실재적 경험 속에서의 요소들은 원을 한쪽 끝이 고정된 직선의 운동에 의해 정의할 때의 그 '운동'이다(원의 '실재적 정의').[53] 그 '정의되어야 할 것'의 발생적 요소인 이 운동 내에서, 명목적 정의 속에서의 점들은 이 '움직이는 선' 위에서 서로 전혀 식별하지 못하게 되고, 그로 인해 점의 집합이라는 개념조차도 의미를 잃을 것이다. 이로부터 알 수 있듯이, 실재적 경험은 '관계=연관'(예컨대 어느 동일한 점으로부터 같은 거리에 있다는 관계)에 대응하는 '항'들(그 경우의 무수한 점)의 표상으로 구성되는 경험이 아니다. 그것은 바로 '표현되는 것'을 포함하고 있는 '표현'(예컨대 다양한 빠름과 느림의 '관계=비'로 구성되는 운동이 그 실재적 '요소'가 되는 것)이면서 바로 그 '표현되는 것'의 발생적 요소가 되는 경험(변양)이다. 이런 의미에서 경험은 조건에 따라 단지 조건지어질 뿐인 표상으로 구성되는 것이 아니라, 그 조건의 표현 자체다. 그러므로 실재적 경험의 '조건'은 이 '조건지어지는 것'의 외부에 머무르는 것이 아니라, 오히려 이러한 **표현적** 경험에 의해서만 표현될 수 있는 '선험적인 것'이다.[54]

---

53) Baruch de Spinoza, *Tractatus de intellectus emendatione*, §95~96. *Spinoza Opera*, vol.2, pp.34~35[『지성개선론』, 강영계 옮김, 서광사, 2015, 39~40쪽]; SPP, 85/95 참조.

그런데 들뢰즈가 스피노자의 경험주의로서 서술하고 싶었던 것, 즉 공통개념의 "형성의 질서"가 긍정하고 있는 것은, 공통개념이 하나의 "표현 가능한 것"을 포함하는 한 그것은 원근법주의의 한 관점을 부여한다는 것이다. 여기에 공통개념의 "형성의 질서"가 요청되는 하나의 이유가 있다. 그것은 "적용의 질서"와 달리 일반성이 가장 적은 공통개념으로부터 출발하는데, 단지 그뿐만이 아니라, 중요한 것은 그것이 아포스테리오리한 실재적 정의에 관계되어 있어야 한다는 점이다.[55] 바꿔 말해 공통개념의 형성이란, **아포스테리오리한 것의 심도**로부터 '표현되어야 할 것'을 포함한 개념을 일으키기 위한 노력이다. 설령 '실재적'일지라도 『에티카』 1부의 신에 관한 아프리오리한 실재적 정의에 시종 정위해 있었다면 3종 인식에 이를 수 없고, 또한 2부에서조차 공통개념은 "논리적인 적용의 질서"에 머물러 있기 때문이다.[56] '감정'(affectus)은 나의 신체와 그에 대

---

54) 들뢰즈에게서, 예컨대 그의 스피노자론에서 나타나듯이, '표상'과 '표현'은 명확히 구별되어야 하지만(SPE, ch.8 참조), 동적 발생의 관점에서 말하면 이 구별에 앞서 먼저 실제 문제로서 물체적인 "대상의 표상"인 '명사적 표상'과 비-물체적 사건의 표상인 '동사적 표상'이라는 두 가지 표상이 구분되어야 할 것이다(LS, 281/391, 286/397 참조).

55) SPP, 85/95.

56) SPP, 128/141~142; SPE, 260/379~380 참조. '관계의 외재성'은 들뢰즈의 스피노자론에서도 공통개념의 "형성의 질서"(ordre de formation)의 실마리를 이룬다. 왜냐하면 '마주침'의 조직화는 관계의 외재성 아래서만 말할 수 있는 사항이기 때문이다. 그렇다면 왜 이 정도까지 "적용의 질서"(ordre d'application)가 아니라 "형성의 질서"가 스피노자에게 중요해졌는가. 혹은 "형성의 질서"에서만 찾아낼 수 있는 사태란 무엇인가. 스피노자 자신이 바로 이에 관해 답하고 있다. 스피노자는 2종 인식인 "보편적 인식"(cognitio universalis)보다 3종 인식으로서의 "직관적 인식"(cognitio intuitiva) 또는 "개체의 인식"(cognitio rerum singularum)이 얼마나 유력한지를 서술한 후에, 그 이유를 다음과 같이 분명히 말한다. "왜냐하면 나는 『에티카』의 1부에서 모든 것이 (따라서 인간 정신도 또한) 본질과 존재에 관해 신에게 의존함을 일반적으로 보여 주었지만, 그 증명은 비록 정당하고 또한 어떤 의심도 없을지라도, 우리가 신에게 의존한다고 한 각 개체의 본질 그 자체로부터 이것(모든 것이 신에게 의존하고 있다는 것)이 결론지어질 경우처럼은 우리의 정신에 작용하지 않기 때문이다" (『에티카』 5부 정리 36 주석, p.303[360~361쪽]). 들뢰즈가 여러 차례 강조했듯이 『에티카』

해 외재적인 다른 신체=물체 간의 아포스테리오리한 관계, 즉 '비-관계'
의 관계를 표상하는, 관념의 하나의 중요한 위상이다. 그러므로 일반성이
더 낮은, 하지만 그런 의미에서는 실천적으로 더 유효한 공통개념은 "인
간의 신체 및 늘 인간의 신체를 자극하는 **얼마간의 외부 물체에 공통적이**
고 특유한 것"[57]의 '연결의 부재'에 의한 아포스테리오리한 '비-관계'의
관계를 표상 혹은 표현하는 감정과 불가분하다. 다시 말해 기쁨이나 슬픔
같은 감정은 나의 신체와 그 외부에 존재하는 다른 신체=물체 간의 **부재**
관계를 표시하는, 내 신체의 활동능력의 증대 혹은 감소를 정신이 의식하
게 하는 관념이며, 그것은 바로 자신의 관점의 고유한 의미로서 사용되는
것이다.

　가능적 경험 속에서의 명목적 항들로부터 실재적 경험 속에서의 표

의 대부분, 정확히 말하면 1부의 서두부터 5부의 정리 20까지가 2종 인식을 규정하는 공통
개념의 "적용의 질서"의 전망 아래 쓰였다면, 방금 인용한 이 5부 정리 36의 주석에서의 설
명은 다음과 같이 바로 공통개념의 "적용의 질서"에 대한 비판적 담론으로서 이해할 수 있
다. 즉 『에티카』 1부는 공통개념의 "적용의 질서" 아래 쓰였기에, 거기서 언급되는 "신" 또
는 "실체", "속성", "양태"와 같은 일련의 개념들은 어디까지나 이미 '소여인 것'으로서 아프
리오리하게 전제되어 있다. 그런 한에서, 거기서는 이러한 일반성이 가장 큰 개념들 간의 관
계가 새로이 정립되며, 그런 까닭에 모든 것이 본질과 존재에 관해 신에게 의존하고 있다
는 것이 오로지 "일반적으로"(generaliter) 제시될 수 있을 뿐이다. 이런 의미에서, 예컨대 1
부의 정의 3과 4는 각각 실체와 속성에 관한 '명목적 정의'에 불과하고, 정의 6이야말로 신
에 관한 '실재적 정의'와 다름없을지라도(SPE, 16/30, 65/105~106, 319/458 참조), 공통개념
의 "형성의 질서"의 관점에서 보면, 이 정의는 **일반성이 가장 큰 공통개념으로서의 '신의 관념'**
을 전제로 하므로(SPP, 130/144 참조), 아프리오리하게 주어진 개념에 의해 규정된 한에서 발
생적이고 실재적인 정의를 이루고 있을 뿐이다. "절대적으로 무한한 '존재'"로서의 '신', 즉
영원하고 무한한 본질을 표현하는 무한히 많은 속성으로부터 구성되는 실체로서 **발생적으**
로 정의되는 '신', 확실히 1부의 정의 6은 이처럼 '신'의 아프리오리한 '실재적 정의'를 이루고
있지만, 거기서의 아프리오리성은 여전히 일반성 이외의 그 어느 것도 획득하지 않게 될 것이
다. 이로부터 사물의 아포스테리오리한 '실재적 정의'가 가져오는 혁명적인 인식론적 가치
가 분명해진다.
57) 『에티카』 2부 정리 39, p.119[124쪽]. 강조는 인용자.

현적 요소들로 이행하는 것은 항을 규정하고 조건짓는 '관계=연관'의 일반적 체계 —— 따라서 신의 심판과 판단의 모델 —— 로부터 결별하여, 표현적 요소에 의해 구성되는 경험의 "내적 발생의 원리"로의 운동(=동사)을 획득하는 것이다. 즉 일반적인 '관계=연관'을 넘어 바로 **비-관계적 조건**으로서 파악할 수 있는 '차이'에 도달해야 한다는 것이다. 그래서 들뢰즈는 다음과 같이 기술하고 있다. "차이는 잡다한 것이 아니다. 잡다한 것은 주어지는 것이다. 그러나 차이는 소여가 그것에 의해 주어질 때의 그 무엇이다. 소여가 그것에 의해 잡다한 것으로서 주어질 때의 그 무엇이다. 차이는 현상이 아니라, 현상에 '가장 가까운'(le plus proche) 누메논이다".[58] 이 언명은 대단히 중요하다. 여기서 차이에 관해 말해지는 "현상에 '가장 가까운' 누메논"이란 무엇을 의미할까. 그것은 차이가 잡다한 것으로서의 소여에 대한 절대적인 "최근원인"(causa proxima) 혹은 "작용인"(causa efficiens)이라는 것,[59] 즉 스피노자와 마찬가지로, 결정되는 것의 내적 발생의 원리라는 것이다. 그리고 이 원리는 우리의 공통개념 형성의 차원 그 자체를 발생시키는 원리와 다른 것이 아니다.

이러한 의미에서 실재적 경험의 '조건' 그 자체는 바로 그 '조건지어지는 것'들에 의해 비로소 표현되고, 따라서 '표현되는 것'인 이 '조건'은 그 '표현'들의 외부에 결코 존재하지 않는 것이다.[60] 이제 이 생각을 추진해 가면 우리는 다음과 같은 가치전환의 사상에, 즉 실재적 경험의 '조

---

58) DR, 286/475.
59) 『에티카』 1부 정리 16 따름명제 1, p.60[49쪽]; 정리 28 주석, p.70[56쪽] 참조.
60) DR, 334/549~550 참조. "'표현하는 것'이 '표현되는 것'에 대해 그와는 전혀 다른 어떤 것에 관계하는 것처럼 관계하는데도, '표현되는 것'은 '표현하는 것'의 외부에는 존재하지 않는다."

건'은 바로 그 '조건지어지는 것'에 의해 역으로 발생하고, '표현되는 것'은 스스로의 '표현'과 함께만 변화한다는 사유에 다다를 것이다. 바꿔 말하면 앞서 기술한 최근원인 혹은 작용인은 실은 "자기원인"과 하나인 것이며(『에티카』에서의 "원인의 일의성"), 또한 그것은 '영원회귀'를 새로운 "자기원인"(causa sui) ── '나는 본질이 그 존재를 포함하는 것은 자신의 발생 요소를 산출한다고밖에 생각될 수 없는 것으로 이해한다' ── 으로 파악하도록 우리를 이끄는 것이다.

(4) 선험적 장은 '일의성'의 실재적 영역과 다름없으며, 또한 그 자체가 '일의 적인 것'으로 정의된다.

【주석】 실재적 경험이란, 이것을 조건짓는 '선험적인 것'의 발생적 요소들이 되는 경험이었다. 바로 이것이 가능적 경험과는 다른 독자적인 작용 혹은 역능을 갖는 실재적 경험의 궁극적인 의미다. 성숙한 경험론(즉 능력들의 초월적 실행을 포함하는 경험론)이 최초의 단계에서 먼저 정립하는 것은, 아프리오리하게 소여 안에 접혀 있는 '관계=연관'을 외재화할 힘을 갖춘 경험이며, 이에 대응하는 '경험의 조건'은 경험적인 것과 결코 유사적으로 파악할 수 없는 비-현실적인 조건이다. 이것은 '특수적이고-일반적인' 것 ── 예컨대 상상력이 기존의 능동적 지성도 수동적 감성도 위협하지 않고, 단순한 공상력으로 폄하되어 있는 양태 ── 에 대한 외적인 가능성을 조건짓는 원리가 아니라, 오히려 이러한 원리와는 불공가능적인 관계에 있는 것을 산출하는 조건, 즉 '특이적이고-보편적인' 것 ── 예컨대 상상력이 모든 운동(=동사)에 조용히 동반하여, 그것들에 하나의 삶에 고유한 착란 혹은 환상을 불어넣는 초월적 부사(형성의 질서로부터

응시된)로 생성한 양태 ──의 발생 원리다. 그러므로 '에티카'에 의한 선험적 철학이라 할 때의 그 '선험적'이란 바로 '반시대적'(intempestif) 즉 '비-현실적'(inactuel)이며, 따라서 그런 의미에서만 '잠재적'이라 할 수 있다.

이제 앞서 언급한 아이의 놀이 사례를 이번에는 공간의 관점에서 생각해 보자. '놀고 나서 공부하는' 아이의 놀이터는 공부가 만들어 낸 경계선에 따라 둘러싸인 유희 공간이 아니라, 그와는 전혀 다른 평면에 속해 있다. 예컨대 부모가 아이에게 "도로에서 놀면 안 된다"고 말하는 것은 바로 하나의 명령이며, 나아가 원인의 관념에 의한 이해를 그 아이에게 촉구하기 위해 "차에 치이면 안 되니까 도로에서 놀면 안 된다"고 말하는 것은 차에 치이면 자신의 신체에 중대한 파괴를 초래하고, 종종 자신의 죽음으로까지 이어질 수 있다는 원인의 관념을 동반한 인식을 아이에게 촉구하기 위한 언명임이 분명하다.[61] 하지만 우리의 삶을 호흡곤란에 빠뜨리는 도덕이 모든 차원에서 우리 삶의 조건이 되고 있는 시대 안에서는, 이러한 원인의 관념을 갖는 것만으로 이 인과'관계' 속으로 침투한 도덕의 관념을 불식시키기는 불충분한데, 사실 "차에 치이면 안 되니까 도로에서 놀면 안 된다"는 말을 한 자──이는 어떤 의미에서는 누구도 아닌 다수자의 음성이기까지 하다──가 아무리 원인의 관념을 동반한 인식을 가지고 있었을지라도, 유비적인 도덕적 관념 속에서 이 말을 했을지 모르기 때문이다. 즉 이 경우 원인의 관념은 기억과 습관이 '조리화(條理化)된'(strié) 관념이며, 또한 실제로 도덕적으로 구획화되고 '조리화(條里

---

61) 스피노자의 "원인의 관념을 동반한 인식"에 관한 일반적 견해에 관해서는 浅野俊哉, 「スピノザ主義の経験主義的解釈」, 『筑波哲学』 第5号, 筑波大学哲学·思想研究会 編, 1994 참조.

化)된'[=홈 페인] 공간 관념의 하나이기 때문이다.

분명 그런 것이다. 이 사례의 경우, 아이의 놀이터는 집 안이나 공원 같이 노는 데에 **적합한** 장소여야 하고, 아이는 그러한 장소에서 놀아야 한 다는 이해가 이미 대전제로 되어 있다. 도덕은 어디까지나 '존재'를 다의 적으로 이야기하려는 이상, 늘 "한정된 토지"에 존재자를 배분하려는 발 상을 근본적으로 갖기 때문에 끊임없이 어떤 것을 기존의 무언가에 가두 려 한다——이것이 이 경우의 유비적인 도덕적 관념이다. 그러나 놀이는 노상에서도 건물 사이에서도 이웃집 담 위에서도 숲속에서도 해저에서 도 산꼭대기에서도 **성립하는** 것이다. 소유지도 울타리도 척도도 없는 '생' 의 영역, 즉 '평활한[=매끄러운]'(lisse) 공간이 있고, 이러한 눈에 보이지 않는 잠재적 초곡면(유일한 내재면)을 찾아내는 것, 또한 이 평면상에서 '존재의 방식'을 획득하는 것이 '에티카'이며, 바로 그때 아이나 어른 같 은 인간의 부분 속에서 놀기를 계속하는 초인(신체의 본질)의 드라마가 시작되는 것이다. 내재면, 그것은 다른 감성을 지닌 초인이 이러한 의미 에서 **리좀 모양으로** 배분되는 비분할성의 공간이다. '놀이'란 바로 "일의 적이고 분할되지 않는 하나의 '존재'(un Être univoque et non partagé) 의 넓이 전체" 위에서 펼쳐지는 활동 그 자체일 것이다.[62] 왜냐하면 그 무 엇도 전제하지 않는 놀이(예컨대 원본과 복사본의 안정된 관계를 떠들썩하 게 만드는 '무언극'mimique), 그것이야말로 하나의 실재적 경험이기 때문 이다. 현실적인 놀이란, 항상 이러한 잠재적 평면 위에서의 놀이다. 여기 서는 도덕화된 관계에 따라 그 관계항이 인식되거나 평가되는 것이 아니 라, 그 사물이 바로 그 사물로 생성하는 내적인 역능이나 본성을 긍정적

---

62) DR, 54/104 참조.

으로 인식하는 것, 즉 '배움'——그것은 즐거운 지혜 혹은 정신의 최고의 자기만족을 만들어 낸다——이 문제인 것이다(이에 반해, 도덕에 있는 것은 단지 가두어진 가운데서의 '앎'과 모방의 학습뿐이다).[63] '놀고 나서 공부하는' 아이는 아는 것이 아니라 배우는 것이다. 따라서 이 놀이는 '공부하고 나서 노는' 경우의 놀이와는 전혀 다르다. 역으로 말하면, 이러한 놀이의 조건은 관계의 외재성에 따라 시간상의 이 결정적인 불가역성을 동시에 규정하는 원리이기도 할 것이다. '배움'이라는 것은 정신이나 지성이 단지 관리 가능한 지식을 자신 내부에서 증대시키는 것이 아니라, **신체나 감성의 변양(다른 방식으로 느끼기)을 동반한 형태로** '수동-능동'의 말로 이야기할 수 있게 되는 것이다. 왜냐하면 그러한 변양 그 자체가 그것이 펼쳐지는 일의적 '존재'의, 즉 무언극의 내재면의 표현들과 다름없기 때문이다. 일의적 '존재'에 대응하는 이미지 없는 사유의 성립은, 그와 동시에 차이의 긍정과 그 절대적 평가에 관한 '사건'의 성립이기도 하다.

이제 이로부터 형성의 질서 속에서의 경험론의 다음 단계를 말할 수 있다. 선험적인 것의 **조건짓기의 과정**은 경험적인 것을 현실성으로서 규정하는 잠재적인 것의 **현실화의 과정**으로 파악된다.[64] 이는 '존재하는' 것으로 '생성하기'의 한——즉 재-개의, 혹은 다시 만들기의——방법이다. 이 경우 경험적인 것이란, 잠재적인 것이 현실화(=차이화)할 때의 존재 방식, 즉 양태다. 선험적인 것이 경험적인 것으로부터 유비적으로 파악될 수 없고, 또한 '조건지어지는 것'으로서 경험적인 것의 "내적 발생의 원리"라는 것은, 바꿔 말하면 선험적인 것이 그 양태라는 다양한 '표현하는

---

63) DR, 213~214/362~363 참조.
64) DR, 273/455 참조. "잠재적인 것의 과정은 현실화다."

것'에 대해 유일하고 동일한 '표현되는 것'이어야 한다는 것이다. 이 유일하고 동일한 일의적으로 '표현되는 것'은 무한히 많은 다양한 '표현'을 현실적으로 산출하는 원인으로 파악되지만(역으로 말하면 이 형상적 다양성은 '표현되는 것'의 일의성의 아프리오리한 조건이다), 여기서 주의해야 할 것은, 그때 산출되는 다양한 '표현'인 현실적 경험은 단순한 '표상'들의 총체가 아니라는 점이다.[65] 즉 성숙한 경험론의 두 번째 단계에서 정립되는 것은 관계를 외재화하는 힘이 경험적 소여를 '관계=연관'과 그에 대응하는 '항'들의 표상상으로부터 해방하여, 비-현실적이고 잠재적인 '표현되는 것'의 무제한으로 다양한 '차이의 표현'으로서 회복하는 작용을 한다는 것이다(다시 말해 정도程度 없는 표현 같은 것이 결코 존재하지 않는 이상, 여기서 말하는 '차이의 표현'이란 실은 '강도의 차이'다).

그렇지만 들뢰즈의 '에티카'의 사유는 더 앞으로 진전해 간다고 생각된다. 그것은 성숙한 경험론이 선험적 경험론으로 생성·변화하는 결정적 지점, 즉 이 경험론의 세 번째 단계다. 이 유일하고 동일한 '표현되는 것'을 특권적·우월적으로 표상하는 어떠한 '표현'도 존재하지 않는다. 혹시 있을지라도 그것은 표현이 아니라 틀림없이 표상일 것이다. '표현'(expression)이란, 형상적으로는 다양하지만 존재론적으로는 단 하나인 '표현되는 것'(exprimé)을 '표현하는 것'(exprimant)이기 때문이다.[66] 이 '표현'을 바로 '표현되는 것'의 본질과 존재 모두를 구성적으로 '표현하는

---

65) 들뢰즈가 제기하는 표현의 이론에서 원인으로서 '표현되는 것'과 스스로를 전개하는 '표현하는 것'의 차이에 관해서는 SPE, 127/194 참조. "우리는 '스스로를 표현하는 것'과 '표현되는 것'을 절대로 혼동해서는 안 된다. '표현되는 것', 그것은 원인이지만, '스스로를 표현하는 것', 그것은 항상 우리가 인식하고 이해하는 역능, 우리의 지성의 역능이다."
66) SPE, 56/92~93 참조.

것'이라 생각하면, 그것은 바로 스피노자의 표현적인 '일의성의 철학'으로 우리를 이끌게 된다.[67] 그러나 지금 우리의 과제로부터 말하면, 이 '표현하는 것'은 경험, 특히 실재적 경험이라 불리는 것이다. 하나의 현실적인 것으로서의 경험이 재현으로서의 가능적 경험으로 빠지지 않고, 정말로 표현적인 현실성을 갖추고 있다면, 그것은 역으로 그러한 '현실성'(=동사)에 반시대적인 것을 불어넣는 '비-현실성'(=선험적 부사성副詞性)을 자기 내부에 내포하고, 그것을 현실화의 운동이나 논리와는 전혀 다른 방식으로 "다른 실재성" 아래에서 전개하는 힘들을 갖게 될 것이다. 이 실재성이란, 예컨대 일상의 생활 형식에 대해 그와 동일한 분절화를 겪는 말의 언어를 전제로 하지 않는, 이를테면 무언극=의태의 '신체'(Mime)와 이에 따라 산출되는 '표현되어야 할 것'이 지닌 실재성이다──다시 말해 이 신체는 스토아학파에게는 '의미되는 것'(semainomenon)으로부터 구별되어야 할 비-물체적인 '표현되는 것'(lekton)을 포함한 표현을 하나의 결과로 산출하는 작용인으로서의 물체다.

단적으로 말해 실재적 경험이 잠재적인 선험적 장의 양태적=의태적 '표현'이라는 것은, 그것이 현실화의 운동으로는 결코 환원될 수 없는 '비-현실적인 것'을 내포하는 한에서만 그렇게 말할 수 있는 것이다. 이처럼 경험이 반시대적이지만 어떤 실제적인 작용을 하는 이상, 그것은 현실화(=차이화) 혹은 표상(=재현전화)과는 다른 위상에서 그 '비-현실적

---

67) 스피노자는 이러한 의미에서의 '표현' 개념 아래 "속성"을 신의 '실재적 정의' 속에서의 발생적 요소로 파악한 것이다(『에티카』 1부 정리 20 증명, pp.64~65[50쪽] 참조). "신의 영원한 본질을 설명하는(explicare) 그 속성은(정의 4에 의함) 동시에 신의 영원한 존재를 표현한다(exprimere), 즉 신의 본질을 구성하는 것 자체가 동시에 신의 존재를 구성하는 것이다"(강조는 인용자).

인 것'을 전개해야 하는데, 바로 이것이 '반-효과화'라는 개념이다.[68] 즉 비-현실적인 사건을 전개하기, 그에 따라 잠재성의 차원 그 자체를 발생시키기. 만약 이 '반-효과화'라는 3종 인식에 도달하지 않는다면, 잠재적인 것의 현실화라는 극화의 논리와 운동은 바로 표상의 차원과 공가능적이게 되고, 현실화는 제한 없이 재현전화의 스토리로 빠져들 것이다. 들뢰즈는 다음과 같이 기술하고 있다. "사건이 살 속에까지 각인되는 경우에만 사건의 영원한 진리를 포착할 수 있다. 그러나 매번 우리는 이 비통한 효과화를, 이를 제한하고 연기(演技)하고 변모시키는 하나의 반-효과화에 의해 이중화해야 한다. [……] 순수 사건이 매번 자신의 효과화 속에 언제까지나 들어박히려는 한에서, 반-효과화는 늘 다른 경우마다 그 사건을 해방시키는 것이다."[69] 그러므로 본질적인 차이는 표상과 현실화 사이에 있다기보다, 오히려 현실화와 반-효과화 사이에 존재하는 것이다. 실재적 경험은 선험적인 것의 발생적 요소이며, 이것이 경험론의 세 번째 계기, 즉 선험적 경험론의 가장 고귀한 과제가 된다.

모든 가능성의 조건에 반하여, 또 그 조건 속에서 이 조건들과의 사이에 불공가능성을, 즉 새로운 투쟁 방식을 만들어 냄으로써만 성립할 수 있는 경험이 존재한다. 이것을 니체는 바로 "반시대적 경험"이라 칭했다. "비역사적인 것은 사물을 뒤덮는 대기와 비슷한데, 이 대기 속에서만 삶은 스스로를 산출하고, 그 대기가 부정되면 삶도 또한 소멸한다."[70] 하지

---

68) QP, 149~152/225~230 참조.
69) LS, 188/277.
70) Friedrich Nietzsche, *Unzeitgemäße Betrachtungen II*, Vorwort, §1. *Nietzsche Sämtliche Werke, Kritische Studienausgabe*, vol. 1, pp. 247, 252~253[『비극의 탄생·반시대적 고찰』, 이진우 옮김, 니체전집 2, 책세상, 2005, 289, 295쪽] 참조.

만 이 비역사적인 것의 포피는 단지 주어지는 것이 아니다. 이 '비역사성의 구름' 혹은 이 **구름의 힘들**을 우리는 찾아낼 필요가 있다. 오히려 이 구름을 '반-효과화'의 상승기류에 의해 발생시키는 것이다——이를 나는 하나의 '기상 현상'이라 말하고 싶다. 별이 빛나는 하늘과 도덕법칙으로부터 벗어난 것, 도덕적·과학적 지성이 결코 파악할 수 없는 것, 그러한 지성의 영구적 과제, 그것이 바로 '기상 현상'이기 때문이다. "사람들은 잠재적인 것에서 현실적인 사태로 **하강하고** 사태에서 잠재적인 것으로 **상승한다**——그것들을 고립시킬 수 없는 채로. 그러나 사람이 그렇게 **상승하고** 또한 **하강하는** 것은 같은 선(線)이 아니다. 즉 현실화와 반-효과화는 같은 선의 두 부분이 아니라 서로 다른 선이다."[71] 이 '기상 현상'에 휩싸

---

71) QP, 151/228. 강조는 인용자. '비역사성의 구름'의 힘들 가운데는, 예컨대 "번개"(éclair)와 그 배후의 "흐린 하늘"(ciel noir)이 있다. 그런데 번개가 이 흐린 하늘을 끌고 가는 이상, 번개와 이 하늘은 함께 차이를 만들면서도 어떤 특이한 방식으로 서로 섞여 있기도 하다. 즉 그때 번개는 연속적인 '색채-강도'가 되고, 암흑의 바탕-허로서 이 흐린 하늘은 오히려 다수의 '추상선'(ligne abstraite)이 되어(DR, 43~44/86~87 참조), 이 비역사성의 구름(=평면)을 형성하는 것이다. 가노 미쓰오(加納光於)는 이러한 색채와 추상선으로 놀랄 만한 평면을 만들어 낸 판화가다. 특히 1977년에 발표된 연작=반복 「번개 잡기」(稲妻捕り)는 리소그래프(석판화)와 드로잉과 엔커스틱(일종의 납화) 기법으로, 바로 '색채-강도'와 '추상선'에 따라 번개의 내재적 평면을 표현한 걸작이다. 그것은 색채의 유동적인 변화를 포착하기보다 오히려 우리의 시선이 그 색채를 포착한 순간에 그 시선을 어긋나도록 하여, 극적으로 지각 불가능한 것으로 변용하기 시작하는 평면이다——즉 사로잡힌 「번개」(稲妻)의 증거(들뢰즈는 『에티카』 5부는 번개에 의해 일을 행하는 대기의, 빛의 글쓰기다"라고 했다. CC, 187/261). 이 '리소·그래프'의 반복은 바로 차이의 '패러·그래프'다. 왜냐하면 '리소·그래프' 연작은 그 하나하나가 색채의 잠재적 변용을 표현하는 차이의 블록——비역사성의 구름과 그 힘들——이 되기 때문이다. 가노는 다음과 같이 말한다. "요철을 눌러 평평하게 만들고 싶다." "평면이라는 것은 인간의 지향 가운데 과격한 것을 가지지 않으면 성립되지 않습니다. 요철한 것을 평평하게 만들어 버리려는 지향성은 다양한 절차를 필요로 합니다"(『版画藝術』 第76号, 阿部出版, 1992, 119~120頁). 또는 "표현으로서의 평면 지향이란, 세계를 평평하게 하여 응시하려는 일종의 과격한 사유라는 생각이 있습니다"(『夢のパピルス』, 小沢書店, 1993, 165頁. 강조는 인용자). 아마 이러한 '평면'만큼 깊고 높은 것은 없을 것이다.

이지 않고 인간의 행위＝활동이 개시되거나 사건의 생성이 이루어지는 일은 결코 없을 것이다.

이처럼 '조건'과 '조건지어지는 것' 사이의 선험적 차이를 둘러싼 물음은 늘 이중화되어 있다는 점에 주의해야 한다. 즉 선험적 차이는 적용과 종속을 대신하여, '현실화'와 '반-효과화'라는 이질적인 이중의 운동으로부터 파악될 필요가 있다. 종속은 결코 적용의 질서를 변화시키지 않으며, 해체할 수도 없을 것이다. 왜냐하면 그것은 결코 자신의 조건에 이르지 않기 때문이다. 이러한 종속을 대신하는 '반-효과화'의 위상 속에서 선험적인 것은 '조건지어지는 것'의 표현적인 내적 발생의 원리를 넘어, 자신이 조건짓는 것과 함께 변화하고 또한 그에 따라 자신도 규정되는 실재적인 "가소적 원리"(경험론의 세 번째 조건)로서 파악된다. 그리고 그때 비로소 경험론은 개념의 '적용의 경험'론이 아니라, 개념의 '형성의 경험'론으로 성립하는 것이다. 경험에 의한 그 경험 조건의 잠재적 변화, 그것이 그대로 '반-효과화'라는 사건의 성립이다. 따라서 일의성에 관한 들뢰즈의 물음도 이 수준에서의 문제-틀을 항상 포함하고 있어야 한다.[72] 이제까지 '선험적 장'에 관해 기술한 이 네 가지 기준은 모두 서로 다른 요소들을 전제로 하고 또 불가결하게 하는데, 이들의 특징에 따라 '에티카'에 의한 선험철학의 기획을 완전히 규정할 수 있다고 생각한다. 바로 들뢰즈가 내세운 선험적 경험론에서야말로 '영원회귀'의 사유와 존재가 현실화와 반-효과화라는 이질적인 두 운동, 방향성이 서로 다른 두 수레바

---

72) DR, 59~61/112~114; LS, 210~211/303~305, 348~350/471~473 참조. 들뢰즈에게 '존재'의 일의성은 최종적으로는 끊임없는 '영원회귀'라는 '탈-근거'(effondement)의 운동──'현실화'와 '반-효과화'로부터 구성되는──에 의해 실재적으로 정의되어야 한다.

퀴로부터 생기는 '영구적인 운동체'(perpetuum mobile)로서 분명해지는 것이다. '에티카'가 시대에 저항하여 도래할 시대(즉 생성의 지금)를 위한 인식과 활동이 아니라면, 우리는 어떻게 자신들의 '하나의 삶'을 재-개할 수 있다고 말할 수 있을까.

2장 · 선험적 경험론의 문제-틀

1. 사용과 실행에 관하여

실재적 경험으로 이루어지는 '하나의 삶'은 가능적 경험이나 일반적 경험 속에서의 '이하 마찬가지로'라는 방식으로 살 수 있는 것이 아니다. 우리의 '하나의 삶'은 어떠한 의미에서도 '이하 마찬가지로'라는 방식으로 나타나는 일반적 생명이 아닌 것이다. 즉 '하나의 삶'에는 '이하 마찬가지로'라는 방식으로 무언가를 멈추는 것도, 또한 '이하 마찬가지로'라는 형태로 무언가를 무제한으로 계속하는 것도 귀속될 수 없다. 그런데도 우리 자신이 이 '이하 마찬가지로'의 세계를 일으키는 것이다. 혹은 스스로 '이하 마찬가지로'(라는 오류)를 그 경험의 조건, 삶의 조건으로 하지 않으면 살 수 없는 생물 종, 그것이 '인간'인 것이다. 예컨대 우리는 늘 무언가에 '싫증이 난다'. 그렇지만 이는 '싫증이 남'을 우리가 개별적으로 경험한다는 것이 아니라, 바로 '싫증이 남' 그 자체가 우리 삶의 조건이 되어 버렸음을 의미하는 것이다. 즉 우리는 '이하 마찬가지로' 혹은 '싫증이 나다'라는 가능성의 조건 속에서만 자신의 삶이나 경험을 규정할 수 있게 되어 버린 것이다. 이 점에서 사람들은 '싫증이 날' ——예컨대 스피노자가 말하는 "구역질"(nausea)의 ─ 가능성 아래에서 무언가와 조우하고 있을 뿐이며, 흥미로운 것과도 '싫증이 난다'는 형태로만 마주칠 수 있게 되어 버리는 것이다. 다시 말해 여기에 있는 것은 '포만'이라는 이름의 가능성의 조건이 전제가 되어, 현실의 행동이나 능동성이 '욕구'나 '결핍'이라는 형태로만 나타나게 된 세계다. 이제 여기서는 우리의 능력론의 측면에서 이러한 '도덕화'의 감염 경로를 더듬고, 그것을 안쪽에서 절단하게 된다.

　자신에게 아무리 '흥미로운 것'이든 아무리 '새로운 것'이든, 그것이 정말 현실적인 것이 아니라면, 역으로 말해서 여전히 타자의 목적론적인 스토리가 전제되어 있다면, 사람들은 언젠가는 그것에 싫증이 날 것이다. 왜일까. 왜 사람들은 싫증을 낼까. 그토록 손에 넣고 싶었던 것도 한번 획득하면 이전에 품고 있던 그것에 대한 정열은 차츰 식어 가고, 마지막에는 귀찮다고만 느낄지도 모른다. 예컨대 하나의 충격적인 음악, 절대적으로 새로운 음악, 그것은 한번 들은 후에 떠올리려 한다고 떠오르는 것이 아니다. 왜냐하면 그에게 그 음악은 그저 '들을 수밖에 없는 것'으로서 나타난 것이지, 나중에 마음속에서 상기할 수 있는 '재인의 대상'이 아니었기 때문이다. 따라서 그때 그는 그 음악을 감각하지 않았다고 할 수 있다. 확실히 '마주침의 대상'은 어떤 의미에선 감각될 수 없는 것이지만, 동시에 '감각되어야 할 것'이기도 하다. 그렇다면 그때 그는 무엇을 감각한 것일까. 그가 감각한 것, 그의 내부에서 생기한 것, 그것은 분명 어떤 현실적인 것이고, 그 자신이 그때 그렇게 마주친 것이 아니라 오히려 그가 그때 생성하고 있던 '어떤 것', 즉 그가 '어떤 그'로 자기변양하는 감각이며, 그때 그는 바로 이 자기변양의 노이즈를 내부보다도 깊은 '바깥'에서 들은 것이다. 이는 자기의 '다른 것으로-생성하기'[타자-되기], 혹은 '자기와의 차이' ─ 그와 그 '어떤 그'와의 차이 ─ 가 지닌 음조성, 음의 강도다.

절대적으로 새로웠던 그 음악조차 여러 번 들으면 차츰 마음속에서 상기할 수 있고, 나아가 그 작품의 악곡 분석(사유하기)까지 가능하게 될 것이다. 학습이나 숙달의 기본은 반복에 있으므로 그런 일은 당연하다고 할 수 있을지도 모른다. 그러나 여기서 무엇이 일어났는지 주의하길 바란다. 마주침의 대상이 재인의 대상으로 변화한 것이다. 처음에는 그저 들을 수밖에 없었던 음악, 그런 의미에서는 감각(청각)에 고유한 대상이었던 그 음악이 이제는 기억의 대상이나 표상의 대상, 나아가 지성의 대상이 된 것이다. 감성에 고유한 대상이 다른 능력 안에서의 대상이 되는 것, 이것이 공통감각을 정의하는 것이다. 따라서 공통감각이란, 둘 이상의 이질적인 능력 사이에서 공통의 대상이 됨으로써 그 대상의 동일성이 우리에게 바로 '실감'되는 것이다. 그렇지만 그와 동시에 우리는 그 대상에 싫증이 난다. 그것은 '이하 마찬가지로'의 가능성의 영역이지만, 그때 결코 잊지 말아야 할 것은 그 심층에는 앞서 기술한 절대적인 자기변양, 자기촉발의 노이즈가 '감각되어야 할 것'의 필연성의 영역 안에서 울려 퍼지고 있다는 것이다──강도만으로 구성된 음악.

들뢰즈가 문제 제기하는 '선험적 장'은 칸트에게서처럼 가능적 경험의 조건이 아니라, 실재적 경험의 조건이다. 그것은 결코 '조건지어지는 것'과 유사하지 않고, 또한 이들로부터 유비적으로 복사될 수 있는 것도 아니다. 이런 의미에서 그것은 바로 '경험의 조건', '인간의 조건'이며, 나아가 "존재(있음)가 말해지는" 모든 것의 '내재적 조건'이다.[1] 그것은 경험적인 것을 복사하여 이것과 유비적으로 파악된 경험적 조건도 아

---

1) 『에티카』 1부 정리 18. Baruch de Spinoza, *Spinoza Opera*, ed. von Carl Gebhardt, Carl Winter, 1925, vol. 2, p. 63[『에티카』, 강영계 옮김, 서광사, 2007, 48쪽] 참조.

니요, 예컨대 '신인동형동성설'과 다를 바 없는, 인간이 지닌 특성들과 유비적으로 파악된 인간적 조건도 아니다. 즉 "인간적 조건"(condition humaine)을 넘어 들뢰즈가 베르그송의 철학에 관해 주장하는 "비인간적인 것"과 "초인간적인 것"으로 우리를 열어 주는 비판적이고 창조적인 '조건'들이 여기서는 문제인 것이다.[2] 그렇다면 선험적 경험론은 '조건지어지는 것'과 조금도 유사하지 않으며, 또한 '조건지어지는 것'과의 유비로는 결코 파악할 수 없는 '경험의 조건', 즉 실재적 경험의 '내재적 조건' 그 자체를 어떻게 파악하려는 것일까 ─ 분명 우리의 자연적 조건은 유비와 유사에 의한 인식을 타당한 것으로서 지지하는 것처럼 보이는데. 사실 이러한 '내재적 조건'도 그것을 특정한 표상상에 기대어 우리가 상상하는 한, 불가피하게 '조건지어진 것'과의 유사성이나 비유성과 같은 성질을 띠게 되는 것이 아닐까. 바로 실재적 경험을 구성하는 능력들의 구체적인 '작용'(efficientia)이 여기서 물어져야 할 차례다.

스피노자가 분명하게 기술했듯이, 이는 인간이 끊임없이 사물의 표상상이라는 부정(不定)에 의해 '조건지어진 것'으로부터 계속해서 자극을 받는 이상, 거의 피할 수 없는 사태처럼 여겨진다.[3] 하지만 문제는, 예컨대 계시라는 형태로 이 자극을 무한히 확장하는 것도 아니고, 칸트처럼 물자체라는 폭넓게 규정된 것으로부터의 자극을 상정하는 것도 아니

---

2) B, 18~19/32 참조. 들뢰즈는 여기서 베르그송의 철학을 바로 스피노자와 마찬가지로 창조적이고 착란된 실천적 경험주의로서 제기하고 있다. "결국 베르그송은 바로 인간적인 지혜나 안정을 철학에 부여하는 철학자들 가운데 속해 있지는 않다. 우리의 조건에 의해 우리가 잘 분석되어 있지 않은 혼합물 속에서 어쩔 수 없이 살게 되고, 또한 우리 자신이 잘 분석되어 있지 않은 혼합물일 수밖에 없는 이상, 우리를 비인간적인 것(우리의 지속보다 뒤떨어지거나 뛰어난 지속)에 열어 주는 것, 인간적 조건을 뛰어넘는 것, 이것이 [베르그송의] 철학의 의미[방향]다."

3) 『에티카』 2부 정리 47 주석, p.128[136쪽] 참조.

다. 오히려 역으로 우리에게 '감각될 수밖에 없는 것'이란 과연 무엇인지 묻는 것이다. 따라서 이러한 이유로부터 선험적 경험론은 어떤 하나의 방법론, 어떤 하나의 질서와 본질적으로 불가분하게 된다. 그것이 능력들의 "초월적 실행"(exercice transcendant)이라 불리는, 그것들의 반-도덕적인 사용법이다.[4] 들뢰즈가 주장하는 능력들에 관한 이 '초월적 실행'은 칸트가 기술한 "초월적 사용"과 결코 혼동되어서는 안 된다. 들뢰즈가 칸트의 비판철학에 주목하고 거기에 비판을 가하려는 논점이 특히 능력들의 "사용"(Gebrauch)에 관한 이론에 있는 이상(칸트에게 '능력들의 일치'와 '공통감각'을 연결시키는 것은 바로 능력들의 일정한 "사용"이기 때문이다), 선험적 경험론에서 "사용"(usage)과 "실행"(exercice)은 명확히 구별되어야 한다.[5] 들뢰즈는 선험적인 것이 경험적인 것과의 근절하기 힘든 유사성을 띠게 되는 원인이 '공통감각'을 충족시켜야 할 능력들의 "사용"에 있다고 생각하여, 그때의 모델로서 바로 '도덕' 아래에서 인식론과 실천론을 구성하는 칸트의 능력론을 비판하는 것이다.

들뢰즈에 따르면, 칸트 비판철학의 중요성 혹은 그 일관성은 능력들

---

4) DR, 186/318 ; PS, 121/148 참조.
5) 따라서 "능력들의 초월적 사용은 엄밀한 의미에서 역설적 사용이며, 이는 공통감각(상-식)의 규칙 아래에서 그 능력들의 실행과 대립한다"고 들뢰즈가 기술하고 있을지라도 (DR, 190/324), 이 경우의 "초월적 사용"은 칸트가 말하는 능력들의 부당한 사용으로서의 그것이 아니라(Immanuel Kant, *Kritik der reinen Vernunft*, Meiner, 3rd ed., 1990, A296=B352~353, A327=B383[『순수이성비판 1·2』, 백종현 옮김, 아카넷, 2006, 2권 525~526쪽, 549쪽. 한글판은 1권과 2권의 쪽수가 연결되므로 이하 권수 없이 쪽수로만 병기한다] 등을 참조) 뒤에서 보겠지만 어떠한 공통감각(논리적 공통감각, 도덕적 공통감각, 미적 공통감각)도 전제하지 않고 또한 그것을 정의하지도 않는 능력들의 "초월적 실행"의 의미로 이해해야 한다. "사용" 내에서 어떤 규칙이나 코드가 전제되어 있는 경우뿐만 아니라, 비록 그러한 규칙 같은 것이 "사용"의 결과로서 **사후적으로**만 발견될지라도, 혹은 그 "사용"과 **함께만** 발견되고 재생산될지라도, 선험적 경험론에서 "사용"과 "실행"은 결코 혼동되어서는 안 된다.

(한 가지의 수용적 능력인 감성, 세 가지의 능동적 능력인 오성, 구상력, 이성)의 사용에 의해 구성되는 "망상(網狀)조직"(réseau)[6]을 그 능력들 사이의 "치환들(permutations)의 체계"로서 제시한 점에 있다[7](단, 칸트에게 감성만은 사용되는 능력이 아니므로 '감성의 사용'이라고는 할 수 없고, 감성 그 자체에 관한 '경험적 사용'도 '초월적 사용'도 생각할 수 없지만, 이에 반해 들뢰즈에게 감성은 다른 능력들과 마찬가지로 실행되어야 할 능력이므로 감성의 '초월적 실행'을 당연히 생각할 수 있게 된다). 칸트에게 주관적인 능력들의 상호 관계는 어떤 하나의 능력이 그 이외 능력들의 역할을 규정하고 제한하는 입법자로 기능함으로써 엄밀하게 규칙화되어 있다.[8] 첫 번째 '비판'인 『순수이성비판』에서는 우리의 인식능력을 구성하기 위해, 이성의 "사변적 관심" 속에서의 유일한 입법적 능력으로서 오성이 다른 능력들을 규정하여 일정한 역할 관계로 끌어들인다. 즉 오성에 의해 비로소 구상력은 "도식화하는"(schématiser) 기능을, 이성은 "추론하는"(raisonner) 역할을 각각 **외적으로** 부여받는다.[9] 또한 두 번째 '비판'인 『실천이성비판』에서는 우리의 욕구능력을 구성하기 위해, 이성의 "실

---

6) PK, 17/31. "각각의 '비판'(칸트의 세 비판서)에 따라 오성, 구상력, 이성은 이 능력들 중 어느 것이든 하나의 주재 아래 다양한 관계로 들어갈 것이다. 따라서 우리가 어느 것이든 이성의 관심을 고찰함에 따라 능력들 사이의 관계에 체계적 변화(variations systématiques)가 나타난다. 요컨대 (능력이라는) 말의 첫 번째 의미에서의 어떤 능력(인식능력, 욕구능력, 유쾌하거나 괴로운 감정)에는 이 말의 두 번째 의미에서의 능력들(구상력, 오성, 이성) 사이의 어떤 관계가 대응되어야 한다. 이리하여 능력들의 이론은 선험적 방법의 구성적인, 참된 망상조직을 형성하는 것이다."

7) PK, 97/125.

8) 이 경우 "지배적"(prédominant)이라는 말은 다음 사항을 의미한다. "① 어떤 하나의 관심과의 관계에 따라 규정함, ② 대상과의 관계에 따라 규정함, ③ 다른 능력들과의 관계에 따라 규정함"(ID, 80/184 참조).

9) PK, 29~30/45~47 참조.

천적 관심" 속에서 이번에는 이성 자신이 입법자가 되어 법[도덕법칙]의 보편성의 순수 형식을 형성하는데, 이에 따라 오성은 이 법을 "적용하고"(appliquer) 또한 구상력은 그 판결을 "수용하는"(recevoir) 역할(그때 우리의 내적 감관은 이 판결의 결과들을, 즉 제재를 "감수하게"éprouver 된다)을 각각 **외적으로** 부여받는다.[10]

여기서 이해해야 할 중요한 것은, 칸트의 이 두 '비판'에서 능력들의 관계는 어느 하나의 지배적 역할을 맡는 능력에 의해 **외적으로 부여받은** 능력들의 역할 아래에서만 각 "관심"에 대응하는 그 능력들의 **내적인 "망상조직"**을 형성하는 데 지나지 않는다는 점이다. 따라서 그 말의 첫 번째 의미에서의 '능력'을 구성하기 위해, 각 "관심" 속에서의 입법적 능력 이외의 능력은 실은 이러한 내적 관계에 따라서만 그 외적으로 부여된 기능을 충족시키게 될 것이다. 그러므로 이성의 "사변적 관심" 속에서 "오성이 구상력을 규정하고 도식화하도록 끌어들이지 않는 한, 구상력은 도식화하지 않으며", 따라서 만약 이 "관심"의 진정한 외부에서 자기의 작용이 "자신에게 맡겨진다면, 구상력은 도식화와는 전혀 다른 것을 행할 것이다"[11] ──이는 우리의 능력이 전혀 다른 동사(=활동성activité)를 획득하는 것인데, 다만 여기에는 두 가지 의미가 있다. 첫째로 '치환'의 개념이

---

10) CC, 48/67.

11) ID, 81/185. 칸트는 "현상과 그 단순한 형식에 관한 우리 오성의 이러한 도식작용은 인간 마음의 내면에 숨겨진 하나의 기술(eine verborgene Kunst)이다"라고 기술하고 있다(Kant, *Kritik der reinen Vernunft*, A141=B180[『순수이성비판』, 381쪽]). 그렇지만 구상력은 이제 "사변적 관심" 속에서의 입법적 능력인 오성에 의해 '도식화'하도록 외부로부터 그 기능을 부여받지 않는 한, 그 역할을 충족하지 않는 이상, 들뢰즈가 분명히 언명하고 있듯이, "마치 도식작용의 신비가 구상력의 본질 속에, 혹은 그 자유로운 자발성 속에 최후의 말을 숨기고 있는 듯 이 신비를 탐구하는 일은 잘못일 것이다. 도식작용은 하나의 비밀이지만, 구상력의 가장 깊은 비밀은 아니다"(ID, 81/185. 또한 PK, 29/45 참조).

보여 주듯이, 기존의 역할을 능력들 사이에서 교환하는 것이며, 둘째로 이것이 우리에게 중요해지는데, 새로운 활동성의 획득, 자신의 작용의 한계(행할 수 있는 것)에서 생각지도 못한 동사가 발생하는 것이다. 한편 이것은 "추론하는" 능력으로 규정된 이성에 관해서도 전적으로 타당하다. 이성은 비록 추론이 이성에 독자적인 작용일지라도, "사변적 관심" 속에서만 추론하기 때문이다. "오성이 파악하는 대상들에 오성개념의 하나를 적용하기 위한 매개념을 구하기" 위해 이성을 "사변적 관심" 속으로 끌어들이지 않는 한 이성은 결코 추론하지 않으며, 자신에게 그 작용이 맡겨진다면, 그와는 전혀 다른 작용을 행할 것이다. 또한 "실천적 관심" 속에서의 오성은 입법적 능력으로서의 이성에 의해, 예컨대 감성적 자연의 법칙으로부터 초감성적 자연을 위한 "범형"(type)을 추출한다는 '상징'의 기능적 역할을 외부로부터 부여받는데,[12] 만일 그렇지 않다면 오성은 여기서의 어떤 "일"도 충족시키지 않을 것이다. 요컨대 어떤 특정한 입법자를 상정하고, 그에 따라 능력들 사이에 하나의 주-종 관계를 정립하는 "관심"에서 벗어나, 바로 자신의 작용이 자신에게 맡겨진다면, 능력들은 전혀 다른 힘을 발휘하고, 그에 따라 능력들 사이에는 논리적 공통감각이나 도덕적 공통감각과는 전혀 다른 '일치'가 발생하지 않을까. 바로 이러한 문제를 떠맡은 세 번째 '비판'이 『판단력비판』이다.

이처럼 능력들의 치환이론이 칸트를 하나의 궁극적인 문제로 이끌고 있었던 것이다. 그것은 어떠한 입법적인 주재적(主宰的) 능력도 존재

---

12) PK, 50/72~73. 또한 Immanuel Kant, "Von der Typik der reinen praktischen Urteilskraft", *Kritik der praktischen Vernunft*, Meiner, 10th ed., 1990, pp.81~82[『실천이성비판』, 백종현 옮김, 아카넷, 2009, 147~149쪽] 참조.

하지 않는 능력들의 "탈규칙적 실행"(exercice déréglé)이라는, 칸트에게 전혀 새로운 '사유의 이미지'를 요청하는 문제였다고 할 수 있다.[13] 그와 동시에, 바로 들뢰즈 비판철학의 가능성의 중심, 즉 능력들의 "초월적 실행"이라는 '이미지 없는 사유'의 문제도 여기에 있는 것이다. 이제는 이런 저런 "관심"에 따라 입법하는 하나의 특권적 능력에 따른 능력들 간의 협화적 관계가 아니라, 이러한 관계를 오히려 규정되고 조건지어진 일치의 특수 사례로 만들어 이것들을 발생의 물음으로 되돌려 보내는 문제, 즉 능력들 간의 "자유로운 무규정적 일치", 입법권도 없고 지배도 관심도 없는 능력들 스스로에 의한 "자유로운 자발적 일치", 즉 능력들 간의 "불협화적 일치"(accord discordant)가 문제인 것이다. 『판단력비판』에서 "본래적이고 자유로운 구상력, 이것은 오성의 구속 아래서의 도식화에 만족하지 않는다. 본래적이고 무제한적인 오성, 이것은 실천이성의 목적에 아직 종속되어 있지 않은 것과 마찬가지로, 그 규정된 개념들(범주)의 사변적 부담에도 아직 복종하고 있지 않다. 본래적 이성, 이것은 명령하는 경향은 아직 없었지만, 다른 능력들을 해방하면서 자기 자신을 해방한다".[14] 이렇게 해서 서로 철저하게 **외재적이게 된** 능력들은 역으로 어떠한 매개도 없는, '비-관계'의 관계라고도 칭할 수 있는 그것들 사이의 직접적 관계(=일치) ── 즉 능력들 사이의 '불협화적 일치'는 능력들의 '차이의 반복'에 의해 정의된다는 것 ──에 우리를 직면하게 한다.[15] 그것은 어떠한 규칙도 코드도 전제로 하지 않고 어떠한 연결도 부재하는 가운데, 능력들

---

13) CC, 49/69.

14) ID, 98~99/214.

15) 예컨대 "숭고는 구상력과 이성 사이의 **직접적인 주관적 관계**에 우리를 직면시킨다"(PK, 74/99. 강조는 인용자).

의 차이가 그대로 각각의 능력 그 자체의 발생적 요소가 된 영역이다.

예컨대 '우주를 날아다니며 불을 내뿜는 용'이나 '날개 달린 말'이나 '괴이한 거인'은 단지 상상의 산물이며, 상상력의 경험적 사용(공상) 속에서의 표상이다. 왜냐하면 그것들은 이미 여러 개체의 표상을 전제로 하기에 이 표상들의 성립에 가담한 감성이나 기억 같은 다른 능력들의 '재인'을 불가결하게 하기 때문이며, 또한 그 이상으로 그 표상들의 결합에 의해 만들어진 이 공상 속 생물의 속성은 기존 동사의 활용이나 치환에 의해서만 가능하게 되기 때문이다(이런 의미에서 그리고 대부분의 경우, 공상이란 항상 명사적으로 공상하다). 여기서 특히 중요한 것은 후자의 측면이다. 우리는 이러한 동사의 활용으로부터 그와는 완전히 이질적이고 착란된, 그 동사의 '부정법'을 이 생물의 속성으로서 읽어 낼 필요가 있다. 그 생물들을 참으로 '상상되어야 할 것'으로 변형시키는 것은 상상력의 경험적 사용에서 그 초월적 실행으로의 이행이기 때문이다. 즉 개체의 인상이나 표상의 컬렉션을 늘리거나 그것들의 자유로운 결합을 다양하게 하는 것만으로는 결코 달성되지 않는 '비-물체적 변형'은, 그 대상의 단순한 형상(形象)이 아니라 그 대상의 활동력의 형상(形相)을 파악함—단지 그 대상의 존재 방식을 구성하는 속성으로서의 동사를 산출적으로 구상함—으로써만 이룰 수 있기 때문이다. 그렇게 되면 이 상상력의 초월적 실행에 의해, 이번에는 사유가 이렇게 제기된 새로운 '동사'의 의미를, 혹은 차라리 그 '표현되어야 할 것'을 사유하도록 스스로를 초월적으로 실행한다. 하나의 '착란' 속에서 상상력과 사유가 초월적으로 실행된 능력들로서 발생하는 것이다. 들뢰즈의 사유를 더욱 확대해서 말하면, 초월적으로 실행된 능력들 사이의 '불협화적 일치' 혹은 '비-관계의 관계'는 차이 그 자체의 강도적 표현의 방식 즉 '차이의 반복'이다. 이러한 일치와 관계는 항상 출발점이 되는 어떠한 불변적이고 아프리오리한 능력도 전제하지 않는 이상, 동일성의 재현을 보증하기보다 오히려 바로 차이를 전이적으로 산출하는 '반복'에 적합한 사건이다. '불협화적 일치'가 최초의 차이의 발생을 긍정하고 초월적 실행 아래서 능력들의 발생을 긍정할 수 있는 것도, 그것이 능력들의 차이의 반복으로부터 구성되기 때문이다. 그렇다면 칸트의 『판단력비판』이 열어 놓은 능력론의 영역은 과연 이러한 의미에서의 '차이'와 그 '반복'의 영역인 것일까.

능력들의 이론으로서 『판단력비판』을 살펴보면, 먼저 「미의 분석론」에서 능력들——구상력과 오성——사이에는 이미 어떠한 입법적 능력에 의해서도 규정되지 않는 '일치'가 실현된다. 이 "자유로운 무규정적 일치" 속에서 구상력은 대상의 형식을 반성하는 자유로운 힘을 발휘할 능력으로서, 오성의 **규정적** 개념이 아니라 오성의 **무규정적인** 개념적 능력의 '작용'에 관계한다.[16] 다음으로 「숭고의 분석론」에서는 이 방향이 더욱 추진되고, 이번에는 구상력과 이성 사이에 "불일치"(désaccord)의 한가운데서의 일치, 즉 "미"에서의 일치가 깨어져, 긴장과 모순과 괴로운 분열 속에서 하나의 '성숙한 일치', 즉 '불협화적 일치'가 실현된다. 다만 들뢰즈는 이것이 능력들의 일치에 관한 변증법적 개념이 아니며, 칸트는 결코 그러한 변증법적 발상을 하지 않았다는 점에 주의를 촉구하고 있다.[17] (이러한 점으로부터만 생각해도, 칸트와 헤겔의 거리보다 칸트와 들뢰즈의 거리가 얼마나 더 가까운지 알 수 있을 것이다.) 그러므로 이로부터 '불협화적 일치'는 단지 어떤 불일치가 해소되어 실현된 것보다 성숙한 조화적

---

16) PK, 71/96 참조.
17) ID, 88/196 참조.

일치가 아니라, 바로 부조화 속에서만 생기고 불일치에 관해서만 말해지는 '일치', 불일치 속에서만 실현되는 '일치'라는 점이 분명해질 것이다.

그런데 칸트에게는 한편으로 "사변적 관심"에서 오성의 입법권에 관계되는 "현상"과 다른 한편으로 "실천적 관심"에서 이성의 입법권에 관계되는 "물자체"라는 두 종류의 대상밖에 존재하지 않기 때문에, 『판단력비판』에서 이들과는 다른 고유한 대상적 "영역"(domaine) ── 예컨대 구상력을 가상이 아니라 착란으로 이끄는 영역 ── 을 상정할 수는 없었다.[18] 그리고 이로부터 하나의 중요한 귀결이 나온다. 즉 이미 규정되고 종별화된 능력들 간의 협화적 관계(인식능력과 욕구능력)에 대응하는 영역이 아니라 능력들이 스스로를 초월적으로 실행함으로써 열리는 영역이란, 현상 혹은 물자체라는 대상을 벗어남으로써가 아니라 오히려 어떤 하나의 입법적 능력에 의해 외적으로 부여된 역할을 포기함으로써, 가능적 경험 속에서의 '현상'과 그 외부에 상정된 '물자체'("초감성적인 것")에 대해 다른 관계와 규정, 즉 비입법적 관계와 무규정적 개념에 의한 규정을 형성하는 것 그 자체에 있는 **비-대상적 영역**이라는 것이다. 바로 칸트에게서의 능력들의 '사용'에서 '실행'으로 이행하는 의의가 여기에 있다. 왜냐하면 여기서 능력들의 특이한 역할과 이에 대응하는 '비-피입법적' 대상은 이제 현상과 물자체 사이에 경계선을 두는 가능적 경험을 둘러싸고 규정되는 "일의-대응적"(bi-univoque) 관계를 갖지 않기 때문이다.[19] 애

---

18) ID, 82/187~188 참조.
19) "일의-대응적" 혹은 "일의-대응적 사용"에 관해서는 ACE, 120/182 참조. 여기서는 이 사용이 바로 '재인적 사용' ── "이것(ceci)이 의미하고 있었던 것은 저것(cela)이었던 것이다" ── 으로 정의되고, 우리의 문제에 들어맞게 말하면, 입법적 능력으로서의 오성은 현상을 감성적 자연으로서 **구성적으로** 재인하고, 입법적인 실천이성은 물자체를 초감성적 자연으로서 **통제적으로** 재인한다.

초에 처음 두 비판에서의 '사용'이라는 개념은 능력들의 '사용'이 정당하든 부당하든, 그 능력들의 역할과 그 대상이 입법상 불가분함을 본질적으로 함의하고 있었다.[20] 따라서 능력들의 초월적 실행 속에서 각 능력이 자신에게 그 작용이 맡겨져 자기 자신의 능력의 극한(자신이 할 수 있는 것)을 향해 가는 것, 능력들이 서로——단, 불공가능적으로——실재적으로 두드러져 한쪽의 능력이 다른 쪽의 능력에 의해 극한까지 떠밀리면서 스스로도 적극적으로 그 한계를 뛰어넘으려는 것은,[21] 물자체를 향해 현상을 벗어난다는 것을 결코 의미하지 않는다. 인식능력과 욕구능력에 이어지는 세 번째 능력인 '감정의 능력'은 어떤 대상에 대한 능력들의 입법적 관계를 나타내는 것이 아니라, 단지 "능력들의 실행을 위한 주관적 조건들"을 표현할 뿐이다.[22] 현상과 물자체 사이에 그어진 경계선은 동시에 각 능력의 사용의 정당성 혹은 부당성의 징표이기도 하지만, 실은 능력들의 '불협화적 일치'라는 자유롭고 무조건적인 일치에 의해 비로소 가능케 되는 능력들이 규정된 일정한 관계에서만 타당하다.[23] 능력들의 어떠한 '사용'도 입법이

---

20) DR, 179/306 참조. 칸트에게 문제가 되는 것은 "이 [이성의 자연적인] 관심들 속의 이러저러한 것에 따라 '정당' 혹은 '부당'하다고 선언되는 능력들의 사용"뿐이다. 또한 칸트에게 관계가 사물의 성질이라 생각되었던 점이 여기서도 영향을 끼치고 있다.

21) ID, 88/196 참조. 예컨대 "이성은 감성적인 것 속에서 구상력을 그 한계의 현전으로 몰아세우지만, 역으로 구상력은 이 감성적 세계의 무한성을 대신하여 초감성적 기체(基體)를 사유할 수 있는 능력으로서 이성을 상기시킨다. 강렬함을 입음으로써 구상력은 그 자유를 잃어버리는 듯 생각된다. 그렇지만 바로 구상력은 자기 자신의 한계를 대상으로 간주하여 자신을 하나의 '초월적 실행'에까지 이르게 하는 것이다".

22) PK, 70/94.

23) 이러한 점에서도 '초월적 실행'이 『순수이성비판』에서 이야기되는 "초월적 원칙"과 전혀 다르다는 것을 이해할 수 있을 것이다. 왜냐하면 현상과 물자체 사이에 세워진 "경계석"(Grenzpfähle)을 쓰러뜨리고, 어떠한 "경계 설정"(Demarkation)도 인정하지 않으며, 또한 순수오성의 원칙들을 경험적으로만 사용해야 한다는 "제한"(Schranken)을 제거하고 이것을 밟고 넘도록 명령하는 "초월적 원칙"은 얼핏 보면 '초월적 실행'과 유사하지만, 그때 이

라는 코드를 전제로 하는 데 반해, 능력들의 '불협화적 일치'는 바로 **코드 없는 '일치'**며, 그와 동시에 규칙이나 코드에 대한 내부로부터의 파괴 과정이다.

2. 감성의 실행이란 무엇인가: 사유적으로 감각하지 않는 방식으로

지금까지는 들뢰즈에 따라 칸트의 능력들의 이론을 논했다. 들뢰즈는 칸트의 능력론을 한편으로는 전면적으로 긍정하고 있다. "칸트주의의 가장 독창적인 점 중 하나는 우리의 능력들 사이에 있는 '본성의 차이' (différence de nature)의 관념이다." 즉 독단론(오성에서 출발한 "명석함 clarté의 차이"의 주장)과 경험론(감성에서 출발한 "생생함vivacité의 차이"의 주장)이 모두 능력들의 "정도의 차이"(différence de degré)로 귀착하는 데 반해,[24] 칸트의 능력론의 독창성은 비판에 불가결한 능력들의 인간적 유한성에서 결코 벗어나지 않고, 또한 그 능력들 사이의 '본성의 차이'를 말살하지 않으면서 그들 사이의 다양한 연결을 가능케 한 점에 있다. 그리고 특히 "숭고한 것의 이론"은 인간의 '유한성'에 정위하면서도, 거기서 능력들의 '무제한성'에 의한 일치의 관념을 찾아내는 한에서 바로 인간의 "유한-무제한"(fini-illimité)의 차원을 슬쩍 보여 주고 있다.[25] 그렇

야기되는 '한계를 벗어난다'는 것도 결국에는 "가능적 경험의 제한"을 넘는 것 ―현상에서 물자체로의 이행― 밖에 의미하지 않는 이상, 이 "초월적 원칙"도 "초월적 사용"과 마찬가지로 가능적 경험과 불가분인 것이나 다름없기 때문이다. Kant, *Kritik der reinen Vernunft*, A295~296=B352~353[『순수이성비판』, 525~526쪽] 참조.

24) PK, 34/51~52 참조.

25) F, 140/197; Immanuel Kant, "Allgemeine Anmerkung zur Exposition der ästhetischen reflektierenden Urteile", *Kritik der Urteilskraft*, Meiner, 7th ed., 1990, p.122[『판단력비판』, 백종현 옮김, 아카넷, 2009, 289쪽] 참조. "구상력은 감성적인 것의 바깥

지만 선험적 경험론의 입장은 실은 칸트의 이러한 능력들의 '불협화적 일치'에 만족하지 않는다. 왜냐하면 비록 칸트가 능력들의 "불협화에 의한 일치"의 범례를 제시했을지라도, 즉 비록 칸트가 『순수이성비판』에서 그 최초의 주제인 능력들의 "결합하는 분리"(그것들의 본성의 차이)에서 출발하여, 마지막으로 『판단력비판』에서 능력들의 "일치하는 불협화"(그것들의 차이의 본성)를 찾아냈을지라도,[26] 거기에는 여전히 그러한 일치를 아프리오리한 내적 관계로 간주하여 '재인'이라는 사유의 "독단적인 이미지"를 만들어 내는 '공통감각'이 상정되어 있기 때문이다.[27]

공통감각은 능력들 전체의 아프리오리한 일치의 표명이며,[28] 거기서 모든 의미에서의 '대상성'은 재인이나 추인을 위한 의의밖에 갖지 않으므로, 능력들의 "사용"은 이러한 재인에 '정당'한지(단지 적절한지) 아니면 '부당'한지(단지 적절치 않은지)와 같은 공통감각이 지배하는 규칙에 따라서만 행해지는 것에 불과하다. "하나의 대상이 재인되는 것은 하나의 능력이 그 대상을 다른 능력의 대상과 동일한 것으로서 추구할 때, 혹은 차라리 모든 능력이 모여 대상의 동일성의 형식에 자신의 소여를 관계시키는 한편 자기 자신을 관계시킬 때다."[29] 즉 경험적 감성 속에서 "감각될 수 있는 것"(sensible)으로서의 대상은 처음부터 기억력 속에서는 상기되고, 상상력 속에서는 상상되고, 사유 속에서는 사유될 수 있는 그

에서 자신을 지탱하는 어떤 것도 발견하지 않는데도, 그 경계의 소멸 덕분에 자신을 '무제한'(unbegrenzt, illimité)하다고 느끼는 것이다."

26) CC, 49/69 참조.

27) DR, 209/355 참조. 칸트에게 능력들의 "치환의 체계"는 결국 "재인의 가변적 모델"과 불가분하다 (DR, 179/306 참조).

28) ID, 84/190; Kant, *Kritik der Urteilskraft*, §40, pp. 144~147 [『판단력비판』, 317~322쪽] 참조.

29) DR, 174/298.

러한 것으로서만 감각된다는 것이다. 감성은 '감각될 수 있는 것'을 처음부터 그러한 것으로서만 수용한다. 우리가 감각하는 것은 나중에 상기되거나 상상되거나 사유되는 것이 아니라, 처음부터 상기되거나 상상되거나 사유되는 것이며, 우리는 이미 그러한 것만 처음부터 감각하는 것이다. 일반적으로 가능성의 조건들 아래서 우리의 경험 ──그것이 가능적이든 현실적이든── 은 그와 같은 것이다. 지각은 처음부터 기억이며, 그러므로 인식은 늘 개념에서 직관으로의 방향을 취한다. 여기서의 감성은 다른 능력들 속에서 '재인의 대상'이 되는 것만 처음부터 수용하기 때문에, 공통감각은 모든 인간에게 공통적인 소통 가능성이 되기 이전에, 혹은 사람들 사이에서 공유되는 성질이 되기 이전에 바로 능력들 사이에서 발생해야만 한다. 그것은 능력들 간의 특정한 관계를 정의하는 "재인의 가변적 모델"에서 필요 불가결한 주관적 조건의 하나다. 모든 "소통 가능성"(communicabilité)의 주관적 조건인 공통감각은,[30] 능력들 간의 소통 가능성을 어떤 동일성의 형식 아래에 한정함으로써 비로소 가능케 되는 것이다. 재인이 공통감각을 요구하고 대상의 동일성의 형식이 주관적 동일성을 근거로 하는 것은, 능력들의 이론으로 말하면, 이미 기술했듯이 본성이 다른 능력들 사이의 관계를 규정하는 방식과 그에 따른 능력들의 일치에 기인하고 있다. 이처럼 '재인'이란, 시간 속에서 이야기되기 이전에 먼저 능력들 사이에서 성립해야 할 공통감각적 일치의 관념이다.

그런데 문제는 이러한 공통감각의 모든 특성을 '숭고한 것'에서의 능력들의 '불협화적 일치'조차 여전히 전제하고 있다는 점이다. '숭고한 것'에서 구상력은 불협화적으로 자기의 한계(감성의 극한, 세계의 무한성)에

---

30) PK, 33/50.

이르고, 그 한계를 뛰어넘어 다른 능력(이성)과의 사이에서 일치를 찾아낼 필요가 있는데, 이는 칸트에게서의 '불협화적 일치'의 유일한 사례다. 그러나 모든 능력이 이러한 구상력의 '초월적 실행'에 대한 차이와 발산을 긍정할 수 있을지라도, 이 '불협화적 일치'가 하나의 공통감각을 표명한다는 사실은 전혀 변하지 않는다. 왜냐하면 구상력이 감성과의 관계를 벗어나 자신에 고유한 "초감성적 사명"을 찾아낼지라도, 이는 도덕적 존재와의 관계로 회수되는 한에서이기 때문이다. 자기의 한계를 향할 때, 구상력의 일견 어색한 그 불협화적 행동은 실은 현상과 물자체 사이에 부정성과 탁월성을 날조하기 위해 꾸며진, 도덕에의 감성의 종속을 강화하기 위한 구상력의 예정조화적 사용——예컨대 '숭고한 것'의 숭고성을, 도덕적으로 '해야 할 것'을 우리에게 실감시키기 위해 사용하는 것——이외의 그 무엇도 아니다. 구상력뿐만 아니라 칸트에게 모든 능력의 "초감성적 사명"은 실은 "도덕적 존재로의 '예-정'(prédestinée)"과 다름없으며,[31] 따라서 '불협화적 일치'라고 해도, 그것은 욕구능력의 "초감성적 자연"을 감정능력 속에서 재인하는 데 불과한 것이다. 그러므로 이 능력들의 '초월적 실행'은,[32] 그것에 현상이 물자체의 방향으로 초월하는 것이 본질적으로 함의되어 있다면, 실제로는 "경험적 사용"과 켤레 관계에 있는 "초월적 사용"에 한없이 가까운 것이 될 것이다.

그렇지만 그 이상으로 더욱 근본적인 물음이 존재한다. 왜 숭고에서의 구상력과 이성의 '불협화적 일치'까지 현상과 물자체(초감성적인 것)

---

31) PK, 80/106.
32) ID, 88/196. 들뢰즈가 "초월적 실행"이라는 표현을 처음 사용한 것은 이 논문('L'idée de genèse dans l'esthétique de Kant')의 이 부분에서다.

의 구별을 전제로 한 단순한 '사용'의 결과로 환원되어 버릴까. 그것은 바로 감성이 실행되고 있지 않다는 점으로밖에 설명될 수 없다. '두 번째 비판'과 '세 번째 비판'에서 감성은 직관이 아니라 오로지 감정으로 여겨지고,[33] 능력들 간의 관계에서 하나의 역할을 부여받기보다는 도리어 일관되게 비하된다. 그러나 도덕법칙의 결과에 불과한 부정성의 감정이라고 감성을 폄하하는 것이 아니라, 감성도 다른 능력과 마찬가지로 자신에게 그 작용이 맡겨진 능력으로서 현상의 한가운데서 초월적으로 실행될 수 있으며, 사실 실행되고 있다고 이해하는 것이 중요하다——그렇지 않다면 우리의 경험은 무제한적으로 진저리가 난 것의 표상에 의해서만, 즉 이미 가능성의 조건이 된 '포만'과 '피로'라는 수동적 전체성으로부터 '욕구'와 '결핍'이라는 부분적 능동성으로의 이행의 모든 단계에서 만들어지는 표상에 의해서만 구성될 수 있게 될 것이다. 그렇다면 어떠한 의미에서 감성은 실제로 실행되고 있다고 할 수 있을까. 감성의 '초월적 실행'은 현상을 뛰어넘은 '초감성적인 것'에 의한 촉발을 조금도 의미하지 않는다. 그것은 우리를 그것에 의해 소여가 부여되는 비-관계적인 차이적 요소에, 즉 현상인 '감각될 수 있는 것'의 가능성 속에서 '감각될 수밖에 없는 것'이라는 필연적 요소에 직면시키는 것이다. 칸트에 머무르지 않고 주지주의로 기운 거의 모든 철학이 암묵적 전제로 하는 감성, 단순한 '수용기'로서의 감성, 즉 다른 능력들의 경험적 사용에 편입된 감성은 다른 능력들에 의해 상기되거나 상상되거나 사유되는 것만 수용하지만, 이에 반해 초월적으로 실행되는 감성은 그 경험적 사용 속에서는 결코 '감각될 수 없는 것', 즉 결코 다른 능력의 대상이 될 수 없는 '감각되어야 할 것'을 감각하는 것

---

33) PK, 57/79~80 참조.

이다. 중요한 것은 선험적 경험론에서는 감성도 다른 능력과 마찬가지로 실행되어야 할 능력이라는 점이며, 또한 여기서 말하는 '경험적'과 '초월적'은 결코 서로 다른 능력을 보여 주고 있는 것이 아니라 같은 능력의 서로 다른 상태, 서로 다른 '존재의 방식'을 의미하는 데 불과하다는 점이다.

'감각될 수 있는 것'이 상기되거나 상상되거나 사유되는 대상이라는—이것이 바로 **현상의 본성**이다—것은 애초에 이 '감각될 수 있는 것'이 다른 모든 능력 속에서도 그 대상이 될 수 있는 "재인의 대상"일 뿐, 결코 감성에 의해 '느껴질 수밖에 없는 것'(마주침의 대상)이 아니라는 것을 의미한다. 이러한 감성은 처음부터 다른 능력 속에서도 "재인의 대상"이 되는 것만 수용하며, 이에 따라 공통감각이 성립하는 것이다. 따라서 '대상의 동일성'이란, 실은 다른 능력들에 의해서도 파악될 수 있다고 상정된 '대상=x'에 관계되는 바로 그 능력들의 경험적 사용 속에서의 '일치'의 관념에 기인해야 비로소 말해지는 사항이다.[34] 공통감각 아래서의 감성이 다른

---

34) 이러한 관점에서 언어에 관해 고찰하는 것도 가능하다. 예컨대 치통 그 자체는 '감각될 수밖에 없는 것'이지만, "이가 아프다"라는 언명에 의해 우리는 이 치통을 상기하거나 상상하거나 사유할 수 있는 것이라 여긴다. 따라서 이런 의미에서 언어는 바로 공통감각과 합치한다. 혹은 여기서 능력들의 사용은 애초에 공통감각에서의 일치를 전제로 하고, 또한 적합해지도록 사용되고 있다고 해야 할 것이다. 언어가 감각을 무매개적으로 그 대상으로 하지 않는 것—혹은 우리를 압도적인 리얼리티의 자극으로부터 지키기 위한 언어의 오블라투[얇은 막] 기능(특히 명제로 기울어진 나쁜 표면의 언어)—은 이 점에서도 분명하다. 언어는 그것이 능력들 사이의 '재인의 대상'을 구성하는 한에서 다른 능력들과 함께 공통감각을 정의하는 감성을 만들어 내고, 그와 동시에 대상의 동일성의 형식을, 즉 감성의 다양함 속에서 동일한 것의 형식을 가능케 하는 것이다. 그렇지만 우리는, 예컨대 초기 스토아학파 사람들과 함께 언어에 관해 한층 다른 능력, 즉 스스로에게 그 작용이 맡겨진 고유한 능력을 생각할 수 있고 또 생각해야만 한다. 결국 선험적 경험론의 관점에서 말하면, 초월적으로 실행된 언어의 능력이란 '말해져야 할 것'(loquendum) 혹은 '말해질 수밖에 없는 것'(lekton)을 그 고유한 대상으로 하는 데에 있다(DR, 186~187/318~320, 198~213/338~361 참조). 하지만 그때의 언어란 단순한 '말의 언어'가 아니라, '관념의 언어' 혹은 '신체의 언어', 즉 '패러·그래프의 언어'에 걸맞은 것이 될 것이다.

능력에 의해서도 파악될 수 있는 것만 수용한다면, '감각될 수밖에 없는 것'은 이 경험적 감성 속에서는 결코 "감각될 수 없는 것"(insensible)이 될 것이다.[35] 감성 속에서 '감각될 수 있는 것'은 다른 능력에 의해 매개된 대상인 데 반해, '감각될 수밖에 없는 것'은 이런 의미에서 바로 감성에 직접 부여되는 것이다. 이처럼 비판철학을 재개하는 것은 들뢰즈에게 근본적으로는 "감성론"의 문제로 수렴해 간다. 이 새로운 감성의 학문, 즉 "감각될 수 있는 것'의 학문"은,[36] 한편으로 '감각될 수 있는 것'에 관한 이론인 "감성론"과 다른 한편으로 '미'에 관한 이론인 "미학"으로 칸트에게 두 가지로 분열해 있던 '에스테티크'(esthétique)를 종합하는 것, 즉 '비판의 조건'과 '창조의 조건'이 동일한 감성론, 바로 "참된 감성론"이다.[37] 경험론이 상상력의 철학이라고 한다면, 선험적 관념론은 **경험적** 감성을 계속해서 전제함으로써만 성립할 수 있는 도덕적 사상의 하나인 데 반해, 선험적 경험론은 바로 **초월적** 감성을 중심으로 하여 반-도덕적 사유를 형성하는 시도다.

3. 선험적 경험론의 의의

칸트에게서의 "관심"뿐 아니라 일반적으로 도덕화된 인식론적 관심이나 실천적 관심은 그 능력의 고유한 대상에 대한 무관심과 표리일체다. 그러

---

35) DR, 182/312 참조.
36) DR, 79/145. 선험적 경험론은 "'감각될 수 있는 것'의 학문"이라 여겨지는데, 이를 보다 정확히 말하면 "'감각될 수 있는 것'의 존재"(être *du* sensible)의 지혜여야 한다(DR, 94/165, 304~305/504~506 참조).
37) DR, 80/145, 182/311 참조.

므로 선험적 경험론이라는 착란된 생성의 경험론에서 공통감각의 아프리오리성과 "경험적인 것"의 단순한 복사에 불과한 경험적 조건을 철저하게 배제하여 모든 능력을 그 아포스테리오리한 '실재적·발생적 정의'에 따라 파악하는 것은, 어떤 "관심" 속에서 능력들의 '경험적 사용'을 규정하는 그들 사이의 내적 관계를 바로 그 능력들에 대해 철저하게 외재화하는 것으로서, 또한 능력들 사이의 이 관계의 외재성을 동시에 '초월적 실행'의 작용으로서 이해하는 것이다. 능력들을 이 세계에 만들어 내는 원인, 즉 각 능력에 고유한 대상은 그 능력들의 '초월적 실행'의 조건이며, 그런 한에서 '선험적인 것'이다. 단, 여기서 말하는 고유한 대상이란 각 능력의 내적인 발생적 요소이며, 능력들 사이에서 서로 반사하고 서로 재인하는 대상으로서의 현상도, 도덕의 세계를 수립하는 그 자체로 '다의적인 것'으로서의 물자체도 아니다. 칸트에게서의 능력들의 사용은 그것이 정당하든 부당하든 바로 '경험적 사용'과 다름없는데, 이는 능력들의 존재가 완전히 아프리오리하게 전제되어 있기 때문이다. 그러므로 '초월적 실행' 속에서는 공통감각 아래에서 능력들의 "협동의 형식"(forme de collaboration)[38]이 해체될 뿐만 아니라, 그 이상으로 바로 그 능력들 자체의 발생이 문제가 된다. '조건지어지는 것'에 대해 계속해서 외적(=무차이적)으로 머무르는 조건짓기의 원리가 아니라, '조건지어지는 것'을 내적으로 발생시키는 '조건'은 바로 능력들 그 자체의 발생을 묻는 것이다.[39]

---

38) DR, 186/318.
39) NP, 104/168~169 참조. "우리는 이성 그 자체의 발생을, 또한 오성과 그 범주의 발생을 묻는 것이다."

여기서는 첫째로, 능력들 사이의 관계를 '관계 그 자체는 그 관계항에 대해 외재적이다'라는 관계의 외재성으로까지 초래하는 것이 '아포스테리오리'하다고 기대되고 있다. 공통감각이 나타내는 어느 특정한 주재적 능력에 의한 능력들 간의 관계의 내부화와, 이 규정된 관계의 '가능성의 조건'이라고까지 생각할 수 있는 능력들의 자유로운 무규정적 관계의 **도덕화**에 맞서 초월적으로 실행되는 능력들은 그들 간의 차이가 공통감각을 떠받치는 어떠한 관계로도 환원될 수 없다는 한에서, 이 압도적인 내부화와 도덕화를 벗어난 우리의 '하나의 삶'의 내재적 양상 그 자체를 표현하고 있는 것이다. 초월적으로 실행된 능력들의 '불협화적 일치'야말로 칸트적인 가능적 경험이 아니라 우리의 "실재적 경험의 세부"[40]를 구성하는 것이다. 따라서 비-경험적 이론으로서 칸트의 비판철학에 역으로 경험론이 남아돈다는 것은,[41] 거기서는 경험을 바로 하나의 경험이게 만드는 '아포스테리오리성'의 추구가 도중에 포기되므로, 역으로 경험에 관해 '아프리오리성'이 남아돈다──즉 계속해서 관계를 사물의 성질로서 이해한다──는 의미로 이해되어야 한다. 그리고 이로부터 다음과 같은 사항이 귀결된다. 즉 들뢰즈가 칸트주의의 가장 독창적인 점 중 하나라고 한 능력들 간의 본성상의 차이에 관해서도, 결국에는 공통감각을 전제로 한 협동 형식 아래에서 그렇게 말해지는 것에 불과하다는 것이다. 따라서 예컨대 '숭고한 것'에서의 능력들의 '초월적 실행'조차 그것들 간의 관계

---

40) PK, 89/116. "그러나 현상의 물질(matière), 실재적 경험의 세부, 혹은 이런저런 대상의 특수한 규칙들을 오성이 아프리오리하게 규정하는 일은 결코 없다. 이것들은 경험적으로만 알려지는 것이며, 우리의 오성에 대해 어디까지나 우연적이다." DR, 95/167 참조. "[……] 실재적 경험(선택, 반복 등)."

41) DR, 221/374 참조.

가 궁극적인 관계의 외재성에 이르지 않고 공통감각 아래에서 애매한 채로 전제되어 있는 이상, 거기서의 '아프리오리성'에는 역으로 '아포스테리오리성'이 남아돌게 ──경험적인 것을 복사함으로써 그 선험적 영역의 탐구가 이루어지게 ──된다는 것이다.

요컨대 칸트의 비판철학에서는 '아프리오리성'이 남아도는 "특수성"(particularité)으로서의 '조건지어지는 것'만 다룰 수 있고, 또한 역으로 '아포스테리오리성'이 남아도는 "일반성"(généralité)으로서의 '조건'만을 정립할 수 있다. 이런 의미에서 "특수성"으로부터 순수하게 아포스테리오리한 "특이성"(singularité)으로 이행하는 것과, 이 "특수성"과 본질적으로 켤레 관계에 있는 "일반성"으로부터 그것의 저편에 있으면서 우리에게 가장 이편에 있는 순수한 아프리오리성으로서의 "보편성"(universalité)으로 이행하는 것은 완전히 동일한 사항이다. 공통감각을 정의함과 동시에 전제로 하는 능력들의 경험적 사용이 관계되는 '재인의 대상'은 일반성으로 환원 가능한 특수한 것 이외의 그 무엇도 아니지만, 이에 반해 능력들의 초월적 실행의 원인인 '마주침의 대상'은 우리에게 '경험될 수밖에 없는 것'을 보여 주는 한에서 특수성을 아포스테리오리한 방향으로 벗어난 '특이성'이며, 이 '특이성' 자체가 바로 '보편성'이다.[42] 다시 말해 이러한 '보편성'은 바로 특이한 것을 차이의 전이로서 산출하는 한에서의 '반복'이며, 특이한 것만을 되풀이하여 '선택하는' 것이다. 한편 '특수성'이란, 예컨대 우리의 신체와 정신의 활동역능 혹은 존재력을 감소시키는 것, 혹은 우리 자신을 우리가 할 수 있는 것으로부터 저해하는 것임에 반해, '특이성'이

---

42) DR, 8~9/27~29, 211~212/358~360 참조. "문제 혹은 '관념'은 **참된** 보편성이지만 그에 못지않은 **구체적인** 특이성이기도 하다"(DR, 211/359. 강조는 인용자).

란, 반대로 그러한 우리의 활동역능 혹은 존재력을 증대시키는 것, 혹은 우리 자신을 우리가 할 수 있는 것으로 더욱더 근접시키는 것이다(스피노자에게서의 사물의 현실적 본질과 그 존재의 극도의 '일치').[43] 전자는 슬픔, 동일성, 스토리를 꼭짓점으로 한 삼각형 안에 우리를 유폐하는 과정이지만, 후자는 그로부터 우리가 해방되기 위한 감정(기쁨), 개념(차이), 지각(드라마)을 부여하는 계기다.

여기서 나는 특수성과 특이성을 스피노자의 감정론에 따라 설명했다. 왜냐하면 '특수적'과 '특이적'은 존재를 분할하는 복잡한 종차와 같은 것이 아니라, 단지 우리 삶에 결정적인 본성의 차이를 가져오는 **실재적 이행**이 지닌 힘을 보여 줄 뿐이기 때문이다. 들뢰즈는 스피노자의 "공통개념"(notiones communes)을 기본적으로 다음과 같이 이해한다. 즉 그것은 "존재하는 양태 혹은 개체 간의 '실재적 관계=비'(rapports réels)의 합성을 나타낸다".[44] 공통개념은 어디까지나 현실에 존재하는 양태들, 즉 지속적으로 존재하는 개체들에 적용되는 개념이며, 결코 양태의 본질을 나타내는 것이 아니다. 들뢰즈가 공통개념을 언급할 때, '관계=연관'을 사용하지 않고 항상 '관계=비'라는 말을 사용하는 것은 대단히 중요한 점이다. 우리의 활동역능(스피노자는 "존재력"이라고도 한다)을 증대시키는 이행 상태를 나타내는 기쁨의 수동감정은 우리가 강조해 온 실재적 경험 속에서 하나의 '수동적 종합'의 작용을 보여 주는 것이다. 왜냐하면 우리의 활동역능의 증대는 존재하는 양태 사이에서 생기는 '관계=비'의

---

43) 『에티카』 3부 정서에 대한 일반적 정의의 설명, p.204[236~237쪽]; 4부 서문, pp.208~209[245쪽] 참조
44) SPP, 130/144.

합일을 이해시키는 개념의 형성(차이의 긍정)으로 우리를 향하게 하는데, 그것은 바로 그 양태들에 대한 '관계=연관'의 **외재화**를 동반하기 때문이다. 이는 지속에서의 자연적 조건들에 맞서 어떻게 '자신이 할 수 있는 것'의 조건 속에 우리 자신을 둘 수 있을까("운명의 권리" 아래에서 "자기의 권리" 아래로)라는 물음과 불가분하다.[45] 결국 우리는 각각의 개체가 가진 '좋은 것'에 주의를 기울임으로써, 즉 그 개체의 '긍정되어야 할 차이'에 주목함으로써 비로소 그 개체들 '사이'에서 긍정적인 생성·변화를 이룰 수 있는 것이다.[46] 이에 반해, 슬픔의 수동감정에 의해 나타나는 우리의 활동역능의 감소 방향은 '관계=연관'이 그에 대응하는 항들의 성질로 **내부화**되어 가는 과정으로 파악된다——이것이 우리가 '도덕'에 감염되는 하나의 경로다. 바꿔 말하면 그때 경험은 바로 "가능적 경험"이며, 또한 경험 그 자체는 혹은 오히려 신체 그 자체는 '수용성'의 의미만 가지게 되므로, 그것들이 지닌 '수동'의 작용 즉 수동적 종합은 완전히 무시당하게 된다(여기서는 우리의 활동역능이 이행하는 방향의 차이를 '수용'과 '수동'의 차이로 파악할 수 있다는 점만을 기술했는데, 능동성에 관해서는 뒤에서 논하기로 한다. 왜냐하면 '에티카'에서 능동성을 다루는 것은 곧 자기촉발이나 자기원인이라는 개념을 문제로 해야 하기 때문이다).

한편 들뢰즈에 따르면, 세계 내에는 우리의 감각이나 사유를 강요하

---

45) 지속에서의 자연적 조건들은 항상 일정한 시간·공간의 관계 속에서 고찰되는 개체에 대해서만 사용되어야 하는데(『에티카』 5부 정리 37 주석, p.304[361쪽] 참조) 이를 스피노자는 "공리"로서 보여 주고 있다. 즉 "자연 속에는 그보다도 더욱 유력하고 더욱 강력한 다른 것이 주어지지 않는 어떠한 개체도 없다. 어떤 것이 주어져도 그 주어진 것을 파괴할 수 있는 다른 것이 주어진다"(4부 공리, p.210[247쪽]). 이것은 이를테면 자연의 공통질서 속에 놓인 개체의 한 '가능성의 조건'으로서 이해할 수 있다.

46) 『에티카』 5부 정리 10 주석, p.288[342쪽] 참조.

는 '어떤 것'이 존재한다. 그러나 이것에 의해 우리의 '감관'(sens) 안에 실제로 '감성'(sensibilité)이 생기고, '사유'(pensée) 안에선 '사유하다' (penser)라는 활동이 발생하는 것이다. 따라서 이 '어떤 것'은 "근본적인 '**마주침의 대상**'이지 '재인의 대상'이 아니다."[47] 단, 이를 '재인의 대상'이라 불리는 대상과 '마주침의 대상'이라 불리는 대상이 제각기 존재한다는 듯이 이해해서는 안 되며, 그 이상으로 동일한 대상에 관한 공가능적인 두 관점, 즉 한편으로는 그 대상을 "다 만들어진"(tout fait) 것으로서, 다른 한편으로는 "만들어지고 있는"(se-fesant) 것으로서 파악하는 두 관점이 있다는 듯이 이해해서도 안 된다.[48] 다시 말해 우리의 전면에 있는 재인의 측면과 그 배후에 상정되는 마주침의 측면으로 이중화하여 어떤 동일한 대상을 파악하는 것도 아니다. 그것은 고립된 현실화와 마찬가지로, 표상에 안정화를 가져올 뿐이기 때문이다. 그렇지만 선험적 경험론에서의 능력들의 초월적 실행에서 이 이중화에 관해 굳이 말하자면, 이 전후 관계는 역전되고, 결과적으로 배후세계로 물러나는 것은 오히려 재인의 측면이며, 마주침의 측면이 그 대상의 표면에 떠오르는 것이다. "바야흐로 모든 것이 표면에 떠오른다. 이는 스토아학파적 작용의 한 귀결이다. 즉 '무제한적인 것'(illimité)이 떠오른다".[49]

그렇지만 『차이와 반복』조차 그 대부분이 '차이의 개념'(잠재성)의 적용의 질서 아래 쓰여졌다.[50] 어떤 '선행적인 동일성'을 상정하는 사유

---

47) DR, 182/311.
48) QP, 146/221 참조. 이는 들뢰즈·가타리에 의한 베르그송 비판의 하나다.
49) LS, 17/55.
50) 들뢰즈가 스피노자의 철학에 관해 내세운 공통개념의 "적용의 질서"와 "형성의 질서" 에 관해서는 SPE, 260~261/379~381; SPP, 128/141~142, 160~161/176~177 참조. '적용'과 '형성'은 동일선상의 단순한 상하운동이 아니다. 양쪽은 서로 전혀 다른 선이

를 뒤집고, 그러한 동일성을 차이에 관해서만 말해지는 단순한 파생적인 것으로 간주하고, 차이에서 출발하여 동일한 것을 사유하려고 하면, 차이는 모든 사물의 동일성의 '배후에' 존재하게 되지만, 이 차이의 '배후에'는 이미 그 무엇도 존재하지 않는다는 결과에 이른다.[51] 동일성과 차이 사이에 니체적인 전복을 시도하는 들뢰즈에게, 거울 저편의 '앞뒤'가 역전된 세계와 같은 이러한 언명에는 틀림없이 그것을 위한 유효성이 있다. 그러나 '형성의 질서'를 가장 중요한 과제의 하나로 삼는 선험적 경험론에서 정말로 문제가 되는 것은, 잠재적인 것에서 현실적인 것으로의 '현실화' 운동,[52] 즉 현실적인 것으로 이질적인 잠재적 다양성이 "차이화=분화"한다는 방향이 아니라, 역으로 현실적인 것에서 잠재적인 것으로 상승하는 다른 선을 형성하기, 즉 사건의 완성을 잠재성의 차원에서 "반–효과화하기"(contre-effectuer)의 시도며,[53] 이것이 선험적 경험론의 궁극의 '비판적' 기획——신체 혹은 유기체의 문제를 함의시킨다면, 그와 동시에 '임상적' 기획——이다. 들뢰즈·가타리는 '현실화'와 '반–효과화'가 서로 전혀 다른 선임을 강조한다.[54] 따라서 선험적 경험론에서는 차이가 그 유일한 대상

다. 이 차이를 가장 명확히 드러내는 것이 "정적 발생"(genèse statique)과 "동적 발생"(genèse dynamique)이라는 두 가지 "발생" 관념이다(DR, 238/401; LS, 217/312, 281/392, 286~287/397~398; ID, 269/420 참조). '정적 발생'이란, "전제된 사건으로부터 사태 내의 그 효과화로, 그리고 명제 내의 그 표현으로 이행하기"며, 한편 '동적 발생'이란, "사태로부터 사건으로, 혼합물로부터 순수한 선으로, 심층으로부터 표층의 산출로 직접 이행하기"다(LS, 217/312). 우리의 과제에 따라 말하면, 정적 발생은 바로 잠재적인 것에서 현실적인 것으로의 현실화 운동과 다름없지만, 이에 반해 동적 발생은 오히려 현실적인 것에서 출발하여 바로 그 잠재적인 것 자체의 발생을 문제로 하는 것이며, 형성의 질서가 반–효과화로서의 의의를 완전히 이룰 수 있다면, 동적 발생은 그 현실화 운동을 참으로 '지지하는' 위상이면서 그 운동을 완전히 '배반하는' 활동, 형이상학적인 '거울'에 대한 파괴 활동이다.

51) DR, 80/145 참조.
52) B, 99~105/134~143; DR, 272~274/455~458 참조.
53) LS, 176~179/261~266; QP, 147~152/223~230 참조.

이 되고 동일성이 완전히 그 배후세계로 물러난다기보다, 도리어 전혀 새로운 의미 속에서 차이에 관해서만 그 동일성을 말할 수 있는 '일의성 철학'의 사유가 준비되는 것이다.

4. 능력들의 불공가능적인 발산: 초월적 상상력을 중심으로

들뢰즈는 "세계 바깥에 있는 대상을 향하는 것이 아니라, 역으로 그 능력이 오로지 이 능력에만 관계되고, 이것을 세계에 생겨나게 하는 것을 세계 내에서 파악하는 것", 이것이 능력의 '초월적 실행'이라 할 때의 '초월적'이라는 말의 의미라고 한다.[55] 따라서 '초월적 실행'이란 모든 가능적 경험의 외부에 존재하는 대상을 향해 능력들을 사용하는 것(칸트에게서의 초월적 원칙)도, 대상인 사물에 대해 외재한 채로 그 능동성을 발휘하려는 각 능력의 작용('도덕'에 감염된 능력들의 사용, 혹은 이에 따라 만들어지는 한에서의 일상생활 형식)도 아니라, 바로 그 능력 속에서 사물 그 자체가 스스로를 전개하는 작용을 파악하고, 능력 그 자체 속에서 그 대상을 파악하는, 이를테면 모든 수준에서 발동한 코나투스의 내재적 양상이다.[56] "감

---

54) QP, 151/229. 영원회귀의 사유와 존재까지 창조적으로 해명할 만큼 이 두 개의 이질적인 선은, 예컨대 블랑쇼의 '사건'에서의 두 가지 측면 ─ '그 수행이 효과화되는 사건의 부분'과 '그 수행이 효과화될 수 없는 사건의 부분' ─ 에 대응하는 형태로 형성된 개념이기도 하나. "죽음은 비본래적이고 부당한 하나의 사건이기는커녕, 그 불가시성의 한가운데서는 하나의 사건조차 아닌 수행되지 않는 것, 그러나 거기에 존재하는 것이며, 그 수행이 실재화할 수 없는 이 사건의 부분이다"(Maurice Blanchot, *L'espace littéraire*, Gallimard, 1955, p.202[『문학의 공간』, 이달승 옮김, 그린비, 2010, 225쪽]. 강조는 인용자).

55) DR, 186/318.

56) SPP, 103/115 참조. "'전개하기=설명하기'(expliquer)는 사물 외부에서의 지성의 작업이 아니라, 지성 내부에서의 사물의 작업을 의미한다." 여기에는 분명히 하나의 "물활론" (vitalisme, SPE, 14/27 참조) ─ 혹은 "비-유기적 역능으로서 생의 개념"("Lettre-Préface

관 안에 감성을 실제로 발생시키고", "사유 그 자체 속에 사유한다는 작용의 발생"을 가능케 하는 것은 이러한 능력들의 차이에 관계되는 '마주침의 대상'이다. 선험적 경험론에서 비판의 목적으로 '다른 방식으로 느끼기', '다른 방식으로 사유하기'가 내세워지는 것은, 예컨대 스피노자에게서 표상지에서 직관지로 이행하기 위해 인간 정신의 '가멸적(可滅的) 부분'이 아니라 늘 **그와는 다른** '영원한 부분'(pars aeterna)을 문제로 해야 한다는 것과 완전히 동일한 사항이다.[57] 여기서 우리는 공통감각과 켤레 관계에 있는 능력들 간의 단순한 '치환' 관계와 그에 따라 구성되는 망상조직을 대신하여, 바로 능력들 그 자체의 '발생적 요소'를 언명함으로써 우리 능력의 '실재적 정의'에 이른다. 즉 "감각되어야 할 것" (sentiendum) ── 동사적 표현의 정도(강도) ── 이 감성을, "상상되어야 할 것"(imaginandum) ── 선택적 존재(영원회귀) ── 이 상상력을, "기억되어야 할 것"(memorandum) ── 잠재적으로 변화하는 과거(순수과거) ── 이 기억을, "사유되어야 할 것"(cogitandum) ── 묻는 힘을 가진 문제(관념) ── 이 사유를 각각 세계 내에서 강제적으로 깨어나게 하는 것이다.[58] 예컨대 세계가 처음부터 가시성(可視性)을 가지고 있지 않았다

---

de Gilles Deleuze", Mireille Buydens, *Sahara: L'esthétique de Gilles Deleuze*, Vrin, 1990, p.5) ── 이 있지만, 그 이상으로 중요한 논점은, 사물의 '활동역능' 혹은 '숨'을 긍정하기 위해서는 그것들이 단지 우리에게 주어져 있다는 것만으로는 불충분하며, 그것을 위한 능력들의 초월적 실행이 우리에게 부과되어 있음을 이해하는 것이 필요하다는 점이다.

57) 『에티카』 5부 정리 23 주석, pp.295~296[352쪽]; 정리 29 증명, p.298[355쪽]; 정리 40 따름명제, p.306[364쪽] 참조.

58) 이처럼 생각하면, 칸트에 관해 적어도 다음과 같은 보다 적극적인 논점('동적 발생'의 관점)을 도출할 수 있을 것이다. 즉 칸트에게서의 유일한 수용적 능력인 감성은 오로지 '감각될 수밖에 없는 것'으로서의 현상을 물자체와의 사이에 "선험적 구별"(transzendentaler Unterschied)(Kant, *Kritik der reinen Vernunft*, A45=B62[『순수이성비판』, 264쪽] 참조)이 존재하는 고유의 대상으로서 파악할 수 있는 능력이라는 것이다. 또한, 이와 동시에 현상은

면, 눈이 이 세계에 발생하지는 않았을 것이며, 그 경우에 눈은 바로 '봐야 할 것'을 그 발생 원인으로 하는 것이다. 각 능력의 이러한 발생적 요소들 전부는 공통감각을 전제로 하는 경험적 사용에 의해서는 결코 파악할 수 없는, 이를테면 우리의 '신체의 본질'에 관련되므로 **어떠한 스토리와도 관계없는 극화를 위한 불공가능적인 요소들**이다.

'마주침의 대상'은 각 능력이 초월적으로 실행되도록 강제하는 원인이다. 따라서 이에 따라 각각의 능력은 대상에 대해 외재한 채 그 외부로부터 작용하는 단순한 주관적 능동성을 획득하는 것이 아니라, 완전히 반대로 자기에 고유한 **수동성**에 다다르는 것이다.[59] 사람들은 보통 능력들의 경험적 사용 속에서 각 능력을 완전히 발휘하는 것은 당연히 그것들의 능동성 아래서만 행해질 것이라고 착각한다. 그러나 이에 반해, 사유 속에서 '사유하다'라는 활동이 발생하는 것은 사유가 '사유하는' 한에서 '사유될 수밖에 없는 것'에 의해 촉발되는 힘을 갖는다는 것을 나타낸다. 들뢰즈의 주장을 요약하면, 경험적 사용은 자신의 힘을 다른 능력에 양도한 한에서 그 능력이 가지는 역할이라는 하나의 '결과'만 보여 주는 데 반해, 자신에게 그 작용이 맡겨진 초월적 실행은 그 능력의 능동적인 상태를 보여 주는 것이 아니라, 오히려 각 능력을 실행하도록 강제하는 발생의 원인의 한 '효과'를 표현한다는 것이다. 칸트에게서의 가능적 경험에 대항하여 제기되는 "실재적 경험"은 모든 능력의 이 수동적 상황을 그 근본 요소로 한다. 분명 칸트에게서 각 능력은 "자신 내에서 다른 활동을 찾

역으로 "감관"(Sinn) 안에 실제로 "감성"(Sinnlichkeit)을 낳는, 즉 "감관"을 "감성"으로 생성시키는 고유한 대상적 요소이며, 그런 의미에서 우리에게 부여되는 유일한 인식 대상이라는 것이다.

59) DR, 182/311~312, 186/318~319 참조.

아내기는커녕 자기 자신의 '수동'(Passion)에 이르게" 되지만,[60] 여기서 말하는 "다른 활동"이란 초월적 실행이 아니라 어디까지나 그 경험적 사용 내의, '치환'에 의해 가능한 다른 능동성 혹은 자발성이다. 그러므로 칸트가 비록 능력들의 '불협화적 일치'에 도달했을지라도, 실은 그 능력들 간의 차이는 여전히 부정적인 의미에서의 '불균형'(disproportion) ——공가능적인 '관계=비'의 개념을 전제로 한——일 수밖에 없고, 따라서 '에티카'에서의 능력론의 이론을 완성하려면, 능력들이 이 '수동'과 함께 정말로 다른 활동으로서의 '초월적 실행'을 찾아내려면, 능력들 간의 적극적인 차이로서의 '발산'을 바로 그것들 간의 **불공가능적인 '관계=비'**의 개념으로 형성해야 한다. 왜냐하면 이 개념이야말로 우리의 실재적 경험의 세부에서 실현되는 유일한 적극적 종합, 즉 '이접적 종합'(synthèse disjonctive)을 보여 주기 때문이다.

칸트에게 능동적 능력은 오성, 구상력, 이성 세 가지이지만, 수용적 능력은 오직 감성뿐이었다. 이에 대해 능력들의 '초월적 실행'은 각 능력을 자신에 고유한 수동성의 위상에 있는 그 "초월적 한계"에 이르도록 함과 동시에,[61] 능력들 간의 '관계의 외재성'에 의해 일반적인 인식능력이나 욕구능력 속에서 조직화된 능력들의 내적 관계가 지닌 어떤 아프리오리성까지 배제해 가는 작용을 한다. 따라서 '가능적 경험'이라는 개념의 성립이 "지적(知的) 직관"을 부정하여 수용성의 능력을 감성만으로 제한하는

---

60) ID, 87~88/195~196. 또한 DR, 182/311~312 참조.
61) PS, 120~121/147~149 참조. 앞서 기술한 '경험적'과 '초월적'이 그러했듯이 "'의지적'(volontaire)과 '비의지적'(involontaire)은 서로 다른 능력이 아니라, 오히려 같은 능력의 서로 다른 실행을 지시하고 있다". 예컨대 니체의 '역능의지'는 능력들의 초월적이고 비의지적인 실행으로 구성된 강도다.

것과 불가분했음에 반해, '실재적 경험'은 자신의 수동성 내에서 완전히 실행되는 능력들에 의해 충족되는 경험, 바로 경험될 수밖에 없는 아포스테리오리한 경험, 그 무엇도 전제로 하지 않고 어떤 것도 그에 앞서지 않는 경험이다(그렇다고 해서, 나는 이에 따라 조건 없는 경험을 기술하는 것도 아니요, 이러한 경험의 조건은 생각할 수 없다고 말하는 것도 아니다. 바로 실재적 경험은 자신의 조건의 '실재적 정의'를 가능케 하는 그 발생적 요소들이라는 것이다). 감성만이 우리에게 대상을 부여하기 위한 조건인 것이 아니고, 능력은 그것이 능력인 이상 반드시 각각에 고유한 수동적 조건을 똑같이 가지며, 또한 우리의 실재적 경험은 이 능력들이 자유로이 무규정적으로 일치함으로써 부여되고 구성된다. 다시 말해 각 능력은 자신을 이 세계에 발생시킨 고유한 '대상성'의 차원을 가진다는 것이다. 이 세계가 애초에 "가시성"을 가지고 있어야 눈이 그 존재의 의미를 갖는 것과 마찬가지로,[62] 초월적으로 실행되는 능력은 이 세계 내에 자신의 상관자를 발생적 요소로서 갖춰야만 한다.

공통감각에서는 능력들 사이에서 서로 재인하는 대상밖에 찾아낼 수 없는 이상, 다른 능력의 재인 대상이 되지 않는 것에 관해 사람들은 한결같이 '사유의 산물' 또는 '상상의 산물'이라고 주장한다. 그러나 이는 실은 '실재적 경험'에 대한 하나의 증언이 된다. 예를 들어 다른 능력의 '재인 대상'이 될 수 없는 것이 '상상의 산물'이라 말해지는 것은, 그 '어떤 것'을 상상력을 초월적으로 실행하는 상상력에 고유한 **발생적 요소**로 이

---

62) 푸코에게 '지식'을 형성하는 두 가지 아프리오리한 조건으로서의 "가시성"(visibilité)과 "언표"(énoncé)에 관해서는 F, 55~75/79~111(특히 67/97) 참조. 여기서는 푸코의 신칸트주의적 측면이 강조되는데, 주의해야 할 것은 여기서도 이 조건들은 "실재적 경험의 조건이지 가능적 경험의 조건이 아니다"라고 이야기된다는 점이다.

해했기 때문이 아니라, 적용의 차원에서 오로지 **능동적으로** 즉 경험적으로 사용된 한에서의 공상적 상상력에 의한 **허구물**로 이해했기 때문이다. '어떤 것'을 '사유의 산물' 혹은 '상상의 산물'이라고 할 때, 거기에는 이러한 사항이 함의되어 있는 것이다. 자신의 작용이 자신에게 맡겨진 상상력은, 예컨대 '날개 달린 말'이나 '신의 나라'와 같은 허구개념을 만들어 내는 '공상력'과도, 또한 신체의 존재에 각인된 '기억의 질서'를 재생할 뿐인 '재현력'과도 혼동되어서는 안 된다. 능력들의 "자유로운 조화" 혹은 "자유로운 일치"라 할 때의 '자유'란, 칸트의 경우에 이미 기술했듯이, 어떠한 입법적 기능도 지배도 하지 않고, 각각의 능력 속에서 자신의 작용이 자신에게 맡겨지는 것이다. 스피노자도 마찬가지로, '자유'란 그 능력이 자신의 본성에만 의존하는 것이라고 명확히 파악하고 있었다.[63] 자유로운 상상력은 다른 능력들이 결코 파악할 수 없는 '상상될 수밖에 없는 것'을 상상하는 능력이다. 다시 말해 이는 상상력에 의해서만 파악할 수 있고 수동(受動)할 수 있는 사물의 '전개 방식'이 존재하며, 또한 그러한 사물의 '존재 방식'을 긍정한다는 것이다.

　　스피노자는 이러한 상상력의 '덕'(德)에 관해 다음과 같이 서술하고 있다. "만일 정신이 실존하지 않는 사물을 자기에게 존재하는 것으로 상상할 때, 동시에 그 사물이 실제로는 존재하지 않음을 알고 있다면, 정신은 이 상상하는 능력을 자기 본성의 결점(vitium)으로 간주하지 않고, 오히려 덕(virtus)으로 간주할 것이다." 정신이 신체의 변양 관념에 의해 그 사물을 마치 우리에게 실존하는 것처럼 인식할 때, 스피노자는 이를 "정신이 상상한다(imaginari)"라고 한다.[64] 그렇다면 이 '정신이 상상하는'

---

63) 『에티카』 2부 정리 17 주석, p.106[108쪽]; 1부 정의 1[19쪽] 참조.

가운데, 동시에 실제로는 그 사물이 존재하지 않음을 알고 있는 정신 속에서, 이러한 상상하는 능력은 무엇을 의미할까. 자신에게 그 작용이 맡겨진 상상력, 즉 자유로운 상상력은 단순한 공상력도 재현력도 아닌, 실제로 그 사물의 '잠재적 이미지'를 상상하는 능력이 된다. 왜냐하면 이 경우, 실제로는 현전하지 않는 어떤 사물이 마치 우리에게 현전하는 것처럼 인식된다는 것은 그 사물의 '부재' 속에서 그 사물의 잠재적인 전개를 수동하는 것이기 때문이다. 다시 말해 사물 그 자체가 스스로를 상상하는 것이다. 그것은 사물의 '부재' 속에서 그 사물의 어떤 미지의 긍정성을 우리에게 표현하는 것이다. 이것이 하나의 덕이 되고, 하나의 사유하는 능력 —혹은 오히려 선택적 사유—을 포함할 뿐만 아니라, 하나의 실재적인 인식을 전개하는 상상력이 된다.[65] 들뢰즈는 스피노자의 문맥에서 "이 상상하는 능력이 우리의 사유하는 역능을 포함하는 데 만족하지 않고, 그 역능에 따라 설명=전개된다면"이라고 하여,[66] 바로 형성의 질서 속에서의 '능동적' —초월적으로 실행된—이라 할 수 있는 상상력의 독자적인 조건을 규정하고 있다(스피노자에게서는 상상력에서도 그 '능동적 표현'을 생각할 수 있다는 것이다). 상상력은 단지 현실적인 사물을 계속해서 표상하는 것이 아니라, 그 사물에 관한 '잠재적 이미지' 즉 '상상되어야 할 것'을 상상하는, '우리가 할 수 있는 것'의 역능의 하나로 생성하는 것이다.

　공통개념에 의해 규정되는 정신은 "신체의 현재의 현실적 존재"를

---

64) 『에티카』 2부 정리 17 주석, p. 106[108쪽].
65) SPE, 135/206~208, 204/303~304 참조.
66) SPE, 135~136 n17/207~208 주 24 참조.

생각함으로써 모든 것을 항상 인식하고 있다.[67] 공통개념 혹은 이성은 신체의 단순한 **현재적 존재**(수용기로서의 신체)가 아니라 그 **현실적 존재**(수동적 종합의 힘을 지닌 신체) 아래 모든 것을 인식한다(그러나 이 '신체의 존재'는 과거·현재·미래와 같은 지속상의 현재가 아니라, 공통개념의 현재에 의해 정의되는 "영원성"을 나타낸다).[68] 자유로운 상상력 속에서는 그 사물의 잠재적인 표상상이 전개된다고 기술했지만, 이에 반해 공통개념에 의해 정의되고 그 본성이 구성되는 정신의 활동역능 즉 이성은 사물을 그 공통개념에 의해 정의되는 영원성 아래에서 현실적으로 인식한다. 즉 이는, 상상력과 이성 간에는 '정도의 차이'로 환원되지 않는 '본성의 차이'가 존재함을 의미한다.[69] 그러므로 상상력과 이성 간에 기묘하게도 성립해야 할 '조화'는 단지 끊임없이 상상력이 스스로 요구하면서도 충족시킬 수 없는 사항을 이성이 충족한다는 단순한 상보 관계만을 나타내는 것이 아니라, 오히려 **상상력이 파악하는 사물의 잠재성에서 현실성으로의 운동을 이번에는 이성이 완전히 개념형성함**을 보여 주는 것이다. 공통개념이란, 우리가 시점을 현실에 존재하는 항으로서의 양태에서 다른 항으로서의 양태로 이행시키는 가운데 형성되는 것이 아니라, 사물의 잠재적 이미

---

67) 『에티카』 5부 정리 29, p.298[354쪽].

68) SPE, 285 n11/413 주 11 참조.

69) 예컨대 마이클 하트는 스피노자에게서의 상상력과 이성의 '상보적 관계' 속에서 이성을 "하나의 강화된 상상력"(an intensified imagination)으로 이해한다(Michael Hardt, *Gilles Deleuze:An Apprenticeship in Philosophy*, University of Minnesota Press, 1993, p.103[『들뢰즈 사상의 진화』, 김상운·양창렬 옮김, 갈무리, 2004, 280쪽] 참조). 그러나 감성적 인식에서 출발하여 능력들 사이에 '생생함의 차이'라는 정도의 차이를 상정하는 것이 바로 '공통감각적' 경험론이었을 것이다. 그렇다면 하트는 이러한 정도의 차이 속에서 어떻게 스피노자에게서의 능력들 사이의 '조화'나 '일치'를 논하려는 것일까. 공통개념의 "형성의 질서"를 묻는 경험주의를 주장하는 것은, 스피노자에게서의 능력들 간 '본성의 차이'의 이해 없이는 불가능한 사항이다.

지에서 그 사물의 현실적인 이미지로의 이행(현실화) 중에 형성되는 개념이다. 그런 한에서, 여기에는 바로 현실적 현재[지금-현재]만이 혹은 현실화의 현재만이 존재하는 것이다. 능력들의 '자유로운 조화' 혹은 '자유로운 일치'는 바로 그 능력들 자신의 특이한 발생 속에서 이야기되는 그것들의 '조화'이며 '일치'다.

선험적 경험론에서 각 능력은 자신의 능력을 초월적으로 실행하도록 강제하는 힘, 어떤 '강제'에 노출되는 한에서만 각각에 고유한 수동성에 이르는데, 이러한 하나의 "수난"(passion) 속에서만[70] 모든 능력은 공통감각 내의 "수렴"(convergence)을 대신하여, 그 능력들 간의 차이와 "발산"(divergence) ──거울의 파괴──에 직면하게 된다. '불협화적 일치'란, 그 사이에 '본성의 차이'가 존재하는 능력들이 마치 공통감각이라는 한 점을 향해 수렴해 간다는 의미에서의 '일치'가 아니라, 오히려 그 능력들이 상호 발산하는 가운데 비로소 서로 통하고, 비로소 소통 가능하게 되는 것을 하나의 능력에서 다른 능력으로 전달함을 의미한다.[71] '발산한다'는 것은 서로 대립하기(=스토리)의 '결과'(résultat)가 아니라, 차이 속에서만 전해지는 것, 서로 통할 수 있는 것(=드라마)을 전하는 '효과'(effet)다. 여기서 '발산'이란, 이것을 수렴으로 회수하는 어떠한 가능성도, 가능세계도 존재할 수 없다는 것을 모든 동사(사건)에 전하는 착란의 부사, 즉 '불공가능적으로'를 동반한 차이의 강도다. 또한 차이 속에서만 전해지는 것, 차이 속에서 비로소 전해지는 것이란, 바로 차이에 관해서만 말할 수 있는 '동일한 것'이다. 이런 의미에서 차이란, 긍정의 대상이면서 긍정 그

---

70) DR, 182/311, 186/319.
71) DR, 189/324, 250/420 참조.

자체다. 왜냐하면 자신에게 그 작용이 맡겨진 능력은 '자신이 할 수 있는 것'으로부터만 정의되는 능력이며(첫 번째 긍정), 따라서 그러한 '힘' 사이에는 어떠한 부정적인 관계도 상정되지 않고, 단지 그것들의 차이 속에서만 전해지는 일의적 '존재'가 이번에는 그러한 차이를 반복하는 '동일한 것'(Même)으로서 '의태의 신체'(Mime)를 연기하기 때문이다(두 번째 긍정: 긍정의 긍정).[72]

---

72) NP, 213~217/320~326 참조. "긍정은 처음에는 다양, 생성, 우연으로서 정립된다. 왜냐하면 다양은 어떤 것과 다른 것과의 차이이고, 생성은 자기와의 차이이며, 우연은 "모든 것 간의" 차이 혹은 배분적 차이이기 때문이다. 다음으로 긍정은 이중화되고, 차이는 긍정의 긍정 속에서, 즉 두 번째 긍정이 첫 번째 긍정을 대상으로 하는 반영의 계기 속에서 반영되는 것이다"(NP, 216~217/325). 첫 번째 긍정으로서의 차이는 '자신이 할 수 있는 것' 간의 차이, 즉 힘의 차이(차이적 요소로서의 '역능의지')며, 이러한 차이에 관해서만 말해지는 '유일하고 동일한 것'(=영원회귀), 즉 차이를 다시 긍정하기 위해 회귀하는 것이 두 번째 긍정인 '긍정의 긍정'이다.

3장 · 역-식과 발생의 문제

1. 역-식의 첫 번째 특징: '적을수록 많이'

'거울 속의 생성' ── "평생 깨지 않는 꿈이라면, 그것은 이미 꿈이 아니다"라는 말이 있다. 예컨대 기 푸아시는 항상 보는 이로 하여금 어떠한 '거울'을 의식하게 만드는 작품을 쓰는 희곡 작가다. 그의 『서로 끌리는 영혼』(*Cœur à deux*)은 공원 벤치에서 행복한 듯이 이야기를 나누는 주인공 남녀를 마지막에 무참히도 꿈에서 현실로 데려와 버린다.[1] 그 순간

---

1) ギィ・フォワシィ, 「相寄る魂」, 梅田晴夫 訳, 『相寄る魂: ギィ・フォワシィ一幕劇集』, ギィ・フォワシィ・シアター 編, 1990, 23~38頁.

그　　[……] 우리는 온종일 마법의 메달을 몸에 걸고 있으니까요.
　　　행복의 메달, 결혼의 메달을요.
그녀　아아, 결혼!
그　　사랑은 모든 것을 극복합니다. 울려 퍼지는 종소리와 함께.
그녀　울려 퍼지는 종소리! (종이 울려 퍼진다.) 종이 울리고 있네요, 종이!
그　　예, 종이 울리고 있습니다.
그녀　사랑의 종이로군요! 사랑의 종이여, 울려라! 울려라, 울려라, 사랑의 종이여!
그　　저어…… 저것은 공장의 종소리예요.
그녀　어머, 벌써……
그　　이제 두 시입니다.

그에게 '견딜 수 없는 것'은 바로 일상의 현실이 아니라, 도리어 그때까지 서로 이야기 나누었던 그 꿈일지도 모른다. 현실이 꿈에 비해 헤아릴 수 없을 만큼 크게 중요하다는 것도 아니지만, 그렇다고 해서 꿈이 현실보다 훨씬 가치 있다는 것도 아니다. 어떤 의미에서 이 양쪽은 완전히 대등할지도 모른다. 왜냐하면 꿈은 현실의 거울상이기 때문이다. 즉 '대등'하다고 해도, 기묘하게 무언가가 완전히 역전되어 있다는 한에서 양쪽은 동등한 것이다. 그렇지만 현실의 거울과 달리, 형이상학적인 '거울' 속에서 역전되는 것은 특별히 공간적인 배치에 한정될 필요는 결코 없을 것이다. 그렇다면 현실과 꿈 사이에 있는 거울이란 대체 어떤 것일까. 이 거울, 즉 현실적인 무언가를 역으로 비추는 거울은 그것이 우리에게 오로지 주어

그녀　안녕히 가세요.
그　　잘 가요. 내일 또 봐요.
그녀　네, 내일 또 만나요.　　　막.

이 희곡에서 서로 끌리는 두 마음을 꿈에서 현실로 데려오기 위해 '공장'의 종소리가 사용된 것은 우연이 아니다. 왜냐하면 '공장'에는 상상("모든 것을 극복하는 사랑")도 상징("결혼의 메달")도 필요 없기 때문이다. 거기에는 단지 실재적인 것을 생산하고, 그 실재적 부분들을 절단하거나 접속하거나 하는 과정만이 존재하기 때문이다. 그렇다고 해서 이 '공장'이 일상의 현실을 구성하거나 그것에 전면적으로 귀속한다는 것은 아니다. 오히려 '공장'의 종소리는 스토리(혹은 짤막하게 토막 난 스토리)로 가득한 꿈, 그런 의미에서 기관에 흘러넘친 꿈을 만들어 내는 의식화된 일상의 현실성까지도 위협하는, 무의식에서의 자기보존의 노이즈다. 모든 의미에서 '극장'(théâtre)과는 전혀 다른 '공장'(usine)에서, 그 종소리는 공장 그 자체가 발하는 하나의 작동음이어야 하고, 또한 그런 한에서 바로 '연결의 부재에 의해' 이어진 것이 내는 작동음, 즉 음조를 어긋나게 함으로써만 움직이는 '**욕망하는 기계들**'의 **작동음**이기도 하다. 공장의 철학. '공장-내재성'에는 금속에 관한 유동적 의식이 있는데, 그것은 욕망하는 기계들의 개념으로 구성되어 있다. 그러나 우리의 삶 일반을 풍부하게 보여 주는, 현실과 꿈 사이에서 생기하는 그 경계선을 둘러싼 투쟁, 이 '거울' 너머의 싸움에서 보면 이 충실한 '공장'(무의식으로서의)은 그러한 경계선이나 거울에 대해 결정적으로 무차이적이며, 그러므로 역으로 완전히 불모이고 비생산적이고 무익한 것으로 생각될 것이다(ACE, 11/28~29, 14/23, 31/45 외 여러 곳; ID, 323~324 참조).

지는 한에서는, 혹은 거울의 이편에 있는 것이 '일반적인 삶'인 한에서는 아마도 그 자체가 일반적으로 고찰되어야 할, 이를테면 단순한 '반사경'일 것이다.

그러나 '하나의 삶'을 거울 앞에 제시하려는 한, 우리는 그 거울을 일반성 속에서 파악할 수는 없을 것이다. 왜냐하면 그때 그 거울은 잠재적인 '표현되는 것'을 반영하는 '살아 있는 거울', 즉 **표현경**이어야 하기 때문이다. 이런 의미에서 인간은 단지 '꿈을 꾸는 동물'이 아니라, 보다 깊은 데서 '거울을 만드는 동물'이라 해야 할 것이다. 하지만 이러한 '거울'을 어떻게 만들어 낼지, '무엇을' '어떻게' 역전시키는 거울을 만들지가 문제다. 『서로 끌리는 영혼』의 두 사람은 '습관'이라는 전의식 속에서 어느 공원의 벤치를 그러한 '거울'로 생성시키는 것이다. 그리고 특정한 시간(예컨대 공장의 점심시간)에만 그 벤치는 현실을 꿈으로 변환시키는 어떤 특이한 '거울'로 생성된다. 우리는 '거울'의 이편에서는 "양태"인 것이 그 '거울'의 저편에서는 "실체"가 되는,[2] 그리고 '거울'의 이편에서는 공간과 시간의 현실적인 "혼합물"이 그 '거울'의 저편에서는 모든 것이 그로부터 생기게 될 어떤 "잠재적 전체성"이 되는,[3] 또한 '거울'의 이편에서는 단지 '지시되는 것'이 그 '거울'의 저편에서는 '표현되는 것'이 되는,[4] 요컨대 어떤 것을 **역으로-효과화하는** '거울', 즉 반-효과화하는 '거울'을 형성할 필요가 있다. 여기서는 이러한 문제 아래 능력들의 감각을 논하기로 한다.

---

2) SPE, 69/112 참조.
3) '거울' 이편의 현실적 출발점으로서의 "혼합물"과, 거울 저편의 잠재적 출발점으로서의 "잠재적 전체성"에 관해서는 B, 97~98/133~134 참조.
4) LS, 38/83~84, 209/301 참조.

칸트에게서 '불협화적 일치'는 여전히 "공통감각(=상-식)"(sens commun)을 나타내는 능력들의 경험적 사용이 전제되었지만, 이에 반해 선험적 경험론에서 능력들의 초월적 실행 속에서의 '불협화적 일치'는, 들뢰즈에 따르면, "역-식"(para-sens)이라 칭해지는 것에 의해 규정된다.[5] 우리는 이 '역-식'을 먼저 다음과 같이 정의할 수 있다. 즉 '역-식'이란, 예컨대 능력들의 경험적 사용 아래서의 감성 속에서 감각하는 것이 적을수록 역으로 '감각되어야 할 것'(강도)을 더 많이 감각하기, 혹은 공통감각 아래서 사유하는 것이 적을수록 역으로 '사유되어야 할 것'(관념)을 더 많이 사유하기를 의미한다('역-식'의 첫 번째 특징). 즉 감성의 수용성과 수동성 간의, 혹은 개념의 적용과 그 형성 간의 '반비례적 변화'다. 다만 주의해야 할 점은, 이 변화는 공통감각과 역-식 사이에서 일어나는 어떤 중립적인 변이가 아니라, 오히려 이 변화 자체가 기묘한 '역-식'을 우리에게 감각시키는 변양이며, 감각 방식 자체의 변화(다른 방식으로 감각하기)라는 것이다. 이에 반해, 공통감각은 이 예측 불가능한 변화를 마이너스화하고 고정화하는 방향, 즉 '양-식'과 불가분하다. 그러므로 들뢰즈는 공통감각을 능력들 간의 "재인의 과정"으로서, 또한 양-식을 능력들 간의 차이가 소실해 가는 과정, "예측의 과정"으로서 정의하는 것이다.[6] 여기서는 추인과 예상이 창조와 예언의 힘을 대신한다.

능력들의 초월적 실행에서는, 이미 기술했듯이 현상을 물자체의 방향으로 초월하는 것은 전혀 문제가 되지 않는다. 초월적으로 실행된 감성은 물자체로 스스로의 한계를 뛰어넘는 것이 아니라, 어떤 의미에서 현

---

5) DR, 190/325, 250~251/420~421 참조.
6) DR, 292/485 참조.

상으로부터 결코 분리되지 않고, 현상 속에서 "감각될 수 있는 것"을 우리에게 실제로 감각시키는 그 '존재', 즉 이것을 우리에게 소여로서 부여하는 "감각될 수 있는 것의 '존재'"를 파악하는 능력이다. 즉 "감각될 수 있는 것의 '존재'"는 "감각될 수 있는 것"에서만 발견되지만, 소여로서의 "감각될 수 있는 것"으로 결코 환원되지 않기에 '감각될 수밖에 없는 것'이다. 요컨대 현상으로서의 소여와는 다른 어떤 "대상성"(objectité)의 차원,[7] 즉 어떠한 주관성에도 귀속되지 않는 '질', 혹은 그 이상으로 선행하는 주체적인 지각자 없는 관점이 포착하는 "지각태"(percept), 혹은 "센시빌리아"(sensibilia)의 힘의 차원을 정립하려는 시도 속에 들뢰즈의 사유는 존재한다.[8] "지각태 그 자체의 정의는 다음과 같지 않을까. 즉 세계를 채우고 우리를 변양시키고 우리를 생성시키는 감각할 수 없는 힘들을 감각할 수 있도록 하는 것."[9] 이러한 '센시빌리아'는 이미 『니체와 철학』에서 '힘의 생성'으로 정의되었다.[10] 차이가 없는 곳에는 어떠한 힘도 생길 수 없고, 또한 차이와 동일하지 않은 힘도 존재하지 않을 것이다. 왜냐하면 "힘은 다른 힘 이외의 다른 것을 대상으로 갖지 않고, '관계=비'와 다른 존재를 갖지 않기" 때문이다.[11] 소여와 구별되는 '센시빌리아'란, 오

---

7) DR, 206/351, 213~214/362~363 참조.
8) QP, 154/234 참조. "'지각태'는 그것들을 느끼는 자의 상태로부터 독립해 있다." 그러나 이 '지각태'를 어떠한 시점으로부터도 독립해 있는 무시점적인 객관성인 것처럼 생각해서는 안 된다. 객관이란, 일반적으로 실제 그러한 자의 주관적 상태에 대응한 상관자에 불과하기 때문이다. 우리는 '지각태'를 감각 여건과 구별된, 그런 의미에서 아프리오리하게 이야기된 '질'(質) ─── 객관에 귀속된 '질' ─── 로 폄하하지 않도록 항상 주의할 필요가 있다.
9) QP, 172/263.
10) NP, 72/125 참조. "역능의지 그 자체는 힘의 생성과 같은 질들, 센시빌리아를 갖는다. 역능의지는 먼저 힘들의 감성으로서, 다음으로 힘들의 감각 가능한 생성으로서 스스로를 표명한다. 즉 파토스는 생성을 가져오는 가장 기본적인 사실이다."
11) F, 77/113.

히려 소여를 부여하고 그것을 감각 가능하게 하는 것, 즉 "감각될 수 있는 것의 '존재'"로서의 힘, '지각태'로서의 힘의 생성, 즉 능력들을 초월적으로 실행시키는 원인이면서 그에 따라 비로소 지각 대상이 되는 힘의 요소를 포함하는 것이다. 따라서 능력들의 경험적 사용이 현상과 물자체 사이의 경계선을 둘러싸고 특징지어지는 데 반해, 그것들의 초월적 실행은 현상 속에서의 소여와 센시빌리아 속에서의 '힘'들 간의 차이를 그 대상으로 한다.

이처럼 '역-식'의 첫 번째 위상에서 우리는 '재인의 대상'으로서의 "감각될 수 있는 것"(예컨대 색견본으로 환원되는 '색채-질')을 적게 감각할수록 더 많이, '마주침의 대상'으로서의 "감각될 수 있는 것의 '존재'" (예컨대 개념화된 아프리오리한 색견본으로 결코 환원되지 않는 '색채-강도')를 감각 여건과는 구별되는 센시빌리아 속에서 감각한다. '역-식'의 이러한 첫 번째 특징은 바로 스피노자에게서의 능동과 수동, 혹은 완전과 불완전 간의 **반비례 관계**를 계승한 것이라고도 할 수 있다. 즉 "동일한 개체에 관해, 바꿔 말하면 일정한 한계 속에서 불변이라 상정된 동일한 하나의 역능의 정도에 관해, 그 변양능력 자체는 이 동일한 한계 속에서 불변을 유지하지만, 활동역능과 수동역능은 함께 반비례적으로(en raison inverse) 근본적으로 변화하는 것이다".[12] 사람들은 보통 더 많은 작용을 행할 힘이 있다면, 그에 대응하여 그만큼 더 많은 작용을 받아들일 힘을 갖는다고 생각한다. 그러나 스피노자에게 있어 우리의 신체 혹은 정신의 역능 정도가 가진 변양능력은, 스스로 작용을 많이 행할수록 외부의 원인에 의해 설명되는 수동적 변양을 적게 받는 것이다.[13]

---

12) SPP, 41/45.

능력들의 사용과 그것들의 실행 사이에 성립하는 이 반비례적 관계가 표현하는, 우리의 실질적인 변양 내용인 '역-식'은 질의 반대성이나 대립의 형식(예컨대 단단하다와 부드럽다, 차갑다와 따뜻하다, 크다와 작다, 하나와 여럿 등)에 따라 드러나는 것이 아니다. 역-식의 첫 번째 규정은 '차갑다고 느낄수록 더 따뜻하다고 느낀다'는 것을 의미하지 않는다. 왜냐하면 그래서는 단지 반대인 질의 공존 ─ "무제한적인 질적 생성 속에서의 '더 많은 것'과 '더 적은 것'의 공존" ─ 만이 있게 되고, 따라서 그 감각은 공통감각의 감각과 공가능적이며, 결국 어떠한 의미에서도 감각 그 자체의 변화, 다른 방식으로 감각하기로의 물음이 전혀 존재할 수 없기 때문이다. 들뢰즈가 플라톤의 『국가』에 나오는 "동시에 반대인 감각"의 대상의 예를 드는 것도,[14] 바로 역-식이 더 근본적으로는 재인이냐 마주침이냐는 대상의 차이의 문제도 아니고, 질의 '미친 듯한 생성'의 문제도 아니라, 그 사이에 불공가능적인 관계에 있는 '더 적게'와 '더 많이'로부터 합성된 부분적이고 분자적인 감각이기 때문이다. 그것은 예컨대 **차갑다고 느끼는 것**이 '적을수록 많이' **차가움**만 감각하는 것, 즉 어떤 것을 차갑다고 감각하는 것, 혹은 차가운 어떤 것을 감각하는 것이 '적을수록 많이' 차가움의 존재를 감각하는 것이다. 벤치가 차갑다고 느끼거나 차가운 벤치를 느끼는 것이 '적을수록 많이' 그 차가움의 강도 ─ 감각될 수 있는 것의 존재 ─ 를 느낀다는 것이다. "깊이는 존재의 강도이며, 혹은 역으로

---

13) 『에티카』 2부 정리 13 주석. Baruch de Spinoza, *Spinoza Opera*, ed. von Carl Gebhardt, Carl Winter, 1925, vol. 2, p. 97 [『에티카』, 강영계 옮김, 서광사, 2007, 98쪽]; 3부 정의 2, p. 139 [153쪽]; 5부 정리 40, p. 306 [363쪽]; SPP, 40~41/44~45 참조.

14) Platon, *Respublica*, VII, 522e1~526c7. J. Burnet, *Platonis Opera*, vol. 4, Oxford, 1902 [『국가』, 박종현 역주, 서광사, 2005, 464~472쪽]; DR, 184~186/315~317, 304~305/504~506 참조.

강도는 존재의 깊이다." 이렇게 능력들의 공통감각적 '일치'에 결코 귀속되지 않는 어떤 '착란의 감각', 능력들의 불협화적 일치 속에서의 '역-식'이 이 경우에 차가움을 둘러싼 **지각태의 '풍경'**(paysage)이나, 차가움을 둘러싼 **힘의 생성의 '투쟁'**(combat)을 여는 것이다.

2. 역-식의 두 번째 특징: '이접적일수록 서로 완전히 통하는'

또한 '역-식'은 능력들이 경험적 사용으로부터 초월적 실행으로 이끌림으로써 그 능력들이 서로 발산하여 이접적이게 되면 될수록, 역으로 그것들 간의 **"공통화"**(communication)를 완전히 행할 수 있음을 나타내는 감각이다('역-식'의 두 번째 특징).[15] "가장 중요한 것은 다음과 같다. 감성에서 상상력으로, 상상력에서 기억으로, 기억에서 사유로 이행될 때──이접적인 각 능력을 그 자신의 한계로 밀어붙이는 강제를 그 각 능력이 다른 능력으로 전할 때──그때마다 차이의 한 자유로운 형태야말로 능력을 깨어나게 하고, 또한 그것을 이 차이의 상이한 것으로서 깨어나게 한다." 이는 "관념(=이념)"(idée)의 형상에 관한 언명이다. 관념이 능력을 초월적 실행 속에서 깨어나게 한다는 것은 잠재적인 '차이의 개념'으로서의 관념 그 자체가 능력들 속에서 현실화하는 것,[16] 즉 바로 그 관념 자체가 능력들

---

15) DR, 189~190/322~325 참조.
16) "개념적 차이"와 구별되는 "차이의 개념"에 관해서는 딱히 명확하게 서술되어 있는 것은 아니지만, 우선 DR, 40~41/82~83 참조. 하지만 이 문제가 다의적인 "초월개념"과 일의적인 '존재'개념 간의 차이에 필연적으로 관련되는 한, 이 양쪽이 혼동되어 버린다는 것의 가장 좋은 설명은 스피노자에게서 구할 수 있을 것이다(『에티카』 2부 정리 40 주석 1, pp.120~121[126~127쪽]). 모든 개념은 신체의 어떤 상태와 함께 형성된다. 스피노자에 따르면 적어도 우리가 우리 자신의 본성에 반하는 감정에, 즉 '우리가 할 수 있는 것'으로부터 우리 자신을 떼어 놓는 외부의 물체(신체)에 의해 자극된 슬픔의 감정에 사로잡히지 않는

로서 현실적으로 차이화하는 것, 다시 말해 초월적 실행 속에서 능력들의 '존재 방식'을 그 관념의 형상으로서 규정하는 것이다.[17] 그러므로 여기서 말하는 '공통화'란, 능력들 간에 내포적인 이접적 거리를 강화할수록 각 능력 사이에서 이 관념이 서로 더 반조되고 반-효과화된다는 것이다.

동안, 정신은 완전한 관념을 형성할 역능을 갖는다(5부 정리 10, p.287[341쪽]). 따라서 우리가 이 슬픔의 감정에 사로잡혀 있을 때, 즉 우리 신체의 활동역능이 저해되어 그 힘이 감소하는 방향으로 추이해 갈 때, 우리는 이 신체의 상태와 함께 어떤 개념들을 형성한다. 그것이 예컨대 불완전한 관념으로서의 "일반개념"이나 "초월개념"이다. "인간 신체는 제한된 것이기 때문에" 우리의 신체가 그 능력을 훨씬 초과한 수의 자극을 외부에 존재하는 물체들로부터 받는다면, 그것들의 표상상은 우리의 신체 안에서 서로 매우 모호해지기 시작하고, 따라서 정신은 그것들을 "어떠한 구별도 없이"(sine ulla distinctione) 그것들의 상호 차이가 무시된 형태로, 즉 각각의 표상상이 다른 표상상들에 대해 가지고 있을 고유의 생생함을 완전히 결여한 형태로 일괄해서 표상하게 될 것이다. 혹은 마찬가지 이유로 가령 개개 인간의 "사소한 차이"(differentiae parvae, 예컨대 피부색이나 몸의 크기 등)를 표상할 수 없는 경우, 정신은 모든 인간에게 일치하는 점만을 판명하게 표상하려고 힘쓸 것이다. 이렇게 형성된 개념이 전자의 경우에는 '존재'나 '사물'과 같은 초월개념이고, 후자의 경우에는 '인간'이나 '개'와 같은 일반개념이다. 따라서 그것들은 추상적 개념이다. 왜냐하면 그때 인간 신체는 단순한 수용기가 되어 버렸기 때문이다. 또한 스피노자는 이 개념들이 사람들에 의해 동일한 방식으로 형성되는 것이 아니라 신체를 빈번히 자극하는 것에 따라, 그러므로 정신이 빈번히 표상하고 상기하는 것에 따라 서로 다른 방식으로 형성된다고 지적한다. 즉 우리가 자신의 신체 상태에 따라 이러한 불완전한 관념을 형성할 때, 그와 동시에 우리는 이 개념을 사용하여 그 동일성을 전제로 한 개념적 차이를 우리의 신체를 빈번히 자극하는 대상들 사이에 새겨 넣는 것이다. 이렇게 사람들은, 기억이나 습관의 질서의 차이로 환원되는데도, 개개인의 신체 상태에 따라 형성되는 사물의 일반적 표상상을, 즉 '개념적 차이'를 오히려 '비-범주적 사유' 속에서 형성되어야 할 '차이의 개념'(공통개념)과 혼동하는 것이다(차이를 개념적 차이로부터 해방하는 이 '비-범주적 사유'pensée a-catégorique에 관해서는 Michel Foucault, "Theatrum philosophicum", *Dits et écrits*, vol.2, Gallimard, 1994, pp.91, 93, 98[『들뢰즈의 푸코』, 권영숙·조형근 옮김, 새길, 1995, 231, 235, 244쪽] 참조).

17) DR, 250~251/420 참조. "이 '역-식'은 '관념'들을 요소로 한다. 왜냐하면 바로 '관념'들은 공통감각에서의 어떠한 동일성의 형식도 전제하지 않고, 반대로 초월적인(초월적 실행의) 시점에서 능력들의 분리된 실행에 생기를 부여하며, 그것을 그려 내는 순수 다양체이기 때문이다. 이렇게 '관념'들은 마치 하나의 능력에서 다른 능력으로 옮겨 가는 도깨비불, '불의 잠재적인 꼬리'처럼 차이적=미분적인 희미한 빛의 다양체로, 공통감각을 특징짓는 이 자연의 빛의 등질성과 같은 것을 결코 갖지 않는다"(강조는 인용자).

예컨대 D. H. 로런스는 요소들의 이반과 함께 그 요소들 사이에서 반조되는 '바다'——부식액, 센물로서의 '바다'——를 서술하고 있다. "요소들이여, 서로 끌어안지 말고 배반하라. 바다의 남자여, 인간의 처자식에게서 멀어져라. 바다의 여자여, 남자의 세계를 잊고 바다만을 기억하라. 이렇게 그들, 바다에서 태어난 민중은 바다로 향한다. [⋯⋯] 바다를 건너라. 바다를 건너라. 조심하라. 사랑과 가정을 버려라. 사랑과 가정을 버려라. [⋯⋯] 광폭하고 이상한 요소들로 되돌아가자. 부식을 일으키는 광대한 바다로, 혹은 '불'로."[18] 요소들을, 즉 바다의 남자와 바다의 여자를 서로 배반시키는 것은 '센물'로서의 바다의 관념이며, 이 관념은 배반하는 한에서만 지각될 수 있는 바다의 풍경, 새로운 바다의 지각태를 지각시키는 방식, 그 관점이다. 불공가능적으로 배반하는 것만이 일의적인 '바다' 위에서 서로 통하는 것, 그 공통화를 필연적인 것으로 한다. 이 내부로부터의 하나의 강제는 공통감각 내 능력들 사이에서의 재인의 선행성처럼, 외부의 이질적인 것 상호의, 혹은 타자와의 소통에 앞서 능력들 사이에서의 이접과 소통——불공가능성과 필연성——을 동시에 정립하는 것이다. 이것이 없다면, 우리의 어떠한 이질적인 것과의 소통도 결국에는 공통감각 속에서의 소통 방식과 완전히 동일한 것이 될 것이다(예컨대 자신의 생성·변화를 동반하지 않는, 기존의 체계에 의존한 해독이나 번역). 왜냐하면 거기에는 단지 예상과 예측——즉 우리가 현존한다는 것——에 의한 가능성 속에서의 소통만이 있기 때문이며, 이접의 긍정도 없고, 자기의 생성·

---

18) David Herbert Lawrence, *Studies in Classic American literature*. ed. Edmund Wilson, *The Shock of Recognition: The Development of Literature in the United States Recorded by the Men Who Made It*, W. H. Allen, 1956, p.1032에서 재인용. 또한 D, 51~53/79~81 참조.

변화——즉 우리가 생성되고 있다는 것——를 필연적으로 동반하는 '소통되어야 할 것'(communicandum)도 결코 존재하지 않기 때문이다.

이 관념의 힘인 '강제'를 더 생각해 볼 필요가 있다. 다음과 같은 의심이 생길지도 모른다. 항상 그 경험적 사용 안에 가두려는 능력들을 초월적 실행으로 강제하는 힘은 이미 각 능력을 그 한계에서 발생시키는 원인으로서의 고유한 대상——라틴어의 동형용사(gerundivum)의 명사화에 의해 표현된, 능력들의 그 발생적 요소들——으로 제기된 것이기 때문에, 이 관념에 관해 말해지는 '강제'는 단지 힘의 수를 증가시킨 것일 뿐이지 않을까. 그렇지 않다. 왜냐하면 '역-식'의 이 두 번째 규정에서 우리는 관념 혹은 이념의 **물질적 측면이 지닌 자동성**——혹은 능력들의 발생적 요소를 그 표현적인 내용으로 갖는 능력들의 수동성——으로부터 그것들의 **형상적 측면에 있는 자율성**의 문제로 이행하기 때문이다. 따라서 여기서 말하는 '강제'란, 우리의 경험이 단지 조건지어지고 근거지어질 뿐인 가능적 경험이 될 때, 혹은 오성이 일정한 인식에 틀어박히려 할 때, 혹은 우리의 지성이 오로지 "자연스럽게 실행되는 인간의 사유"에 불과할 때, 요컨대 모든 능력이 공통감각에서의 도덕적 사용에 불과할 때, 이러한 경험이나 능력들의 경향을 비판하고 너무나 인간적인 이 "인간적 조건을 극복하기 위한 노력"[19]을 촉발하는 '비-유기적 역능'(puissance non organique)의 성립을 의미하는 것이다. 즉 강제란, 요소들을 배반시키는 힘이면서 묻는 힘을 지닌 문제, '물어져야 할 문제'를 그 요소들에 전

---

19) Henri Bergson, *La Pensée et le mouvant*, p.218. eds. André Robinet and Henri Gouhier, *Œuvres*, édition du centenaire, PUF, 1959, p.1425[『사유와 운동』, 이광래 옮김, 문예출판사, 1993, 233쪽]; NP, 118/188, 123/195 참조.

하는 방식이다. 이러한 의미에서 '역-식'의 요소는 관념이다. 관념은 그것이 바로 '문제의 양태'인 한 능력들이 성숙한 실행에 달하기 위한 형상적 조건이지만,[20] 능력은 이러한 관념이라는 문제에 의해 환기된 그 **작용의 형상**, 존재의 방식이다. 어떤 능력에서 다른 능력으로 도약하듯이 전해지는 '차이적=미분적인 희미한 빛의 다양체'인 관념은, 각 능력을 그것들에 고유한 한계로 밀어붙이는 '힘'으로서 다른 능력에 전해짐으로써, 이 '차이적 다양체'의 상이한 것(형상)으로서 성립시키는 것이다. 스토아학파 식으로 말하면, 작용의 형상은 '실존한다'(exister)기보다 오히려 '존속하는'(subsister) 것이다. 그러므로 관념은 그것이 어떠한 능력에 대해서도 고유한 대상이 되지 않고 능력들을 관통한다는 의미에서 바로 '생성의 단위(일성—性)'와 같은 것이며, 이에 따라 공통감각이나 의식으로 결코 환원되지 않는 능력들 그 자체의 자율성이 보증되는 것이다.

그런데 칸트는 이념(관념)이 "해 없는 문제"임을 명확히 이해하고 있었는데,[21] 들뢰즈에 따르면 이는 이념이 단지 '거짓된 문제'라는 것이 아니라, 오히려 역으로 '참된 문제'를 의미한다는 것이다. '해 없는 문제'는 역시 하나의 강제성을 띠고 있다. 즉 '초월적 실행'의 다른 표현으로서 어떠한 이미지도 없이 어떤 것을 표상하도록 능력들을 강요한다는 것이다. 공통감각 아래서는 결코 감각될 수 없는 대상, 그렇기에 능력들의 초월적 실행의 측면에서 말하면, '감각될 수밖에 없는 것'은 '해'로서의 어느 특정한 이미지 없이 **문제적으로만** 표상되고, 그런 한에서 바로 "문제인 한

---

20) DR, 190/325 참조.
21) Immanuel Kant, *Kritik der reinen Vernunft*, Meiner, 3rd ed., 1990, A482=B510[『순수이성비판』, 백종현 옮김, 아카넷, 2006, 686~687쪽].

에서의 문제야말로 관념의 실재적 대상"이다.[22] 따라서 일반적으로 모든 재인을 구성하는 능력들의 협동 형식 내에서 우리에게 경험적으로 직접 주어질 수도 인식될 수도 없는 대상은, 이 강제 속에서 어떠한 경험적 형상으로서도 규정될 수 없는 채로 표상되어야만 할 것이다. 거기서 중요해지는 것은 이 무규정적 대상이 "이미 지각 속에서의 지평(horizon) 혹은 초점(foyer)으로 작용하는 완전히 정립적인 하나의 대상적 구조"를 보여주고 있다는 점이다.[23] 이념(관념)은 어떠한 '해'(이미지, 불활성적인 표상상)도 가져오지 않는 긍정적 문제이며, 그것은 우리의 지각 속에서 초월적으로 실행되는 능력들의 형상을 성립시키도록 하여 어떤 능력에서 다른 능력으로 전해지는 것이다. 그때 우리의 '존재 방식'은 이미 어떤 문제의 한 해가 아니라, 그 자체가 '물어져야 할 문제'의 한 강도적 양태, 즉 하나의 '묻는 방식'이 된다.

감성에서 사유로, 그리고 사유에서 감성으로 이행하는 관념들은 바로 그 능력들에 "'존재'의 차이"[24]를 전하고 있다고 할 수 있다. 이는 바로 능력들이 '재인의 대상'을 구성할 때 어떤 능력이 그 대상을 다른 능력의 대상과 동일한 것으로 파악하는 것과는 완전히 반대의 사태다. 동일성으로서가 아니라 차이로서 '존재'를 우리에게 전하는 능력들 간의 '공통화'야말로 이미 논했던 '불협화적 일치'를 정의하는 것이다. 그리고 존재야말로 차이이기 때문에 동일한 것으로 전화(轉化)하지 않고, 이 존재를 바로 차이로서, 즉 '생성의 존재'로서 우리에게 전하는 것이 능력들의 초월

---

22) DR, 219/371 참조.
23) DR, 220/372. 또한 DR, 213~214/362~363 참조.
24) DR, 252/423.

적 실행이다. 여기서 '존재' 개념은 이제 동일한 것의 징표가 아니라, 차이에 관해서만 말할 수 있는 '유일하고 동일한 것'의 관념이 된다——게다가 그 감각(=변양)을 동반하여. 따라서 들뢰즈가 제기하는 우리 경험의 새로운 위상인 실재적 경험은 오성개념이 구성하는 것과 감성이 수용하는 것 간의 유비적이고 커다란 '선험적 구별'에 의해서가 아니라, 초월적으로 실행된 능력들 간의 발산하는 '차이'와, 그 발산을 하나의 착란된 내포적 거리로 만드는 '반복'에 의해 구성되는 것이다. 다시 말해 '공통화'가 도식작용을 대신하는 것이다. 그러나 분명 이 '역-식'의 두 번째 규정에서 가장 중요하고도 곤란한 것은, 이 능력들 간의 '공통화하는 것'에 관한 보다 심화된 개념형성일 것이다. 순수오성개념의 망상조직도, 아프리오리한 '공통감각'을 구성하는 능력들의 망상조직도 전제하지 않는 이상,[25] 초월적으로 실행된 능력들 간의 불협화적 일치를 '공통화'라는 형태로 실현하는 관념에 관해 어떠한 개념(차이의 개념)을 형성할지가 문제인 것이다. 왜냐하면 '역-식'의 첫 번째 특징이 여전히 공통감각에 의존한 부분을 가지고 있다는 점에서 그 **수동성의 감각**을 나타내고 있다면, 이 두 번째 특징은 그 **능동성의 감각**을 정의하는 것이기 때문이다. 이처럼 개념 적용의 질서가 아니라, 바로 그 형성의 질서가 물어질 차례다.

---

25) 들뢰즈는 칸트에게서의 능력들 간의 관계를 나타내는 데에 "망상조직"(réseaux)이라는 말을 사용하는데, 이것을 특히 순수오성개념의 체계적 틀에 대해 사용하는 예로 다음의 것이 있다. Michel Foucault, *Les mots et les choses: Une archéologie des sciences humaines*, Gallimard, 1966, p.352[『말과 사물』, 이규현 옮김, 민음사, 2012, 467쪽]; Henri Bergson, *Cours III: Leçon d'histoire de la philosophie moderne. Théories de l'âme*, PUF, 1995, p.167 참조.

3. 역-식의 세 번째 특징: '판명할수록 애매한' 혹은 '명석할수록 모호한'

나아가 '역-식'은 "명석한 것"(claire)과 "판명한 것"(distinct) 사이에 '반비례 원리'를 정립한다('역-식'의 세 번째 특징).[26] 이것은 우리의 내재성의 감각을 정의하는 것이다. 들뢰즈는 칸트에 따라 '선험적'이란, 우리의 아프리오리한 표상들(시간·공간이라는 아프리오리한 직관, 실체·원인이라는 아프리오리한 개념 등)로 경험적 소여가 필연적으로 종속되는 원리와, 이와 완전히 상관되는 경험으로 그 아프리오리한 표상들이 필연적으로 적용되는 원리를 형용하는 말이라고 적확하게 기술했다.[27] 요컨대 '조건'과 '조건지어지는 것' 간의 관계는 단순한 원인·결과라는 인과적 관계가 아니라(칸트에게 원인과 결과는 관계의 범주의 하나였다) 이러한 필연적 '적용'과 필연적 '종속'으로 이루어지는 복합적인 선험적 관계이며, 또한 이 관계는 이미 말했듯이 동시에 하나의 도덕(=무차이성)을 표시하는 것이기도 했다. 그러나 에티카의 하나의 강력한 방법론인 선험적 경험론에서는 이러한 관계를 적용도 종속도 아닌 전혀 다른 개념 속에서 생각할 수 있게 된다. 즉 '조건'과 '조건지어지는 것' 간의 **선험적 차이**가 여기서는 '잠재적인 것'과 '현실적인 것' 간의 **발생론적 관계**로서 파악되는 것이다. 바로 '조건'을 '조건지어지는 것'의 단순한 외적 조건짓기의 원리로 하기가 아니라, 현실적인 것의 내적인 발생의 원리로 탐구하기가 문제다.

이 "잠재적-현실적"(virtuel-actuel)이라는 것은 '역-식'에서의 환원 불가능한 두 가지 가치로서 파악된다.[28] 들뢰즈는 데카르트적인 '명석

---

26) DR, 325/536, 340/558 참조.
27) PK, 22/37.

할수록 판명하다'라는 명석한 것과 판명한 것 사이의 "정비례 원리"에 반해, '역-식'의 특징을 다음과 같이 제기하고 있다. 즉 '역-식'에서의 "판명한 것"이란, '그 자체로 보아 애매할 수밖에 없고 또 판명할수록 애매한 것'이며, 또한 "명석한 것"이란, '그 자체로 보아 모호할 수밖에 없고 또 명석할수록 모호한 것'이다. 정비례 원리와 달리, "명석한 것"과 "판명한 것" 사이에는 이러한 반비례의 '관계=비'가 존재하는 것이다. 따라서 '명석하고 판명한 것'이란 하나의 나쁜 초월성이다. 그것은 예컨대 모든 것을 '꿈이냐 현실이냐'라는 배타적 선언 아래에서 인식하려고 한다. 그러나 그 자체가 하나의 꿈일 뿐만 아니라, 설령 독단론의 졸음이라는 꽤나 평온한 수면에서 깨어났을지라도 그 각성을 보증하는 것은, 졸았을 때와 마찬가지로 재인의 가능성, 현상들의 결합과 그 정합성, 표상들의 필연적 연관, 자아의 동일성이나 연속성 등의 일관된 스토리성이나 목적론성일 수밖에 없다.[29] 그 사이에 '공가능성'이라는 이름의 경계선을 갖는 각성과 수면에서 현실과 꿈의 구별은, 예컨대 단지 노동과 놀이 간의 구별과 다를 바 없을 것이다. 꿈은 졸음 속에서의 단속적인 각성이며, 현실은 어디까지나 각성 속에서의 연속적인 꿈일 뿐이다. 그런데도 꿈에 대한 각성이

---

28) DR, 275~276/458~460 참조.

29) René Descartes, "Meditatio VI", *Meditationes de prima philosophia*. eds. C. Adam and P. Tannery, *Œuvres de Descartes*, vol.7, Vrin, 1964, pp.89~90[『방법서설·성찰·데까르뜨 연구』, 최명관 옮김, 서광사, 1989, 136쪽]; Gottfried Wilhelm Leibniz, *Nouveaux essais sur l'entendement Humain*, liv.IV, ch.2, §14. ed. C. I. Gerhardt, *Die philosophische schriften von G. W. Leibniz*, vol.7, p.355; Immanuel Kant, *Prolegomena zu einer jeden künftigen Metaphysik, die als Wissenschaft wird auftreten können*, Meiner, 7th ed., 1993, §13, Anmerkung III, p.44[『형이상학 서설』, 백종현 옮김, 아카넷, 2012, 174쪽] 참조. 또한 각성 시와 유비적인, 신체 기관에 대한 꿈의 효용에 관해서는 Immanuel Kant, *Kritik der Urteilskraft*, Meiner, 7th ed., 1990, §67, p.243[『판단력비판』, 백종현 옮김, 아카넷, 2009, 436~437쪽] 참조.

나 현실에 우월성을 두려는 의지는, 결국 '존재의 유비'를 전제로 하여 일관된 목적론적 스토리 속에서 최선의 시나리오를 읽어 내려는 도덕으로의 의지와 다름없다. 그러나 우리에게 꿈이 문제가 되는 것은, 각성과의 사이에 불공가능성의 착란된 경계선을 긋는 '꿈 없는 잠', 즉 꿈의 기관 없이, 그러나 그 잠을 오히려 신체의 노이즈로 채우는 '악몽'이며, 바로 '불면자의 꿈'이다. 그것은 동시에 불면과 비각성 간의, 혹은 '꿈이든 현실이든'(이접적 종합)의 실재성이며, 현기증, 만취, 도취에 의해 재-개되는 실재성이다. 이것들이 우리에게 '내재성'에 관한 어떤 압도적인 실재적 감각을 부여하는 것이다.

"명석한 것"과 "판명한 것" 사이에 성립하는 기묘한 반비례의 '관계=비'는 한편으로는 "수적 구분"과 "실재적 구분" 간의 관계를 내적으로 표현한 것이다. 현실적인 것은 잠재적인 것이 현실화되고 있는 것으로서 파악되는데, 그때 이 잠재적인 것은 분명히 실재적이지만 아직 현실화되어 있지 않고, 따라서 그 자체 내에서 "차이화=미분화(微分化, différentié)"되어 있지만 아직 "차이화=분화(différencié)"되어 있지는 않다는 의미에서 실재적으로 구분되지만, 아직 수적인 구분이 이루어져 있지는 않다는 의미에서 "판명하고-애매한"(distinct-obscur) 관념이며, 바로 하나의 '차이의 개념'을 형성한다. 혹은 다음과 같이 말할 수도 있다. "애매"하다는 점에서는 "부정확"(anexact)하지만, "판명"한 한에선 "엄밀"(rigoureux)하다는 의미에서,[30] 잠재적인 것은 '엄밀하고-부정확'하다. 이에 반해, 경험 속에서 현실화된 잠재적인 것의 요소들은 분명히 수적 구분을 동반하여 명석하게 파악되지만, 경험적인 형상들 속에서만

---

30) MP, 507/782, 603/922 참조.

그 차이가 파악되고, 실재적으로 구분되는 차이는 그러한 표상들 속에서 "취소되는" 경향이 있기에[31] 그것들은 모호한 것이 되므로, 여기에는 "명석하고-모호한"(clair-confus) '차이의 개념'만이 존재하게 된다. 다시 말해 실재적 구분이라는 사물의 '내부'로부터의 구분은 수적 구분이라는 그 '외부'로부터의 구분에 의해 끊임없이 취소되는 경향이 있지만, 유의해야 할 논점은, 비록 '모호한' 형태일지라도 거기에는 늘 실재적으로 구분되는 잠재성이 **비-현실적으로 포함**되고, 따라서 여기에서는 이것을 **전개하려고 노력하는 '명석하고-모호한' 경험주의자가 태어날 가능성이 있다는 것이다.** 이리하여 **"명석한 것"**과 **"판명한 것"** 사이에는 '정도의 차이'가 아니라 '**본성의 차이**'가 존재하게 된다.[32]

그런데 여기서도 중요한 것은 잠재적인 것을 둘러싼 "적용의 질서"와 "형성의 질서"의 차이다. 잠재적인 것에서 현실적인 것으로의 '현실화'라는 그 "적용의 질서"에 만족해서는 안 된다. "적용의 질서"가 어떤 의미에서 베르그송적인 **존재론적 문제**를 이어받은 것이라면, "형성의 질

---

31) DR, 288/479 참조.
32) DR, 275/459. 이 점들을 간단히 도시해 둔다(아래 그림).

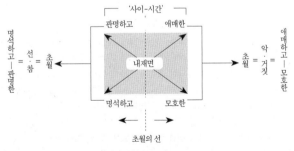

(이것은 우리가 선·악이나 참·거짓의 개념을 형성하지 않는 자유로운 '사이-시간'이며,
또한 동시에 '생성의 지금'에 생기는 내재면이다.)

서"는 스피노자적인 **실천적 문제**를 전개하는 것과 이어진다고 할 수 있다. 들뢰즈의 '잠재성의 철학'을 '현실화'의 운동이나 이론으로부터만 고찰하는 것은 단순한 '기초짓기주의'로 빠질 위험성을 항상 동반한다.[33] 예컨대『차이와 반복』의 주조 중 하나는 다음과 같은 사항에 분명히 나타나 있다. "우리는 '관념'의 잠재적 내용의 규정을 '차이화=미분화'라 부른다. 다른 한편으로 우리는 구분된 종과 부분에서의 이 잠재성의 현실화를 '차이화=분화'라 부른다." 그리고 이 "'관념'의 잠재적 내용이 현실화될 때, (차이적=미분적) 관계=비의 변화성은 구별되는 종 안에서 구체화되고, 이와 상관적으로 변화성의 다양한 가치에 대응한 특이점이 이러저러한 종에 특징적인, 구별되는 부분들 속에서 구체화된다".[34] 관념 속에서 그 잠재적인 것의 현실화는 하나의 조건짓기의 과정이면서 현실적인 것에 대한 잠재적인 것의 필연적 적용 원리이기도 하며, 그런 한에서 이 전체는 하나의 적용의 차원을 보여 준다. 모든 현실적인 것은 잠재적인 것이 현실화되고 있는 것으로서, 혹은 현실화된 것으로서 근거지어지기 때문이다('정적 발생'에 의한 근거짓기 혹은 그 안정화).

이는 동시에 '재인의 대상'의 동일성을 그 현실화와 함께 공가능적으로 기초짓는 것이기도 한 이상, 들뢰즈는 바로 적용의 질서 속에서 다음

---

33) Alain Badiou, *Deleuze: "La clameur de l'Etre"*, Hachette, 1997[『들뢰즈: 존재의 함성』, 박정태 옮김, 이학사, 2001] 참조. 바디우의 이 저작은 반-도덕주의로서의 들뢰즈 철학에서 가장 중요한 사상의 하나인 "존재의 일의성"을 중심으로 한 들뢰즈론이기에 매우 흥미롭다. 그렇지만 바디우 자신이 바로 '명석하고-모호한 것'과 '판명하고-애매한 것' 사이에 성립하는 '하나의 이중운동'(un double mouvement)을 명확하게 인지하고 있는데도(p.56[96쪽]), 실은 이 저작 전체에 걸쳐 "적용의 질서" 속에서의 일의적 '존재'만 생각하고 있기 때문에, 그 필연적 귀결로서 잠재적인 것은 오로지 현실적인 것의 "기반"(fondement)이라는 의미만을 갖게 된다("Le virtuel", *Ibid.*, pp.65~81[106~127쪽] 참조).

34) DR, 266~267/445~446.

과 같이 말하게 되는 것이다. "[나중에] 서로 유사하고 또한 유비적이며, 대립적이게 혹은 동일하게 되는 것은 항상 [선행하는] 차이들이다. 차이는 모든 사물의 배후에 존재하지만, 차이의 배후에는 아무것도 존재하지 않는다."[35] 분명히 들뢰즈는 동일성을 차이의 중심에 고정하는 사유(예컨대 차이는 모두 '우유성'偶有性으로서 이야기되고, 그 배후에는 반드시 '실체'라는 절대적으로 동일한 것이 존재한다는 사유 방식)가 아니라, 역으로 어떻게 차이를 동일성의 중심에 둘까라는 니체적인 '가치전환'의 문제의식에 따라 이처럼 기술하고 있지만, 경험적인 재인의 형식에 대한 차이의 권리상의 선행성·배후성에 입각하여 모든 것을 근거짓는 적용의 원리가 거기에 상정되어 있음은 명백하다. 그렇다면 동일성으로부터 차이를 해방하는 '투쟁'은 동일성이 자기 자신 속에 차이를 내부화하기 위한 '전쟁'과 똑같은 전술에 빠져 버리는 것이 아닐까.[36] 그리 되지 않으려면 이 공통의 전술을 바꾸고, '전쟁'을 괴멸적으로 배반할 **방법**을 만들어 내고, 또한 현실화를 정말로 지지하는 그 분신이면서 그와는 전혀 다른 선을 긋는 **동사=활동**을 찾아내야 한다.

주의해야 할 점은, '현실화'는 단지 불가역적인 과정이 아니라는 것이다. 그것은 잠재적인 것의 하나의 "전개[펼침]"(explication)인 한, "포함[접힘]"(implication)의 반대가 아니다. "전개하는 것은 포함하는 것이

---

35) DR, 80/145.

36) CC, 158~169/221~236에 실린 15장 「심판과 결별하기 위하여」(Pour en finir avec le jugement) 참조. 이것은 "투쟁"(combat)과 "전쟁"(guerre)의 차이, 또한 『판단력비판』에서 칸트가 말하는 '꿈 없는 잠이란 없다'에 대한 반론과도 이어지는 "꿈 없는 잠"(sommeil sans rêve) 등이 신의 심판(혹은 판단력)으로부터 결별하는 방법으로 제기된 매우 흥미로운 텍스트다. 칸트의 『판단력비판』은 과연 '신의 심판'에 대한 비판일까.

며, 바깥으로 펼치는 것은 안으로 끌어들이는 것이다."[37] 포함하는 힘, 안으로 끌어들이는 힘을 잃은 전개는 잠재성의 '현실화'가 아니라, 늘 표상적인 항들 간의 이동에 불과하다. 즉 '현실화'는 불가역적인 운동이라기보다, 오히려 그와 불가분한 형태로 잠재성 그 자체에 대한 전혀 다른 본성을 지닌 운동 혹은 속도를 보여 주는 것이며, 이는 사실 조건의 조건지어지는 것에 대한 복사 불가능성에서 비롯되는 사태다. 현실화와는 다른 실재성을 지닌 이 활동(=동사), 그것이 '반-효과화하기'다. 이 두 가지 운동은 동일선상의 단순한 역방향의 움직임이 아니라, 어디까지나 비-유사적인 서로 다른 선이다. 따라서 선험적 경험론에서 가장 중요한 과제는 바로 현실적인 것에서 잠재적인 것으로의 '비-현실화'의 역능, 혹은 같은 것이지만 재현과는 결코 공존할 수 없는 **다른 현실화의 속도**, 즉 '반-효과화'의 실재성을 논구하는 입장이어야 한다는 것이다.[38] 형성의 질서가 '반-효과화'의 의의를 획득하는 것은 적용의 질서 속에서 이미 형성되고 고정화된 경험적 형식을 변형시킬(déformer) 때며, 그런 한에서 '형성'(formation)이란 늘 '탈-형성'(dé-formation)을 출발점으로 한다.

4. 역-식의 네 번째 특징: 스피노자, 혹은 디오니소스적 사유자의 감각

들뢰즈의 스피노자론 가운데서도 특히 눈에 띄는 논점은 바로 스피노자의 사상에서 공통개념의 "형성의 질서"의 창조적인 실천적 의의를 두드러지게 한 데에 있다. 선험적 경험론은 이런 의미에서 칸트의 능력들의

---

37) SPP, 103/115.
38) QP, 151/228 참조. 운동과 속도의 차이에 관해서는 MP, 471~473/729~732 참조.

이론을 비판적으로 전개한 소산일 뿐만 아니라, 실은 그 이상으로 스피노자의 이 경험주의적 물음을, 즉 개념형성의 위상을 선험철학으로서 다듬은 것이다. 그와 동시에, 결코 형이상학으로 빠지지 않는 이 '선험적 기획'은[39] 역으로 스피노자의 '실천적 기획'의 차원을 그려 내게 될 것이다('에티카'에 의한 선험철학은 형이상학의 하나가 아니다. 이 양쪽을 결코 혼동하지 않도록 주의해야 한다). 즉 "우리의 힘을 외면하고 우리를 '우리가 할 수 있는 것'으로부터 분리하는 많은 불완전한 관념이 우리에게 필연적으로 부여되어 있는데도, 어떻게 우리는 완전한 관념을 형성하고 산출하는 데 이를까"라는 물음을 내세움으로써, 스피노자는 바로 '개념을 창조하는' 경험주의자가 되는 것이다. '역-식' 속의 경험주의자, 그는 '명석하고-모호한' 디오니소스적 사유자다('역-식'의 네 번째 특징) ── "'디오니소스적'이라는 나의 개념이 여기서 최고의 행위가 된 것이다. 이에 비하면 그 밖의 모든 인간의 행위는 빈약하고 제한된 것으로 보인다"[40] ── '반-효과화', 그것은 디오니소스의 속성이며, 그의 본질을 구성적으로 표현하는 사건이다.

인간은 태어날 때부터 이성적인 것이 아니라 이성적이게 되는 것이며, 그때 기쁨의 수동감정을 이성 그 자체의 발생적 요소라고 생각할 수 있다는 점에서 그 아프리오리성이 있다고 할 수 있다. 감정은 나 자신에게 나의 신체와 그 외부에 존재하는 다른 물체(신체) 간의 부재의 관계, '비-관계'의 관계를 표시하는, 즉 매번 내 신체의 활동역능의 연속적 변

---

39) ACE, 130/196 참조. "형이상학적이지 않고 선험적인······".

40) Friedrich Nietzsche, "Also sprach Zarathustra", §6, *Ecce homo*. eds. Giorgio Colli and Mazzino Montinari, *Nietzsche Sämtliche Werke, Kritische Studienausgabe*, Walter de Gruyter, 1967~1977, vol.6, p.343 [『바그너의 경우·우상의 황혼·안티크리스트·이 사람을 보라·디오니소스 송가·니체 대 바그너』, 백승영 옮김, 니체전집 15, 책세상, 2002, 428쪽]. 또한 SPE, 134~135/205~208; DR, 276/460, 325/536, 332/546~547 참조.

이를 정신에 의식하게 하는 "'모호한' 관념"(confusa idea)이다.[41] 따라서 기쁨의 감정이 공통개념의 형성의 실마리가 된다면, 그것은 이 감정이 이성에 '이 관계를 사유하라'고 명령함으로써 그 개념형성을 위해 이성을 강제적으로 깨우기 때문이다. 왜냐하면 공통개념은 우리의 인간 신체와 그 외부에 존재하는 어떤 물체(신체) 간에 분유된 어떤 공통의 구성적인 '관계=비'의 관념이기 때문이다. 즉 수동감정이라는 불완전한 관념에는 '모호한' 형태이기는 하지만 어떤 '비-현실적인' 것이 잠재적으로 포함되어 있고, 그것을 어떻게 설명·전개할까라는 이성 이외의 능력으로는 행할 수 없는, 개념형성의 차원에 고유한 문제 영역이 있다는 것이다(**이성의 발생**은 항상 이 완전한 개념을 형성하기 위한 **이성의 노력** 이외의 그 무엇도 아니다). 따라서 문제는 이 '모호한'이라는 말이 잠세적으로 가질 역-식에서의 고유한 논리적 가치다. 바로 그에 따라 이 감각의 네 번째 특징이 드러나기 때문이다.

그런데 스피노자에게 수동성이란, "인간의 신체가 어떤 외부 물체의 본성을 **포함하는 방식으로 자극받는**" 것이며,[42] 따라서 비록 그 신체의 변양 관념이 불완전한 '모호한' 것일지라도, 거기에는 어떤 '적극적인 것'(positivum)으로서의 사물의 본성이 잠재적으로 포함되어 있다. 그러나 우리 신체의 활동역능이 더 작은 완전성으로 이행하는 것이 슬픔의 감정으로 표상되는 것은, 그 이행 속에서 우리 자신이 '우리가 할 수 있는 것'으로부터 계속해서 분리되기 때문이다. 다시 말해 이는 그 슬픔의 원인이 되는 외부 사물의 본성을 포함하는 관념을, 그 사물의 본성을 설명하고

---

41) 『에티카』 3부 정서에 대한 일반적 정의, p.203[236쪽].
42) 『에티카』 2부 정리 17, p.104[106쪽]. 강조는 인용자.

전개하는 관념으로 다시 형성하기로부터 우리 자신이 계속해서 멀어지는 과정이라는 것이다. 감정이 나의 신체와 외부의 물체(신체) 간의 '비-관계'의 관계로의, 혹은 '부재'의 관계로의 어떤 적극적인 시선이라면, 이 시선 속에서 기쁨의 감정은 그러한 관계를 긍정적인 '비-존재'(me on)로 파악할 것이고(여기서 이 시선은 원근법주의를 실재적으로 정의하는 하나의 관점의 작용인이 될 수 있다), 역으로 슬픔의 감정은 그것을 부정적인 '부-존재'(ouk on)로 파악할 것이다(여기서 질을 만들어 내는 시선은 단지 외연의 세계에 부착된 시점으로 한없이 빠져든다). 하지만 비록 슬픔의 감정일지라도 거기에 활동역능의 "체험된 실재적인 이행"이 있는 한,[43] 그것은 수동성의 작용, 수동적 종합의 힘을 보여 준다. 왜냐하면 바로 이러한 수동적 종합이 있기에 활동역능의 감소라는 사태도 생기기 때문이다. 수동은 결코 종합 없는 수용이 아니기 때문이다. 그러므로 '모호한'이라는 말을 "형성의 질서"에 내재된 표현으로 파악한다면, 그것은 부정적인 의미를 포함한다기보다 오히려 적극적으로 **다른 실재성**을 표시한다고 생각되는 것이다.

시간의 지속 아래에서 상호 외재적인 부분들이 수적 구분에 의해 '명석하게' 인식됨과 동시에 이것이 우리의 수동성 속에서의 인식인 이상, 그 대상들은 어떤 "모호한 관념"에 의해 표상될 수밖에 없다. 그렇지만 중요한 것은 이 '모호한'이라는 말이 지닌 그 특이한 의의다. 그것은 현실화되고 있지 않은 것, 즉 현실화를 "피한" 혹은 현실화를 "벗어난" 것이 그 사물의 본성으로서 그 관념 안에 포함되어 있음을 보여 주는 표현인 것이다.[44] 즉 그 '명석한' 관념 안에는 어떤 적극적인 것이 '모호한' 형

---

43) SPP, 56/62.

태이기는 하지만 '비-현실적'으로 내포되어 있다는 것이다. 예컨대 우리가 태양을 보고 그것이 우리로부터 200피트 거리에 있다고 표상하는 경우, 태양까지의 실제 거리를 앎으로써 그 오류는 제거되지만, "표상은, 즉 신체가 태양으로부터 자극받는 한에서만 태양의 본성을 설명=전개하는 태양의 관념은 제거되지 않는다". '사물의 본성'이란, 이 태양의 사례로 말하면, 우리의 지각 내에서 마치 스스로를 200피트 위치에 있는 것처럼 보여 주는 태양의 이 '존재력'이며, 우리가 가진 태양의 관념에는 태양의 이 본성이 적극적인 것으로서 잠재적으로 포함되어 있는 것이다.[45] 더 정확히 말하면, 형성의 위상을 생각하는 한, "어떤 관념에서의 '적극적인 것'(positif)"이 아니라, "어떤 기쁨의 감정에서의 '적극적인 것'"이 그 불완전한 관념에 포함되어 있다는 것이다.[46] 왜냐하면 그 설명·전개(이를테면 아포스테리오리한 현실화)가 생길지 어떨지는 바로 우리가 자신의 신체나 정신의 활동역능의 증대(기쁨의 수동감정)와 함께 공통개념의 형성을 실현할 수 있는지에 달려 있기 때문이다. 다시 말해 상상력이 추상개념과 합치하는 공상력이나 재현·표상력으로부터 해방되고, 즉 경험적 사용으로 채워진 기억이나 지성과 관계를 끊고, 자신에게 그 작용이 맡겨짐으로써 이성과의 사이에 "자유로운 조화"를 실현할 수 있는지에 달려 있다는 것이다. 이런 의미에서 공통개념의 형성의 출발점이 되는 기쁨의 감정의 형상을 구성하는 관념은 바로 '명석하고-모호한' 관념일 것이다. 감정이

---

44) QP, 147/223, 150/227 참조.
45) 『에티카』 2부 정리 35 주석, p.117[121~122쪽]; 4부 정리 1 주석, pp.211~212[248~249쪽] 참조.
46) SPE, 277~278/403~404 참조. 강조는 인용자. 이 점이 기하학적 개념에서 출발하는 『지성개선론』과 공통개념에서 출발하는 『에티카』의 가장 큰 차이다.

야말로 스피노자의 경험주의, 혹은 들뢰즈의 선험적 경험론에서 "인식의 일의성"의 발생적 요소인 것이다.

그렇다면 '비-현실적'이라는 말은 어떠한 의의를 지닐까. 그것은 단지 '현실적이지 않다'는 것을 말하려는 것이 아니다. 그것은 "일정한 시간이나 장소에 관계하여" 그 사물을 현실적으로 설명하는 것과는 전혀 **다른 현실성**, 즉 지속에서의 현실화와는 다른 어떤 현실성 속에서 그 사물을 생각한다는 것을 나타낸다.[47] 하지만 스피노자의 경우 이를 위해서는 '신의 관념'에 이르러야 한다.[48] 들뢰즈도 강조하듯이, 스피노자는 공통개념과 '신의 관념'을 명확히 구별하고 있다. "인간이 신에 관해서는 공통개념에 관해서만큼 '**명석한**' 인식을 가질 수 없는 것은, 인간이 신을 물체처럼 **표상할 수 없다**는 것, 그리고 '신'이라는 이름을 자신들이 늘 보아 온 **사물의 표상상에 결부시켜 왔다**는 것에 의한다. 이는 인간에게 거의 피할 수 없는 사항이다. 왜냐하면 인간은 끊임없이 외부의 물체로부터 자극을 받기 때문이다."[49] 공통개념은 어디까지나 존재하는 양태들에 적용되는 개념이며, 그런 한에서 개념의 능력인 이성은 상상력과의 사이에 기묘한 조화적 관계를 가질 수 있는 것이다. 그러나 '신의 관념'은 단지 일반성이 가장 큰 공통개념이 아닌 이상, 이제 상(像)으로서 재현될 수 있는 존재하는 사물에 관계되지 않는다. 그것은 바로 '신의 본질'을 포괄하는 관념이며, 우리

---

47) 『에티카』 5부 정리 29 주석, pp.298~299[355쪽] 참조. "사물은 우리에 의해 두 가지 방식으로 현실적인 것으로서(ut actuales) 생각된다."

48) 공통개념은 그 일반성의 대소에 관계없이 각각 그 고유한 수준에서 신을 표현하고, 또한 우리를 신의 인식으로 이끌어 간다(SPE, 278/404 참조). 그러므로 공통개념은 일반성이 낮고 부분적이어도, 도리어 그렇기 때문에 더욱 '도처에서'와 '가능한 한 빨리'를 충족한다고 할 수 있다.

49) 『에티카』 2부 정리 47 주석, p.128[136쪽]. 강조는 인용자.

는 그 아래에서만 '사물의 본질'에 관한 완전한 관념을 형성할 수 있다. 스피노자의 '신의 관념'은 사실 '차이적=미분적 다양체'로서의 '관념'의 가장 좋은 사례가 될 것이다.[50] 하지만 만일 그렇다면, 이 '신의 관념'은 '판명하고-애매한' 관념으로서 이해되어야 하게 된다. 과연 스피노자에게 역-식의 세 번째 규정인 "명석한 것"과 "판명한 것" 간의 '반비례' 관계, 내재성의 감각은 존재하는 것일까.

스피노자의 언명을 생각해 보자. 실은 우리가 **권리상** 신을 물체처럼 표상할 수 없다는 한에서, 역으로 그것을 '판명'하게 그러나 '애매'하게밖에 인식할 수 없다는 규정이 생기는 것이다. 그러나 다른 한편으로 우리는 **사실상** '신'이라는 이름을 존재하는 사물의 표상상에 결부시켜(바꿔 말하면 '신'이라는 개념을 일반성이 가장 큰 공통개념이라 생각하고, 그것을 존재하는 사물의 표상상에 적용하여) 신을 끊임없이 '명석'하게 이해하려는 한, 그것을 오로지 '모호한' 형태로만 인식하게 된다. 왜냐하면 신에게는 어떠한 추상적 구분도, 즉 외연량적 구분도 존재하지 않고, 그런 한에서 지속 안에서의 상호 외재적인 부분들이 공유하는 수적 구분에 대응하는 '명석'한 인식에 신을 결부시켜 이해했을지라도, 신의 속성들 간의 '실재적-형상적' 구분도, 양태들 간의 '양태적-강도적' 구분도 오로지 '모호한' 형태로만 인식될 수 있기 때문이다. 그것은, 예컨대 실재적 구분을 수적 구분과 혼동하는 것과 분명히 관련되어 있다. 하지만 설령 그럴지라

---

50) '신의 관념'은 무한히 많은 것이 무한히 많은 방식으로 '상념적으로'(objectivement) 생기는 "절대적 원리"다(『에티카』 2부 정리 4, p.88[86쪽], 정리 7 따름명제, p.89[88쪽]; SPE, 108/167 참조). 이 '신의 관념' 속에는 신의 본질을 그 물질적 내용으로 하는 한에서, 무한히 많은 속성 간의 '실재적-형상적' 구분인 질적 차이와 그 각 속성의 양태들 간의 '양태적-강도적' 구분인 강도의 차이가 상념적으로, 즉 '상념적-형상적' 구분으로 내포되어 있으며, 따라서 '신의 관념'은 그 자체가 바로 이 구분들에 의해 스스로 차이화=미분화된다(SPE, 109~111/170~172 참조).

도, 앞서 기술했듯이 이 '모호한'이라는 말이 개념형성의 차원에서 중요한 논리적 가치를 갖는다는 점은 변함없다.

이제 우리의 과제는 단지 '신의 관념'이 공통개념이 아님을 새삼스럽게 확인하는 것이 아니라, 형성의 질서 속에서 그 논점을 표현하는 것이다. 왜냐하면 3종 인식 속에서도 완전한 관념을 형성하기 위한 노력이나 욕망이 우리에게는 여전히 필요하기 때문이다.[51] 여기서 형성의 질서는 상상력에서 이성으로의 아포스테리오리한 '현실화'에 의해 충족될 뿐만 아니라, 거기에 이성을 뛰어넘은 직관지로의 '반-효과화' 운동이 덧붙여진다. 자신을 이해하는 대로 산출하고, 또한 자신이 산출하는 모든 것을 이해하는 신에게 '반-효과화'는 존재하지 않는다. 왜냐하면 신은 바로 영원토록 현실적이기 때문이다.[52] 스피노자는 신도 관념을 "형성할(formare) 수 있다"고 여길지 모르지만,[53] 그 관념을 표상지의 수준에서 형성해 가야만 하는 우리는, 그런 한에서 영원의 상 아래에서의 현실성을 소유할 수 없다. 따라서 영원히 동일한 현실성에 머무르는 신과는 달리, '비-현실적인' 것을 설명·전개하는 것은 우리에게 그 '비-현실적인' 것을 "영원의 상 아래에서" 반-효과화한다는 '동적 발생'의 의미를 가진 현실화다. 다시 말해 이 '현실화'는 다음과 같은 의미에서의 이행이라고 생각할 수 있을 것이다. 우리에게 '영원'이란, 이를테면 삶과 죽음 사이의 경계선이 의미를 잃고, 죽음에 의해 잃는 것이 더 적은 삶 속에서 더 많이 경험하고 느끼는 것이다. 바꿔 말한다면, '죽음'의 존재가 의미를 잃는다는 것은 개념에서

---

51) 『에티카』 5부 정리 25, p.296[352쪽]; 정리 28, p.297[354쪽] 참조.
52) 『에티카』 2부 정리 3 주석, p.87[85쪽] 참조. "신의 역능은 신의 **현실적** 본질과 다름없다"(강조는 인용자).
53) 『에티카』 2부 정리 3 증명, p.87[84쪽].

직관으로, 혹은 하나의 '삶의 존재'에서 하나의 '삶의 본질'로 실재적으로 이행한다는 것이다.

3종 인식이란, "신체의 본질을 영원의 상 아래에서 생각함"으로써 모든 것을 인식하는 것이므로, 거기서 인식되는 것은 바로 '감각되어야 할 것' 혹은 '지각되어야 할 것'으로서의 개체의 본질이다. 그러나 그것은 외연적 부분들을 동반한 개체화를 갖추고 있지 않다는 한에서, 실은 우리에게 그야말로 '애매한' 것이다. 신의 실재적으로 구분되는 속성의 형상적 본질의 완전한 관념으로부터 사물의 본질의 완전한 관념으로 우리가 이행하는 것은 분명히 '판명한' 인식을 추진해 가는 것이지만, 그와 동시에 '명석한' 인식은 더욱더 '애매한'이라 불리는 것이 되어 갈 것이다. 스피노자는 1종 인식에서 출발하여 3종 인식으로의 이행이 논구되었다고 해서, 우리의 **정신 전체**가 그대로 이 인식의 수준들을 추이해 간다고는 결코 생각하지 않는다. 스피노자는 이러한 공통개념과 직관지가 항상 **정신의 부분**에만 생겨난다는 것을 명확히 이해하고 있었던 것이다. 하지만 이 부분은 정신 전체를 구성하는 요소가 아니라 오히려 그러한 전체와 아울러 산출되는 부분이며, '영원의 상' 그 자체의 발생적 요소다. 선험적 경험론에서 사물의 '실재적 정의' 내의 그 발생적 요소는 형상적으로는 정의되는 것의 '동적 발생'을 가능케 하는 요소이고, 또한 물질적으로는 '반-효과화'를 그 내용으로 하는 것이라고 할 수 있다. 우리는 단지 '명석하고-판명한' 것으로도 '애매하고-모호한' 것으로도 빠져나올 수 없으며, '판명하고-애매한' 것과 '명석하고-모호한' 것 간의 내재성을 느끼고 경험하는 것이다. 이상과 같이 역-식의 처음 세 가지 특징은 각각 그 수동성의 감각, 능동성의 감각, 내재성의 감각을 정의하고 있지만, 이 네 번째 특징은 그것들을 감각하는 신체 혹은 정신과 관계되어 있다고 할 수 있다. 그리고 이 모든 특징들이 공통감각에 대항하여 어떤 반시대적인 감각과 개념을 우리에게 부여하는 원천이다. 이러한 의미에서, 바로 '역-식' 속에 하나의 삶의 에티카를 보여 주는 참된 '양-식'(bon-sens)이 갖추어져 있다고 해야 할 것이다.

5. 두 개의 다양체(1): 그 환원 불가능한 비대칭성

경험의 대상을 단지 **감성적** 소여로 한정하지 않고, 그러나 다른 능력들에 고유한 대상을 인지할 뿐만 아니라 그 능력들이 초월적으로 실행됨으로써 성립하는 실재적 경험과 이 '경험의 조건'을 논구하는 경험주의, 그것이 선험적 경험론 혹은 "'관념'의 경험론"이다.[54] 여기서 '문제적인 것'의 형상적 존재인 관념은 어떠한 능력에 대해서도 그 고유한 대상이 되지 않는다는 의미에서는 어디까지나 '잠재적'이지만, 모든 능력을 관철하여 그것들의 존재 방식을 초월적 실행으로서 규정한다는 의미에서는 '선험적'이다. 그렇지만 이때 주의해야 할 것은, 우리의 능력들이 관념이라는 잠재적 다양체에서 현실적 다양체로의 현실화 운동 속에서 정적으로 발생할지라도, 그것은 어디까지나 단지 권리상 아프리오리하게 능력들이 생긴다(근원적으로 획득된다)는 것일 뿐이며, 반드시 초월적 실행 속에서의 능력들이 경험 안에서 생긴다──그때 경험은 바로 '실재적' 경험이 된다──는 의미는 아니라는 점이다. 왜냐하면 이 운동은 모든 경험적인 것을 산출하고 기초짓는 작용이고, 그런 의미에서 경험적 형상들에 적합한 표상적이고 재인적인 사용으로서의 능력들의 산출이며, 또한 적용의 차

---

54) DR, 356/583.

원에서는 그러한 '정적 발생'만으로 충분하기 때문이다. 그러나 능력들에 관해 초월적 실행을 긍정하는 것은 그 자체가 '반-효과화'의 문제를 구성하고, 또한 '정의되어야 할 것'(definiendum) 그 자체의 발생 즉 '동적 발생'을 묻는 것이다.

관념은 하나의 '다양체'(multiplicité)다.[55] 혹은 '다양체'라는 개념 그 자체가 하나의 표현적 관념이라고 할 수 있다. 왜냐하면 관념은 그 자체로 차이화=미분화된 '표현되어야 할 것'을 갖고, 또한 이에 따라 적어도 "내포하다"와 "전개하다"라는 동사적 표현 속에서 관념의 언어(표현) 활동——이를 말의 언어 활동과 혼동해서는 안 된다——이 생산되기 때문이다. 결국 "'관념'의 경험론"을 논하려면 베르그송에게서 유래하는 이 '다양체'라는 개념이 어떠한 것인지를 먼저 생각해 볼 필요가 있다. 그러면 이 문제로 들어가기 위해, 먼저 이원론 고찰부터 시작하기로 한다. 들뢰즈에 따르면, 이원론에는 다음과 같이 세 가지 유형이 있다고 할 수 있다. 즉 ① 두 실체 사이에(데카르트) 혹은 두 능력 사이에(칸트) 환원 불가능한 차이를 강조하는 완전한 이원론, ② 일원론으로 넘어가기 위해 임시 단계로서 세워지는 이원론(스피노자, 베르그송), ③ 다원론의 한가운데서 행해지는 배분에 의해 두 대립 상태에 있는 다양체로서 성립하는 이원론(푸코).[56] 첫째로, 베르그송의 이원론을 그대로 구성하게 되는 두 개의 다양체는 분명히 일원론을 향해 나아가기 위한 임시 단계로서 세워진 것이다. 들뢰즈의 다양체 이론의 기본적 틀은 베르그송이 『의식에 직접 주어진 것들에 관한 시론』에서 논한 "지속과 공간", "질과 양" 혹은 "계기와 동시성" 같은 개념

---

55) DR, 236/397 참조.
56) F, 89~90/129~130 참조.

으로 대표되는 두 가지 유형의 다양체의 사유 방식에 그 많은 부분을 힘입고 있다. 베르그송에게 가장 중요한 문제 중 하나는 "'다양한 것'을 '하나인 것'에 대립시키는 것이 아니라, 반대로 다양체의 두 가지 유형을 구분하는 것"이다.[57] 왜냐하면 '여럿'을 '하나'에 대립시키는 사유 그 자체가 실은 한쪽의 다양체에 귀속된 발상이기 때문이다. 경험은 우리에게 공간과 지속 혹은 지각과 기억이 서로 뒤섞인 "혼합물"(mixte)을 부여하지만, 중요

---

57) B, 31/49~50 참조. 고대 그리스어에 "쌍난표"(雙欄表, systoichia)라는 말이 있다. 이 말은 본래 군대의 열(列)이나 합창단 가수들의 열을 나타냈던 것 같지만, 점차 어떤 동류인 것의 계열이나 표를 의미하게 되었다(W. D. Ross, *Aristotle's Metaphysics*, Oxford, 1924, vol.1, p.150 참조). 아리스토텔레스는 『형이상학』에서 이 말을 사용하여, 오늘날 우리가 소위 "이항대립"이라 부르며 이해하는 사항을 명확히 도식화했다. 아리스토텔레스에 따르면, 피타고라스학파 사람들은 범주표나 반대개념표라고도 할 수 있는 "쌍난표"라는 것을 만들고, 특히 '한정/무한정', '홀/짝', '하나/여럿', '좌/우', '남/녀', '정지/운동', '직(直)/곡(曲)', '명/암', '선/악', '정사각형/직사각형'이라는 대립하는 열 가지 원리를 열거했다고 전해진다(Aristoteles, *Metaphysica*, A, 986a22~26, W. Jaeger, Oxford, 1957[『형이상학』, 김진성 역주, 이제이북스, 2007, 57~58쪽]). 이는 대립하는 사항을 존재하는 모든 것의 원리로 간주하려는 사유 방식인데, 아리스토텔레스는 피타고라스학파의 이러한 이항대립적 계열의 도식화를 발전적으로 계승하여, "반대개념 쌍난표의 한편에 있는 것은 다른 편의 결여개념(steresis)이며, 이 반대개념들은 모두 '존재'(on)와 '비존재'(me on), '하나'(hen)와 '여럿'(plethos)으로 환원되는 것이다. 예컨대 정지는 하나로, 운동은 여럿으로"(*Metaphysica*, Γ, 1004b27~29[156쪽])라는 중요한 지적을 했다. 이처럼 아리스토텔레스는 피타고라스학파가 생각했던 열 가지 원리로 구성된 쌍난표를 더욱 발전시켜 그것들을 "존재와 비존재", "하나와 여럿" 같은 보다 보편적인 개념으로 환원된 쌍난표를 제시한 것이다. 이에 따라 '존재', '하나', '실체' 같은 항으로 형성되는 한편의 "긍정적 난"(positive systoichia)과, 이것들의 "결여개념"으로 파악되는 '비존재', '여럿', '우유성' 같은 항으로 이루어지는 다른 편의 "부정적 난"(negative systoichia)의 구별은(Ross, *Aristotle's Metaphysics*, vol.2, p.376 참조) 후자에 대한 전자의 존재론적·가치론적인 절대적 탁월함 속에서 이후 더 강고히 고정화되어 가게 된다. 여기서 "부정적 난"이라 할 때의 '부정적'이라는 말이 의미하는 것은 그 자체에 내적인 종합의 원리가 결여되어 있다는 것뿐이다. 그러나 이 계열을 점유하고 있는 것은 결코 단순히 난잡한 것도 잡다한 것도 아니다. 이런 관점에서 말하면, 아리스토텔레스는 이러한 쌍난표가 지닌 가치 서열을 강화한 데 반해, 베르그송의 철학은 '하나/여럿' 혹은 '정지/운동'을 중심으로 하여 이 피타고라스·아리스토텔레스적인 고대 "쌍난표"의 가치전환을 이루고, '여럿'과 '운동' 그 자체를 '하나'와 '정지'와는 다른 종합의 원리를 갖는 하나의 자율적인 '다양체'로 다듬었다고 할 수 있을 것이다.

한 것은 이 '혼합물의 상태'를 분리함으로써 다양체의 두 가지 유형을 읽어 내기, 즉 '정도의 차이'(différence de degré)만 지닌 공간과 '본성의 차이'(différence de nature)의 장(場)인 지속이 각기 형성하는 다양체의 두 가지 유형을 구분하기다.[58]

예컨대 "운동에는 통과한 공간과 공간을 통과하는 행위, 계기하는 위치와 이 위치들의 종합이라는 구별해야 할 두 가지 요소가 있다". 그런데 이 요소들 중 각 쌍의 전자는 외연적이고 동질적인 '양'으로서 나타나고, 후자는 우리의 의식 속에서만 실재성을 갖는 '질'에 본질적으로 관계된다.[59] 이렇게 구별된 요소들을 베르그송은 '다양체'라는 개념으로 종합하여 철학에 도입한 것이다. '공간'과 '지속'이라는 개념으로 대표되는 이 두 개의 다양체는 그 개념들과 유사한 다른 개념들로 구성되는 두 계열 속에서 다양하게 나타난다. '정도의 차이'만 지닌 다양체는 "외재성, 동시성, 병치, 질서, 양적 차이의 다양체"로 나타나는 "불연속적이고 현실적인 수적 다양체"이며, '본성의 차이'로 이루어진 다양체는 "계기, 융합, 조직화, 이질성, 질적 구별의 내적 다양체"로 표현되는 "수로 환원 불가능한 잠재적이고 연속적인[분할 불가능한] 다양체"다.[60] 후자의 잠재적 다양체는 본질적으로 '지속'의 영역에 속하고, 분할될 때마다 그 척도를, 즉 그 수의 원리를 변화시켜야만 규정될 수 있는 것이지만, 역으로 전자의 현실적 다양체는 분할되어도 그 성질을 변화시키지 않는 불변적인 수

58) B, 22~24/36~39, 26/42~43; Henri Bergson, *Essai sur les données immédiates de la conscience*, pp.65, 90~92. *Œuvres*, pp.59, 80~82[『의식에 직접 주어진 것들에 관한 시론』, 최화 옮김, 아카넷, 2001, 113, 155~158쪽] 참조.
59) *Ibid.*, p.83. *Œuvres*, p.75[같은 책, 145쪽] 참조.
60) B, 30~31/48~49.

의 원리를 갖춘 것이다. 예컨대 '걷다'라는 공간을 통과하는 활동이 분할 불가능한, 혹은 분할될 때마다 그 성질을 변화시키는 연속적 다양체인 데 반해, '걸은 공간'은 분할 가능하고 계량 가능한 등질적 다양체다. 즉 '걷다'라는 속성(사건 혹은 동사)은 '달리다'나 '가볍게 뛰다'와 같은 속성으로부터 판명하게 혹은 형상적으로 구분되며, 분할되면 그 성질이 다른 것이 되어 버리는 **본성**을 표현하고 있지만, '걸은 공간'은 이러한 속성을 명석하게 하기 위해 수적 구분을 그 수단으로 사용하여, 본성이 분할되어도 그 성질을 변화시키지 않도록 **탈-본성화**(=현실화)된 것이다('탈-본성에서 탈-형성으로'에 관한 주. 우리의 과제로부터 말하면, 중요한 논점은 이러한 탈-본성화될 수밖에 없는 **본성**을 오히려 비-본성화하는 **다른 본성**을 찾아내는 것이다. 예컨대 '걷다'는 '달리다'나 '가볍게 뛰다'로부터 판명하게 혹은 형상적으로 구분된다. 그러나 이 '걷다'라는 막연한 속성을 '걸음' ── 그 이동 시간이나 거리, 보폭이나 경로, 공간 이동에 사용되는 근육의 움직임이나 중심의 이동 ──으로 환원한다면, 확실히 '걷다'라는 속성은 '걸음'으로서 고정화된 만큼 수적 구분을 동반하여 더욱더 명석하게 파악될 것이다. 그렇지만 '걷다'라는 속성은, 실은 이러한 명석함 속에서 그 고유한 사건의 성질을 잃기 때문에 ──왜냐하면 이제 여기서 '걷다'는 '달리다'나 '가볍게 뛰다'와의 사이에 정도의 차이만 갖는, 단지 통과한 공간을 이동하는 운동으로서만 파악되기 때문이다──그 형상적인 의미가 실재적으로 구분되지 않는 그저 모호한 관념으로 빠진다. 그러나 우리는 이 '모호한' 것 가운데에서 '걷다'로부터 '걸음'으로의 전개를 봉쇄함과 동시에 그 이상으로 이 '걷다'라는 속성을 변형시키는 힘들을 발견하는 경우가 있다. 즉 대체로 모든 외연성에서 이탈한 산보를 발생시키는 '명석하고-모호한' 걸음의 경험 ──하나의 선험적 경험[61]을).

그런데 문제는 이제부터다. 공간과 지속, 물질과 기억, 현재와 과거 같은 두 개의 다양체 사이에는, 어느 쪽이든 다른 쪽으로의 환원이 불가능하다는 의미에서, 그것들 간에 본성의 차이가 존재한다. 그러나 이 두 가지 경향 사이에 '본성의 차이'가 있다고만 해서는 충분하지 않다.[62] 왜냐하면 "차이는 그것이 전개되는 연장 안에서만 '정도의 차이'며, 다른 한편으로 이 연장 안에서 차이를 뒤덮으러 오는 질 아래서만 '본성의 차이'이기" 때문이다.[63] 즉 미분할된 혼합물의 상태에서 출발하여 공간과 지속이라는 두 방향 중 한쪽만이 '정도의 차이'를 갖고, 또 다른 한쪽만이 '본성의 차이' 속에 있다고 한다면, 이 두 방향 간의 차이를 '본성의 차이'라고 생각하는 것은 결국 우리를 다시 단순한 일원론으로 되돌리는 것이다. 공간과 지속으로 각각 표현되는 두 개의 다양체는 한쪽을 다른 쪽으로——특히 질을 양으로——환원하는 것이 불가능한 '다양'으로서 생각되어야만 한다(즉 '다양'이란, 외부의 일성 혹은 어떤 종합력에 의해 끊임없이 통일되기를 필요로 하는 "난잡한 것"Gewühle도 "잡다한 것"divers도 아닌,[64] 그 자신 안에 내적인 종합의 원리를 갖춘 '긍정적인 것'이다). 따라서 이 두 개의 다양체 사이에 본성의 차이를 상정할 수 없을지라도, 그 사이에 어떤 차이가 존재하는 이상, 서로 '환원 불가능'하다는 의미에서 '본성의 차이'가 말해질 뿐만 아니라, 바로 '정도의 차이'까지 긍정적으로 포괄한 '차이의 개념'을 형성하기가 여기서 요구되는 것이다. 그때 분명히 이 두 개의 다양체는 베르그송에게 "효력이 약해지고 보정된 이원론의 계기"

---

61) ACE, 100~101/156~158 참조.
62) B, 93~94/127~128 참조.
63) DR, 309/512.
64) Kant, *Kritik der reinen Vernunft*, A111[『순수이성비판』, 329쪽]; DR, 286/475 참조.

(강조는 인용자)로서 이해되지만, 문제는 이 성질이 서로 다른 다양체를 공존시킬 수 있는 '차이의 개념'을 적극적으로 도입하기, '정도의 차이'와 '본성의 차이'를 **공가능적**으로 종합한 '차이의 개념'을 형성하기다. 다시 말해 혼합물을 순수물질과 순수지속, 순수현재와 순수과거로 분할하는 "반성적 이원론"(dualisme réflexif)으로부터 곧바로 일원론을 향해 가는 것이 아니라, 그로부터 거울 저편의 또 다른 두 번째 분할을 통해, 즉 지속이 각 순간에 과거와 현재로 분할된다는 "발생적 이원론"(dualisme génétique)을 계기로 해야 비로소 베르그송의 '수축·이완'의 일원론에, 즉 '근거로서의 차이'에 이를 수 있는 것이다.[65]

그것은 '차이의 본성'이라는 개념이다. "지속, 기억 혹은 정신은 즉자적이고 대자적인 '본성의 차이'다. 그리고 공간 혹은 물질은 자신의 밖에 있으며, 우리에 대해 '정도의 차이'다. 따라서 이 두 차이 간에는 모든 '**차이의 정도**', 혹은 도리어 '**차이의 본성**' 전체가 존재하는 것이다."[66] 이로부터 들뢰즈는 "정도의 차이는 '**차이**'의 가장 **낮은 정도**이지만, 본성의 차이는 '**차이**'의 가장 **높은 본성이다**"(강조는 인용자)라는 중요한 결론을 이끌어 낸다. 즉 두 개의 다양체가 형성하는 이원론으로부터, 이것들을 '수축·이완'의 정도의 차이로서 공존시키는 일원론으로의 이행이 여기서 달성되는 것이다. 예컨대 시점(지각)과 시선(기억) 사이에는 순수한 '시각'(vision)의 무한히 많은 수축과 이완이 있을 뿐이다. 바꿔 말하면, 지속이라는 '잠재적 다양체'가 모든 '차이의 정도'의 공존인 '차이의 본성'으

---

65) B, 98~99/134 참조. 다시 말해 "반성적 이원론"이 잠재적인 것(지속)의 조건들을 본성의 차이로써 석출하는 데 있음에 반해, "발생적 이원론"은 이 조건들 속에서 잠재적인 것의 현실화 운동을 차이의 정도로써 구성하는 데 있다.

66) B, 94/128~129.

로 다시 정의된 것이며, 이 일원론은 결국 잠재적인 것의 '현실화'라는 형태로 모든 현실적인 것을 근거짓고, "생명의 약동"(élan vital)으로서 파악된 것이다. 이처럼 베르그송의 일원론은 '정도의 차이'와 '본성의 차이'에 의한 이원론이 '차이의 본성'으로 나아간 지속일원론이며, 또한 들뢰즈에 의해 이원론의 두 번째 유형으로서 스피노자와 함께 베르그송이 거명되는 이유는 다음 언명으로부터 이해할 수 있을 것이다. "지속은 물질이 가장 수축된 정도와 다름없으며, 물질은 지속이 가장 이완된 정도다. 그러나, 또한 지속은 '능산적 자연'과 같은 것이며, 물질은 '소산적 자연'과 같은 것이다." 나아가 이 지속의 표현적 "속성"으로서 '기억'이나 '생명의 약동'을 생각한다면, 스피노자에게서의 적용의 질서와의 대응 관계는 더욱 깊어질 것이다. 그렇지만 우리는 여기서 역으로 '다양체'라는 개념이 포기되고 있음을 보게 될 것이다.

6. 두 개의 다양체(2): 그 화해 불가능한 '생존의 양식'

'차이의 본성'은 다양체의 내적인 힘들을 쇠약하게 한다. 그것은 특히 잠재적 다양체만이 가질 수 있는 고유한 표현적 전개를 이완된 물질의 표층에서 행해지는 우리의 '말의 언어' 활동에 종속시킴과 동시에 이 한 방향으로만 그 전개를 목적론화하고, 이에 따라 이 다양체만이 가질 수 있는 관념의 표현적 언어 활동을 기존 혼합물의 표면에서 펼쳐지는 말의 지시적 언어 활동과 공존시키면서, '본성의 차이'를 '정도의 차이'를 근거짓는 원리로 만들어 낸다. 그 결과, 들뢰즈가 말하듯 이 다양체로서의 '관념의 언어' 활동 전부가 그 효력이 약해지고 중화된다. 그렇다면 처음부터 출발점이 잘못되었던 것은 아닐까. 반성적이든 발생적이든, 그 이원론의 벡터들은 끊임없이 '거울'의 표면을 향하고 있다. 출발점의 현실적 이미지가 그 잠재적 이미지와 서로 겹치고, 설령 그것들이 식별할 수 없게 될지라도, 그것은 어디까지나 '거울' 너머의 마주침이며, 안정화를 가져오는 하나의 분석 행위 이외의 그 무엇도 아니다.[67] 이것이야말로 바로 적용의 질서에만 특징적인 언어 사용이 아닐까. 바로 그렇기 때문에 들뢰즈는 푸코를 모델로 하는 이원론의 세 번째 유형을 제기하는 것이다. 처음부터 두 개의 다양체가 존재한다면, 그 양쪽을 어떠한 '통일성'으로 밀어붙일 수 없다는 한에서, 다양체는 늘 '다양체들'로 성립한다. 다시 말해 '다양체들'이란, 서로 "외재성의 형식"으로 파악되어야 한다는 것이다(다만 푸코와 달리 우리의 과제로부터 말하면, 이 외재성의 형식 ─ 예컨대 시대적 가능성에 대해 그 한가운데서 배분된 반시대적 실재성이 가질 수 있는 형식 ─ 을 계속해서 유지하는 것은 오직 **비판적 관계**에 의해서뿐이다).[68] 즉 다양체들은 그것들이 서로 환원 불가능하고, 어떠한 통일성으로도 회수되지 않는다는 조건 아래서만 비로소 사유되는 '비-통일성' 개념이다.

들뢰즈는 예컨대 "**하나의 임의의 다양체**"에서 출발하는 바디우를 비판하며 다음과 같이 기술하고 있다. "다양체들, 바로 처음부터 필요한 것

---

67) 이 '거울'의 역할을 연기하는 "[경험의] 결정적인 전환점"에 관해서는 Henri Bergson, *Matiére et mémoire*, pp.205~206. *Œuvres*, p.321[『물질과 기억』, 박종원 옮김, 아카넷, 2005, 308쪽] 참조. 들뢰즈는 이에 관해 다음과 같이 기술하고 있다. "[경험의] **전환점의 저편**까지 분기선을 따라간 후에 그 선은 교차하는데, 그것은 우리가 출발한 점에서가 아니라, 오히려 잠재적인 점, 출발점의 잠재적 이미지 속에서다. 이 잠재적 이미지는 경험의 전환점 저편에 있으며, 결국 우리에게 사물의 충족 이유, 혼합물의 충족 이유, 출발점의 충족 이유를 부여한다"(B, 20/33). "모든 대상은 이중적이고, 그 두 개의 반쪽은 서로 유사하지 않은데, 한쪽은 잠재적 이미지, 다른 쪽은 현실적 이미지다. 두 개의 비대칭적이고 부등한 반쪽"(DR, 270~271/451~452). 또한 이 두 가지 이미지의 식별 불가능성에 관해서는 CII, 109~110/166 참조.
68) F, 89~90/129~130 참조.

은 두 가지, 즉 두 가지 유형의 다양체다. 그렇다고 해서 이원론이 통일성보다 좋다는 것은 아니지만, 다양체는 바로 두 가지 '사이'에서 생기하는 것이다. 따라서 그 두 가지 유형은 분명 한쪽이 다른 쪽 위에(au-dessus) 있는 것이 아니라, 한쪽이 다른 쪽 옆에(à côté) 있거나 혹은 한쪽이 다른 쪽에 맞서(contre) 있으며, 또한 서로 마주 보고(face à face) 있거나 혹은 등을 맞대고(dos à dos) 있을 것이다."[69] 이 '사이'는 환원이나 근거짓기와 같은 중립적인 관계에 따라서는 결코 표상적으로 파악되지 않는다. 다양체에서의 "적용의 질서"는 베르그송과 같이 이원론을 넘어 그 통일을 향해 한쪽의 다질적 다양체가 다른 쪽의 동질적 다양체의 이유가 될 뿐만 아니라, 혹은 이 두 개의 다양체를 통일성이라는 '사이'의 특수하고 순수한 극한적 유형으로서 양립시킬 뿐만 아니라, 그와 동시에 그 두 개의 다양체 '사이'에 있는 무한히 많은 '차이의 정도'를 공존 가능하게 한다. 다양체에 관한 이런 구도는 적용의 질서 아래에서 생각되는 한 불가피하다. 이는 스피노자에게조차 그렇다. 신은 "존재〔있음〕가 말해지는" 모든 것의 '내재적 원인'이고, 여기서는 완전성의 개념에 의해 기쁨의 감정뿐 아니라 슬픔의 감정까지 근거지어지며, 이에 따라 그것들은 어디까지나 긍정되게 된다(이는 '정적 발생'의 가장 큰 특성 중 하나이기도 하다). 바꿔 말하면, 기쁨의 감정과 슬픔의 감정 간의, 즉 신체 혹은 정신의 활동역능의 증대와 그 감소 간의 '본성의 차이'는 적용의 질서 속에서는 결코 발견되지 않으므로,[70] 다른 실재성을 낳는 그 이행 방향들의 '본성의 차이'는 동

---

69) QP, 144/218.

70) SPE, 266/387 참조. "반대로 일반성이 가장 높은 공통개념은 모든 물체에 적용된다. 따라서 그것들은 서로에게 대립하는 매우 상이한 물체들에 적용된다. 그러나 우리의 신체와 일치하지 않는 어떤 물체에 의해 우리 안에 산출된 슬픔, 대립감정은 결코 공통개념을 **형성할**

일선상의 단순한 상하운동과 같은 '정도의 차이'—'더 큰' 혹은 '더 작은'—로만 간주되는 것이다. 형성의 질서로부터 다시 말하면, 스피노자가 말하는 활동역능의 감소란, 이 '사이'가 소실해 가는 과정의 다양체며, 그에 반해 활동역능의 증대란, 거기서 더 많은 것이 이 '사이'에서 생기하는 다양체다.

적용의 질서 속에서 '작용인'은 "존재(있음)가 말해지는 것" 모두를 결과로서 산출하고 있는 원인이며, 그와 동일한 의미에서 잠재적인 것은 현실적인 것의 기원이자 근거다(현실화란, 이런 의미에서의 '하고 있는'이며, 부정사절에서 분사절로의 운동이다). 예컨대 스피노자에게 적용의 질서 속에서는 더 작은 완전성에서 더 큰 완전성으로의 이행(기쁨의 감정)과 그 반대 방향의 이행(슬픔의 감정) 사이에 있는—'정도의 차이'가 아니라—'본성의 차이'가 무시되어 버리는 것과 마찬가지로, 잠재적인 것의 '현실화'에서는 단순한 표상적 현재와 현실적인 것이 완전히 동일시되어 버리는 것이다. 그러나 '다양체'는 바로 이원론의 세 번째 유형 속에서 사유되어야 한다. 서로 환원 불가능한 두 개의 다양체 사이에 "외재성의 형식"을 상정하는 것은[71] 표상적 '현재'(présent)와 현실적 '지금'(maintenant) 사이의 본성의 차이에 관해 문제 제기하는 것을 의미하기 때문이다. 문제는 스피노자가 말하는 어떠한 가능성의 틀(즉 '선·악'이나 '참·거짓'으로 대표되는, 도덕을 배후에 두는 유비적인 조건들)과도 화해할

기회가 되지 않는다." 이 언명을 이용해서 말하면, 베르그송의 이원론의 출발점은, 실은 어떤 의미에서 이 슬픔에 대응한 혼합물이라는 것이다. 베르그송에게 이러한 '정감'(émotion)이 비록 "우리 안의 신"이며, 또한 아무리 "창조적"이었을지라도, 혼합물을 공유하는 여러 선들은 결코 불공가능적으로 발산하지 않고, '거울' 저편의, 출발점의 잠재적 이미지 속에서 예정조화적으로 수렴하며 교차한다(B, 116~118/155~158 참조).

71) F, 90/130 참조.

수 없는, 그것과는 불공가능적인 것이 생성하는 시간, 즉 크로노스의 시간 질서 속에 '생성의 지금'이라는 이름의 '사이'를 낳는 것이다. 생성이란, 순환운동의 수로서 규정되는 크로노스적 시간에 의존하지 않고, 그 크로노스의 시간을 잘게 끊는 '사이-시간'(entre-temps)의 실재성이기 때문이다.

"새로운 것, 흥미로운 것, 그것이 현실적인 것이다. 현실적인 것은 우리가 (현재) 있는 그대로가 아니라, 우리가 생성해 가는 것, 우리가 생성하고 있는 것, 즉 '다른 것', 우리의 '타자-되기'다."[72] 형성의 질서 속에서 다양체의 두 유형 간 차이는 현재와 과거의 구별이 아니라, 현재적인 것과 현실적인 것의, '표상적 현재'와 '생성의 지금'의 구별에 입각해야 한다. '현재'란, 우리가 현재 그대로 있는 것, 이런 의미에서 '생성하기[되기]'를 아주 그만둔 것이다. 이에 반해 '타자-되기'란, 단지 다른 현재적인 것이나 다른 현실적인 것으로 이행하기(예컨대 주체화의 무제한적인 과정)를 가리키는 것이 아니라, 어떤 '잠재적인 것-되기', '지각 불가능한 것-되기', 즉 다른 '생존의 양식'을 의미한다. 이 점이야말로 능력들의 초월적 실행에 본질적으로 내포된 문제이며, '역-식' 내에서의 "명석한 것"과 "판명한 것" 사이에 성립하는 '반비례 원리' 속에서 현실적인 것으로부터 잠재적인 것의 동적 발생을 묻는 '반-효과화'의 문제다. 왜냐하면 현실적인 것에서 혼잡한 형태, 즉 비-판명한 형태로만 포함될 수 있는 판명한 것을 '역-효과화하는' 것은 단지 조건지어질 뿐인 '표상적 현재'로부터 비판적으로 구별되는 '생성의 지금'이기 때문이다. 적용의 질서 속에서의 잠재적인 것은 현실적인 것과 재현적인 것을 무차이적으로 근거짓는 특성을 갖는

---

72) QP, 107/164.

데, 이 경향 때문에 사람들은, 예컨대 베르그송의 '지속'이라는 다질적 다양체를 '공간'이라는 등질적 다양체의 기원으로 간주하고, 그 발생의 근거라 생각해 버리는 것이다. 그러나 이 다질적 다양체의 전개는, 그것이 잠재성에서 현실성으로의 일방향적 설명=전개 이상의 존재론적 가치를 지닌 이상, 등질적인 공간화에 한정되거나, 거기서 피로해지지는 않는다. 하지만 이를 위해서는, 즉 이러한 전개가 꼭 등질적 '연장화'(延長化)를 의미하지 않는다는 것을 보여 주기 위해서는 다른 출발점이 필요하게 된다. 이 새로운 차원을 여는 것, 즉 현실화의 운동과는 전혀 다른 속도를 가지는 실재성을 재-개할 때의 출발점이 되는 것은 이제 베르그송적인 혼합물이 아니라, '명석하고-모호한' 것의 영역이다.

7. 잠재적 '관념'의 도식론

'관념'은 그 자체로 차이화하는 다양체다. 여기서는 이것을 구체적으로 규정하도록 하자. 우리가 이제까지 논해 온 선험적 경험론에서의 능력들과, 그것들을 초월적으로 실행시키는 관념과의 관계는, 단적으로 말해 능력들 그 자체가 이 관념의 "도식"인 관계다. 왜냐하면 초월적으로 실행된 능력들은 관념이 전개될 때의 그 불공가능적인 작용의 형상(=동사)이 된다는 의미에서 관념의 개념작용, 표현 활동 그 자체이기 때문이다. 칸트와는 다르지만,[73] 들뢰즈는 어떤 의미에서 "도식론"에서 매우 큰 가능성

---

73) 칸트의 '이념의 도식'에 관해서는 Kant, *Kritik der reinen Vernunft*, A665=B693[『순수이성비판』, 827~828쪽], A681~682=B709~710[839~840쪽], A699=B727[852쪽], A833=B861[955~956쪽] 등을 참조.

을 보고 있다. "칸트의 도식이 표상의 세계에서 단순한 매개의 상태로 이 도식을 축소하는 범주들에 부당히도 종속된 채로 있지 않다면, 도식은 그로부터 비상하여 차이적=미분적인 '관념'의 개념작용을 향해 자신을 넘어설 것이다."[74] 능력들의 초월적 실행이란, 능력들 그 자체가 이 잠재적 다양체인 '관념'의 한 도식이 되어 실재적 경험을 산출하는 작용이라 할 수 있다. 하지만 주의해야 할 것은, 그것은 잠재적인 것의 '현실화'로서의 도식 기능을 다시 표현하는 것이 아니라, 잠재적인 것의 전개 혹은 그 발생을 동시에 언명하는 것이라는 점이다. '관념'의 경험론은 단지 우리가 기존의 감성적 소여와 마찬가지로 관념을 느끼고 경험한다는 것을 주장하는 것이 결코 아니라, 어떻게 하면 우리 자신이 바로 그 관념의 '실재적 정의'에서의 발생적 요소 안에 몸을 둘 수 있을지를 문제로 하는 것이다.

한편 칸트에게서는 구상력만이 도식의 기능을 맡고 있었는데, 여기서는 모든 능력의 작용 그 자체가 '관념'의 도식이 된다.[75] 왜냐하면 도식은 여기서는 '전해야 할 것'만을 능력들에 전하는 소통(공통화)으로 생성·변화하기 때문이다. 이러한 도식작용으로서의 작용을 다양체와의 관계 속에서 밝히기 위해, 먼저 칸트의 도식론을 논하기로 한다. 그 예로 "양"의 범주에 관한 "도식론" 및 "원칙론"을 들도록 한다. 순수오성개념으로서의 "양"(quantitas=규정하는 양)은 현상을 "객관"으로 규정하는 것을

---

74) DR, 365/596~597.
75) '표현되어야 할 것'으로서의 특이한 대상들에 의해 '자동적'(automatique)으로 그 표현적 내용의 면으로부터 초월적 실행으로 밀려난 능력들은 서로 발산하는데, 이 발산을 예컨대 "자아"에 의한 통일성으로 회수하지 않고 그대로 긍정하기, 그것이 관념의 언어 활동 내에서의 비-도식적 '공통화'로서 능력들을 재생산하기—다시 말해 관념이 지닌 역-식의 논리에 따라 '자율적'(autonome)으로 형상적인 존재를 능력들에 부여하기—다(DR, 249~250/418~420; SPP, 106~107/118~119 참조).

가능케 하는 첫 번째 관점이다. 그렇다면 그때 순수직관의 다양은 어떻게 해서 감성적 직관에 주어질 수 있는 "수량"(quantum＝규정되는 양)이 되는 것일까. 여기서 칸트는 경험론적인 '관계의 외재성'의 계기를 활용하여, 외연량에 의해 표시되는 부분들의 상호 외재성의 관점으로부터 기하학적 도형을 '실재적 정의' —예컨대 작도라는 행위를 최근원인으로 하여 —아래서 파악하려는 듯 보인다.[76] 왜냐하면 직관에 부여되는 "수량"이 시간 속에서 규정적으로 생기는 것은 의식의 통일에 따라, 즉 "수" (Zahl)라는 시간적 도식에서 유래하는 규칙(시간 계열)에 따라 공간적 직관 속에서의 연장적인 다양성을 시간 속에서 동종적(同種的)으로 파악할 때, 즉 부분을 하나씩 차례로 부가하는 조작을 가능케 하는 동종적인 모멘트로 이 다양성을 변형시킬 때이기 때문이다.[77] 따라서 이에 따라 모든 도형은 경험적 위상 속에서의 아포스테리오리한 '실재적 정의' 아래에서 아프리오리한 종합적 인식으로서 파악된다. 즉 정의되어야 할 도형을 '작도에 의해' 발생시킴과 동시에, 그 도형이 지닌 다양성을 도식화된 아프리오리하고 등질적인 '셈법'에 의해 종합한다는 것이다. 바꿔 말해 이 의미는, 종합적 통일은 반드시 '직관의 다양' 안에서의 통일이라는 것이다. 칸트에게 그 통일은 경험적인 "각지(覺知)의 종합"에서도, 지성적인 "통각(統覺)의 종합"에서도 항상 '직관의 다양' 안에서 행해지는 것이다.[78] 그러므로 직관의 다양한 부분들이 서로 완전히 외재적이게 되며, 이런 의미에서 아포스테리오리함의 정도가 높으면 높을수록 대상의 객관적 구성의 아프

---

76) Kant, *Kritik der reinen Vernunft*, A162~163=B203 [『순수이성비판』, 397~398쪽] 참조.

77) Alexis Philonenko, *L'œuvre de Kant: La philosophie critique I: La philosophie précritique et la Critique de la Raison pure*, Vrin, 1969, pp.194~195 참조.

78) Kant, *Kritik der reinen Vernunft*, B162 Anm. [『순수이성비판』, 368쪽] 참조.

리오리한 필연성은 더욱 확실해진다(바로 인식의 내부로부터 달성된 합리론과 경험론의 완벽한 통합이다). 부분들의 상호 외재성(partes extra partes)은 일반적으로 부분인 소여로서의 관계항에 대해 관계 그 자체가 외재적임을 분명히 하는데, 이는 외연량의 경우 이러한 외재적 관계의 영역을 '시-공' 연관 전체의 **아프리오리한 잠재적 구조**로서 명확히 하는 것이다. 즉 "전체를 정의해야 한다면, 그것은 '관계=연관'(Relation)에 의해 정의될 것이다. 관계는 대상의 특질인 것이 아니라, 관계항에 대해 늘 외재적이기 때문이다".[79]

"수"와 "수량"(Größe)은 명확히 구별되어야 한다. 헤르만 코헨은 "수는 시간 속에서, 또한 시간과의 관계에서, 즉 형성되고 있는(sich bildend) 다양성의 형식과의 관계에서 생겨난다. 그에 반해 수량은 이미 생긴(einmal entstanden) 수적 통일로서, 공간에서의 다양성의 통합 안에 다시 기입되는 것이다"[80]라는 방식으로 "수"와 "수량"을 적확히 구별하고 있다. 도식론에 의하면, 오성개념으로서의 "양"(quantitas)의 순수도식은 "수"이며, 그러므로 감성적 직관으로서의 "수량"(quantum)은 공간에 이 도식으로서의 "수"를 적용한 결과와 다름없다. 칸트에 따르면, "수"는 우리가 직관을 각지하면서 규정된 등질적 시간 그 자체를 산출함으로써 동종적인 직관 내에서의 다양성을 종합·통일하는 '작용'이다.[81] 즉 습관 속의 반복으로부터 차이를 뽑아내는 것이 아니라, 직관의 다양으로부터 **최대의 반복 가능성**을 뽑아내는 것이다. 그러므로 다시 말

---

79) CI, 20/24.
80) Hermann Cohen, *Kants Theorie der Erfahrung*, Berlin, 1871, 3rd ed., 1918, pp.530~531 참조.
81) Kant, *Kritik der reinen Vernunft*, A142~143=B182[『순수이성비판』, 382쪽] 참조.

해 "양"의 범주에 대응하는 "선험적 도식"으로서의 "수"는, 말브랑슈의 말을 빌리면 "헤아리는 수"(nombre nombrant)이며, 이에 반해 감성적 직관 내에서의 "양"은, 선험적 관점에서 말하면 "헤아려지는 수"(nombre nombré), 경험적 관점에서 말하면 "헤아린 수"가 될 것이다.[82] 바로 적용의 질서에 합치하듯이, 서로 외재하는 부분들은 동종적인 것을 하나하나 계시적(繼時的)으로 부가해 가는 것이 "포괄하는 하나의 표상"인 "수"에 내재하는 한에서만, '헤아려지는 수' 혹은 '헤아린 수'로서 파악되는 것이다. 그러나 결국 이 '헤아리는 수'는 '헤아려지는 수'를 동종적 모멘트의 요인으로 사용하여, '헤아린 수'라는 결과를 산출하는 원인 혹은 근거로 그것들의 배후에서 작용한다. 이 경우의, 즉 개념의 적용 속에서의 '헤아리는 수'는 반복으로부터 최소의 차이만을 뽑아낸다는 의미에서 최대의 반복 가능성이며, 또한 개념의 동일성을 전제로 하여 그에 따라 최소의 개념적 차이(수적 구분)를 어떤 것 사이에 아로새기는 매개자다.

하지만 '헤아리는 수'는 순수오성개념으로부터, 혹은 공통감각 내에서의 능력들의 협화적 일치로부터 분리되고, "양"(quantité =quantitas) 과 "크기"(grandeur =quantum) 간의 매개적 기능으로부터 해방된 도식으로서, 따라서 적용이 종속이 아닌 반-효과화(=자유)를 의미하는 한에서 '관념'의 비-도식적 공통화로 파악될 필요가 있다. 왜냐하면 도식이란, 동일성을 전제로 하지 않는 이질적인 '다른 것'과의 공통화 방식이기 때문이다. 들뢰즈는 이러한 '헤아리는 수'와 '헤아려지는 수'라는 개념을 사용하여, 이미 언급한 다양체의 두 가지 유형을 특징짓는다.[83] 그 경

---

82) Léon Brunschvicg, *Les étapes de la philosophie mathématique*, 1912, new ed., 1993, A. Blanchard, pp. 130~132 참조.

우에 '헤아리는 수'는 계량이 불변적 원리를 갖추고 있는 "'크기'의 다양체"——이것은 '헤아려지는 수' 혹은 '헤아린 수'에 관계된다——가 아니라, 그 계량이 분할과 함께 변화하는, 즉 분할할 때마다 그 척도와 분할되는 것의 성질이 변하는 "'거리'(distance)의 다양체"에 관계된다. 다만 이 분할은 분할 불가능성 속에서의 분할이며, 그러므로 여기서 어느 단계의 분할은 그 이전의 분할에 대해서도 그 이후의 분할에 대해서도 처음부터 '분할'의 의미를 갖지 않는다. '헤아리는 수'는 칸트처럼 "크기"라는 외연량, '헤아린 수'에 관계되는 것이 아니라 오히려 감관 내에 감성을 낳고, 그 감성을 초월적으로 실행시키는 이른바 "고유 수"(nombre propre)——'고유 명'(nom propre)에 필적하는[84]——로서의 '강도'에 관계됨과 동시에, 그것을 헤아리는 활동이다. 따라서 '거리'는 그 사이의 차이를 부정해야 할 것으로 파악하면 하나의 대립으로 나타날 수밖에 없지만, 그 차이를 긍정해야 할 것으로서 바로 긍정의 대상이라 생각하면 내포적인 '강도의 차이'를 의미하기 시작하는 것이다.[85] 왜냐하면 거리란, '사이'의 실재성을 보

---

83) MP, 602~609/921~930에 실린 '수학적 모델'(Modèle mathématique) 절 참조.

84) 스피노자는 이러한 의미에서의 '고유 수'에 관한 문제를 언급하고 있다고 할 수 있다(『에티카』 1부 정리 8 주석 2, pp.50~51[28~29쪽] 참조). 또한 스피노자는 사람들의 대부분의 오류가 사물을 올바른 이름으로 부르지 않는 점에 있다는 것도 기술하고 있다(2부 정리 47 주석, p.128[136쪽] 참조). 정신 안에서만 생기하는 것, 다시 말해 비-물체적 사건은 올바른 이름으로 불려야만 한다. 왜냐하면 사건은 정신 안에서만 전개되고 설명되는 사물의 작용의 형상이기 때문이다. 즉 정신 안에서 '지시되는 것'은 단지 표상되는 것이 아니라 스스로를 표현하는 것이며, 그 '표현'은 무엇보다도 사건으로서 그 사물 자신이 고하는 이름이기 때문이다.

85) DR, 302~303/501~503; LS, 202~203/294~295 참조. "서로 다른 것들의 적극적인 거리가 문제다. 즉 두 개의 서로 반대인 것을 동일화하기가 아니라, 그것들을 '서로 다른 것'인 한에서 상호 관계시키는 것으로서 그것들 간의 거리를 긍정하기가 문제인 것이다. 거리로서의 적극적 거리(취소되는 혹은 건너뛰어지는 거리라는 것이 아니다)라는 관념은 우리에게 본질적인 것처럼 생각된다"(LS, 202/294).

여 주는 정도이기 때문이다. 혹은 바꿔 말한다면, '헤아리는 수'란 헤아리기의 초월적 실행이고, 그것은 수적 구분 속에서 어떤 근소한 실재적 구분을 헤아리려는 노력이며, '고유 수'의 발견이다. 예컨대 진드기의 세 가지 감응(힘), 스피노자의 두 가지 속성(동사), 아담의 네 가지 특이성(사건), 도메니코의 물(水)의 수 "1+1=1"(물질에 내재하는 부등한 것의 등식).

이처럼 '헤아리는 수'는 그것이 강도적인 성질을 갖는 한, "헤아려지지 않고 공간을 차지하는" 다양한 것에 관해 말할 수 있는 '고유 수'에 관계되는데,[86] 주의해야 할 것은 형성의 질서 속에서 생각하면 '헤아리는 수'는 단지 '헤아려지는 수'나 감성의 대상인 수량을 향한 현실화의 작용이 아니라는——즉 '헤아린 수'를 형성하기 위한 도중에 있는 형성 과정의 수가 아니라는——점이다. 적용의 질서 속에서만 '헤아리는 수'는 '헤아려지는 수'를 인수로 하여 '헤아린 수'를 산출하고, 이에 따라 두 개의 다양체 사이에는 작용인에 의한 인과관계와 그것에 의한 통일이 상정된다. 그러나 들뢰즈가 말하고 싶은 것은 아마도 '헤아리는 수'는 이 사항들 모두를 배반한다는 것이리라. 그것은 예컨대 순수한 기하학적 개념으로서의 "원"과 경험적 개념으로서의 "접시"를 매개하는 "둥긂"(Rundung)이라는 단순한 중간자로부터 비상하여 그 독자적인 자율성('둥긂-강도'라는 관념의 언어 활동——'동그라미'를 둘러싼 말의 언어 활동이 아니라——)을 획득하고, '둥긂' 그 자체의 강도(감응) 혹은 '둥긂'의 속성들(사건으로서의 '둥글어짐'——예컨대 "원이 '둥글어지다'", "그의 성격이 '둥글어지

---

86) MP, 447/693, 460/712, 484/749 등 참조. "공간에 대한 수의 독립은 수의 추상성에서가 아니라, 그 자체로 헤아려지지 않고 접해진다는 매끄러운 공간의 구체적 본성에서 유래한다" (MP, 484/749). 또한 '고유 수'라는 말이 사용되는 것은 MP, 509/785에서다.

다'"——혹은 감각적 사물을 공구류를 사용해 실제로 '둥글게 함')을 실재적
으로 구분하는 것이다.[87] 관념을 '차이의 개념'으로서 형성하려면, 결코
한쪽이 다른 쪽 위에 있는 것이 아니라, 오히려 한쪽이 다른 쪽 옆에 등
을 맞대고 대립한 형태로 공립하는 화해 불가능한 두 개의 다양체를 정의
함과 동시에, 그 한쪽의 표상적 현재로부터 비판적으로만 구별될 수 있
는 다른 편의 현실적인 것, 즉 '명석-판명한 것'으로서의 현재와는 구별
되는, 모호한 형태로 '비-현실적인 것'을 내포하는 현실적인 것을 기점으
로 할 수밖에 없다. 이러한 '비-현실적인 것'(모든 가치의 가치전환)을 잠
재성 내에서의 '판명하고-애매한 것'으로서 형성하는 것은, 현실화를 강
조하는 적용의 질서 속에서 잠재적 다양체를 생각하는 것이 아니라, 잠재
적으로 다양한 것을 어떻게 형성할까라는 형성의 질서를, 즉 그 잠재적인
것들 자체의 발생(동적 발생)을 문제 제기하지 않고서는 불가능하다.[88]
그것은 예컨대 민중의 잠재적 힘들을 코드화된 기존의 모든 정치형태로
현실화하고 집결시키는 것이 아니라, 자신에게 생기하는 사건의 수, 혹은
자신에게 고유한 속성의 수를 헤아리는 것으로부터 실험적으로 만들어
진 '민중'의 관념(차이적=미분적인 다양체로서의)을 도깨비불과 같은 무
수한 힘들에 전달하고, 그에 따라 생기를 띤 소수자의 부분들을 결합하
는 것이다. '비-현실적'이란, 단순한 미전개를 나타내는 말이 아니라, 표상으
로부터 결코 열 수 없는, 그것과는 불공가능적인 다른 실재성('좋음·나쁨'과
'비-진리'를 삶의 조건으로 하기)을 긍정하기 위한 어떤 반시대적 사명——칸

---

87) Kant, *Kritik der reinen Vernunft*, A137=B176[『순수이성비판』, 378쪽]; MP, 507~
508/783 참조.
88) SPP, 128/142 참조. "『에티카』의 2부가 공통개념의 논리적 적용의 질서에 머물러 있는 데
반해, 5부의 서두에서 스피노자는 그 형성의 질서 혹은 발생을 제시한다."

트와 같이 예-정된 도덕적 존재로의 능력들의 초감성적 사명이 아니라——을 보여 주는 것이다.

능력들은 그 자체가 '헤아리는 수'에 의해 파악되는 반복적 작용인 한, 단지 '헤아려지는 수'를 대상으로 하여 '헤아린 수'를 산출하는 그 경험적 사용 아래에서 이해되어서는 안 된다. 도리어 관념이라는 잠재적인 '차이의 개념'을 어떻게 형성할까라는 문제-틀 속에서 생기는 차이와 반복이야말로 우리에게 능력들의 초월적 실행을 이해시키는 것이다. 왜냐하면 그때 우리는 "각 능력의 근원적 차이와 각 능력의 영원한 반복, 각 능력의 작용의 순간적 산출과 각 능력의 대상의 영원한 반추와 같은 각 능력의 차이적·반복적 요소, 각 능력이 이미 반복하면서 태어나는 방식"에 비로소 직면하기 때문이다.[89] 초월적으로 실행된 능력들은 실재적 경험의 내적 발생 조건으로서 '관념'의 비-도식적 공통화의 작용을 갖는 한에서만 존재하는 것이다. 만일 도식이 이에 관계된 모든 것에 어떤 생성도 부여하지 않는다면, 여기서 말하는 '비-도시(圖示)'는 오히려 적극적인 의미에서 생성에 관해서만 말할 수 있는 '공통화'를 나타내고 있는 것이다. 실재적 경험이 과연 '실재적'이라고 할 수 있는 것은, 끊임없이 이 관념을 자신의 '발생 원리'로 한다는 적용의 관점에서가 아니라, 오히려 '차이의 개념'으로서의 관념의 형성을 가능케 한다는 이유에서며, 또한 그 이상으로 능력들의 초월적 실행에 따라 이러한 경험이 자신의 조건의 발생적 요소들이 되기 때문이다. 가능적 경험과 실재적 경험의 차이는 바로 이 점에 있다. 현재의 조건들을 변화시키기 위한 사유를 촉구하는 선험적 경험론, 그것은 능력들이 초월적으로 실행됨으로써 '관념'도 수동한

---

89) DR, 186/319.

다고 주장하는 경험론을 제기하는 것이 아니고, 바로 그 '관념'을 그 잠재성을 향해 역-전개할 수 있는 힘을 가진 경험론, 즉 '차이의 개념'으로서 관념을 형성하는 '경험=실험'을 긍정하는 하나의 에티카다.[90]

---

90) '반-효과화'의 의의를 가진 형성의 질서의 선 위에는 "오직 하나, '실험-생'(expéri-mentation-vie)밖에 있을 수 없다"(D, 59/94).

2부

존재의 전환

4장 · 존재의 일의성의 '실재적 정의'

1. '존재'라는 일의적인 것에 관하여

눈이나 귀에 의한 외부세계와의 다의적 교섭에 앞서, 이미 호흡의 리듬이 우리의 '하나의 삶'을 형태짓고 있다. 마찬가지로 호흡은 맛 보기나 냄새 맡기로부터도 구별되고, 그것들에 앞서 있다. 그러므로 '호흡'(respiration)에 의해 존재가 전해질 때, 그것은 단 하나의 목소리를 그 존재에 불어넣는 '숨'(souffle)이 되어, 호흡의 효과로서의 다양한 목소리를 긍정하게 된다. 그러므로 숨은 우리에게 참된 감성론(선험적 경험론)과 참된 존재론(존재의 일의성)을 이미 준비해 주고 있다고 할 수 있다. 숨(혹은 호흡)에 대립하는 것은 한편으로는 감성을 질식시키고 하나의 삶을 쇠약하게 할 뿐만 아니라, 진리와 동시에 그 진리의 복제세계도 날조하는, 회의(懷疑)와 지성의 자발성이라는 신화다. 이러한 숨은 도덕을 배후에 두는 능력들의 공통감각적 조직화──예컨대 범주의 다의적 구성과 감성의 일의적 수용──에 대응하는 기관들의 유기적 조직화에 대항하여 획득되어야 할, 기관들을 강도적인 지도상에서의 종합체에 귀속시키는 것, 즉 '탈기관체'의 역동적 속성이다. 지금까지 내가 논해 온 반-도덕주의

로서의 '에티카'에서 능력들의 실행과 감각은, 바꿔 말하면 존재에 하나
의 목소리를 불어넣는 숨에 의해 이끌린 차이적＝미분적 관념의 종자적
로고스라고 할 수 있을 것이다. 여기서는 거의 침묵과 다름없는 이 하나
의 목소리가 '존재'에 가져오는 변혁을 선험적 '차이' 속을 흐르는 일의적
'존재'로서 논구해 가고 싶다.

　　"이제껏 '존재는 일의적이다'라는 존재론적 명제밖에 없었다. 유일
한 존재론, 존재에 단 하나의 목소리를 부여하는 둔스 스코투스의 존재
론밖에 없었다"고 들뢰즈는 말한다. 그리고 이 유일하고 동일한 '목소리'
는 실은 파르메니데스에서 하이데거까지 몇 번이나 반복되어 온 것이며,
"단 하나의 목소리가 존재의 함성(clameur)을 창출하는 것이다".[1] '존재
는 일의적이다'라는 단순한 언명이 들뢰즈의 모든 철학적 주장에 관계하
며, 이 언명의 다양한 변이적 표현(패러·그래프)이 새로운 선험철학을 형
성하고 그 내재성의 철학을 구성하는 것은, "존재의 일의성"이 '에티카'
이외의 그 무엇에도 관계하지 않기 때문이다. '차이'를 사유의 대상으로
하려면, 즉 "동일한 것"을 생각하는 것과는 **다른 방식으로**──동일성을 전
제로 하지 않고──'차이'를 사유하려면 '일의성'이라는 개념이, 혹은 그
이상으로 '일의성'에 관한 문제-틀이 불가결하다. '차이'를 동일성의 파
생개념이나 종속개념으로서, 즉 부정적인 것으로서가 아니라 바로 긍정
적인 것으로서 파악하려면, 동시에 '일의성'의 개념이 불가결하다는 것이
다. '일의성'이란, 차이에 **대해서** 무차이적인 것(예컨대 초월적 일반자, 아
리스토텔레스의 부동의 동자)의 특성이 아니라, 차이에 **관해서만** 말해지는
동일한 것(예컨대 영원회귀, 스피노자의 신)의 본질이다. 이러한 의미에서

---

1) DR, 52/101 참조.

'차이'의 담론을 형성하는 것이 바로 "'존재'의 일의성"이 갖는 '에티카'의 논리를 전개하는 것이 된다.

스코투스의 이름과 함께 느닷없이 '존재의 일의성'이라는 말이 처음으로 들뢰즈의 저작에 등장하는 것은 『차이와 반복』에서인데, 거기서 '존재의 일의성'에 관한 가장 근본적인 정의는 다음과 같다. "'존재'(Être)는 '존재'〔있음〕가 말해지는 모든 것에 관해 유일하고 동일한 의미에서 말해지지만, '존재'〔있음〕가 말해지는 것은 서로 다르다. 즉 '존재'는 차이 그 자체에 관해 말해지는 것이다."[2] '존재'는 복수의 범주 속에서 "다의적으로"(aequivoce) 말해지거나 다른 모든 것에 대해 특권적인 탁월성이 부여된 어떤 하나와의 관계에서 "유비적으로"(analogice) 말해지는 것이 아니라, '차이' 그 자체에 관해 동등하게 "일의적으로"(univoce) 말해지는 것이다. 모든 다양한 목소리에 대한 단 하나의 '목소리'며, 그 다양한 목소리들을 단지 긍정할 뿐만 아니라 실재화하는 '목소리', 그러므로 오히려 침묵과 같은 이 유일하고 동일한 '목소리'(=일의적 침묵)[3], 이 일의적 '존재'에 들뢰즈는 먼저 명제를 모델로 사용하여 접근하려고 한다.

명제에서는 일반적으로 다음의 세 가지 차원, 즉 "의미"(명제에서 '표현되는 것'), "지시되는 것"(명제에서 '자신을 표현하는 것'), 그리고 "표현

---

2) DR, 53/103. 또한 MP, 311/483 참조.

3) LS, 349/472 참조. 일의적 '존재'를 모든 사건에 대한 유일하고 동일한 사건이라 생각하고, 또한 사건이 항상 동사에 의해서만 표현된다는 것을 거기에 덧붙인다면(Emile Bréhier, *La théorie des incorporels dans l'ancien stoïcisme*, Vrin, 1928, p.12 참조), 이 유일하고 동일한 '목소리'는 모든 동사에 필연적으로 동반하는 한편, 그 동사들에 절대적으로 침묵한 일의성의 목소리를 불어넣는 — 예컨대 데리다가 말하는 — "선험적 부사성"(adverbialité transcendantale)으로서의 'oui'다(Jacques Derrida, *Ulysse gramophone*, Galilée, 1987, pp.124~125 참조). 다만 들뢰즈의 경우, 스피노자가 그러하듯이 이러한 'oui'에 타자에의 어떤 응답의 의미는 전혀 포함되지 않는다.

하는 것" 혹은 "지시하는 것"('표현'과 '지시'의 작용을 갖춘, 수적으로 구분되는 양태들)이 구별된다. 이 세 가지 차원으로 하나의 특이한 '표현의 이론'을 형성할 수 있는데, '존재의 일의성'의 경우에 제일 중요한 점은 "형상적으로 구분되는 복수의 의미가 존재론적으로는 하나인 유일한 '지시되는 것'으로서의 존재에 관계지어진다"는 것이다. 예컨대 "샛별"과 "어둠별"이라는 수적으로 구분되는 표현의 양태는 그것들이 함께 '지시하는 것'이라 생각된다면, 동일한 '지시되는 것'으로서의 금성을 지시하는 것이 된다. 그러나 이 두 가지 양태를 이제 '표현하는 것'이라 생각한다면, 그것들은 각각 표현하는 비-물체적인 '의미' 즉 '표현되는 것'에 의해 형상적으로 구분되며, 이러한 복수의 의미가 이번에는 동일한 '지시되는 것'에 관계지어지는 것이다. 이미 초기 스토아학파 사람들에게 인지되었 듯이, 어떤 명사 a가 주어지면 그 명사 a(semainon)에 의해 지시되는 대상 A(tynchanon)와 그 명사에 의해 표현되는 의미 α(semainomenon)가 구별되는데,[4] 여기서 중요한 논점은 복수의 명사에 의해 표현되고 형상적으로 구분되는 복수의 의미 ——'표현되는 것' ——가 존재론적으로 단하나의 '지시되는 것'으로서의 존재에 관계한다는 것이다. 그러나 이대로는 '의미'가 유비적인 것으로 간주되거나 존재의 '일성'이 유비로 간주될 위험이 있다고 들뢰즈는 말한다. 즉 형상적으로 구분되는 복수의 의미를 그 유일한 '지시되는 것'의 다의적인 "특성"들이라 생각하거나, 혹은 그 '지시되는 것'의 일성에 어떤 탁월한 초월적 완전성으로서의 특권적인 의미를 씌우는 것을 방해할 것은 아무것도 없다는 것이다 ——유비(아날로

---

4) Ioannes ab Arnim ed., *Stoicorum Veterum Fragmenta II: Chrysippi fragmenta logica et physica*, Leipzig, 1903, §166(Sextus adv. math. VIII 11), p.48 참조.

지)는 항상 다의성을 출발점으로 하고, 또한 탁월성을 그 도달점으로 하기 때문이다.[5] 즉 유비는 존재를 완전성·불완전성 아래에서 결여와 부정성으로써 다의적으로 이해하고, 마지막에 유일의 탁월한 완전성을 목적으로 하는 것이다. 다시 말해 '지시'는 일반적으로 형상적으로 구분되는 복수의 의미에 대해 바로 그 '지시되는 것'을 무차이적인 중립적 존재로서 외화(外化)한 채, 능력들의 경험적 사용 속에서의 공통감각과 유비적 존재관을 공가능하게 하는 것이다.

이러한 지시와 유비의 영역을 벗어나려면, **자신을 표현하고** 또한 공통으로 지시되는 '존재'가 수적으로 구분되는 모든 '표현하는 것' 혹은 '지시하는 것'에 관해 **유일하고 동일한 의미에서** 말해진다는 점을 덧붙일 필요가 있다. 즉 이런 것이다. 질적·형상적으로 구분되는 복수의 의미에 대해 존재론적으로 동일한 것은 '지시되는 것'이지만, 또한 이 '지시되는 것'의 바로 그 비-물체적인 의미는 이번에는 수적으로 구분되는 복수의 '지시하는 것' 혹은 '표현하는 것' 내에서 존재론적으로 동일한 '표현되는 것'이라는 점이다. 요컨대 '하나인 것'과 '다양한 것' 사이에, 그리고 '다양한 것' 그 자체 속에 어떠한 유비적 관계도 도입하지 않기 위해 존재의 일의성에서 말해져야 할 점은, 복수의 지시 양태가 관계지어지는 동일한 '지시되는 것'의 그 **의미의 일의성**이다. 즉 존재론적 명제에서의 '지시되는 것'의 유일하고 동일한 의미, 즉 그 '존재'의 의미는 수적으로 구분되는 다양한 양태일 수 있는 '지시하는 것' 혹은 '표현하는 것'에 관해, 다의적으로가 아니라 유일하고 동일한 의미에서 말해져야만 하는 것이다. 이에 따라 양태인 '지시하는 것' 혹은 '표현하는 것' 속에서 형상적으로 구분되

---

5) SPE, 91/143 참조.

는 의미상의 '차이'와 동시에 존재론상의 '동등함'의 차원이 확보되는 것이다. 하지만 여기에서는 나아가 '지시되는 것'이 다양한 '표현하는 것' 속에서 '자신을 표현하는 것'(ce qui s'exprime)으로서 파악되는지가 문제가 된다. 이것이 실재적이게 된다면, 차이의 요인으로서 '표현하는 것'은 이 동일한 '자신을 표현하는 것'을 형상적으로 다른 방식으로, 그러나 유일하고 동일한 의미인 '표현되는 것'으로서 표현하는 것이다. 이에 따라 우리는 지시의 외재성에서 표현의 내재성으로 이행하는 것이다. 유의해야 할 점은, 이러한 존재의 일의성에서 '지시되는 것'이란, 반드시 '자신을 표현하는 것'이며, '표현되는 것'이란, 표현의 차이에 관해서만 말해지는 이 '자신을 표현하는 것'의 유일하고 동일한 존재의 의미라는 것이다. 왜 이런 것을 생각할까. 다시 한 번 말한다. 그것은 차이를 긍정하고, 차이의 다양성을 긍정적으로 파악하기 위해서다. "나는 실재성과 완전성을 동일한 것이라고 이해한다."[6]

'일의성'에 관해 다음 두 가지 사항이 먼저 구별되어야 한다. ① 질적(형상적)으로 구분되는 복수의 의미 속에서 존재론적으로 동일한 것은 자신을 표현하는 '지시되는 것'으로서의 존재다. ② 양태로서 수적으로 구분되는 '지시하는 것' 혹은 '표현하는 것' 속에서 존재론적으로 동일한 것은 이번에는 '표현되는 것'으로서의 존재의 의미다. 여기에 나온 두 가지 '구분'은 전자가 "형상적 구분" 혹은 "실재적 구분", 후자가 "양태적 구분"으로서 특히 스코투스와 스피노자의 '존재의 일의성'에서의 차이의 계기로서 주요한 역할을 맡는다. 그런데 수적으로 구분되는 양태인 '표

---

6) 『에티카』 2부 정의 6. Baruch de Spinoza, *Spinoza Opera*, ed. von Carl Gebhardt, Carl Winter, 1925, vol. 2, p. 85[『에티카』, 강영계 옮김, 서광사, 2007, 82쪽].

현하는 것'은 각각에 질적(형상적)으로 구분되는 의미를 지닌다. 그러므로 모든 양태에 관해 유일하고 동일한 의미에서 말해지는 '존재'란, 실은 그 복수의 의미들이 공통으로 가지는 동일한 의미 혹은 차라리 '비-의미' (non-sens) ── 의미의 과잉 ── 다. 따라서 '존재'가 명제 속에서 '지시하는 것' 혹은 '표현하는 것'에 관해 유일하고 동일한 의미에서 서술[述定] 된다는 것은, 존재론적인 모든 차이의 요인인 이러한 '표현하는 것'에 관해서도 이것들을 '표현'으로 하여, 그에 따라 '표현되는 것'인 '존재'가 유일하고 동일한 의미에서 말해진다는 것이다. 선악의 저편에서 '존재'는 그것이 실체에 관해 말해지든, 아무리 헛되어 보이는 우유성에 관해 말해지든, 항상 동일한 의미에서 이해되어야 하는 것이다. '존재'는 그 '존재'가 말해지는 모든 것, 즉 '존재'가 서술되는 모든 것(지시하고 표현하는 것)에 대해 **동일한 것**이지만, 그 '존재'들이 말해지는 것은 단지 수적으로 구분될 뿐만 아니라 질적으로도 구분되는 차이적 요인(혹은 강도의 양태) 으로서 규정된 **상이한 것**이다. 일의적 '존재'란, **차이에 관해서만** 유일하고 동일한 의미에서 말해지는 "최소한의 존재"(minimum d'être)에 관한 개념이면서 '차이의 개념' 그 자체다. 왜냐하면 '일의성'은 동일성에 봉사하는 개념이 아니라, 오히려 차이에 관한 개념이기 때문이다.

이처럼 일의성은 '하나인 것'과 '다양한 것' 사이에 성립하는 단순한 표상적이고 중립적인 논리 관계를 나타내는 것이 아니다. 중요한 것은, 일의적 '존재'는 하나의 "선험적 원리"로서 논구되어야 한다는 점이다. 그것은 '조건지어지는 것'의 단순한 외적인 조건짓기의 원리가 아니라, 그것들의 작용인적인 내적 발생의 원리다. 그러므로 들뢰즈는 다음과 같이 말하게 된다. "일의적 존재는 개체화의 요인들에 본질적으로 또 무매개적으로 관계한다고 말해질 때, 그 개체화의 요인들이라고 우리가 이해하는 것은, 분명 경험 속에서 구성된 개체가 아니라 오히려 그 개체 내에서 선험적 원리로서, 즉 개체화의 과정과 동시적인, 무시원적(無始原的)이고 유목적인 가소적 원리로서 작용하고 있는 것이며, 이 원리는 일시적으로 개체들을 구성하지만, 그에 못지않게 그것들을 해체하고 파괴할 수 있는 것이기도 하다."[7] 일의성의 '장'은 이러한 의미에서 선험적으로 파악되어야 한다. '조건지어지는 것'에 대한 표현적이고 긍정적인 '내적 발생의 원리'로서, 또한 자신이 조건짓는 것이면서 자신도 잠재적으로 변화하는 실재적인 '가소적 원리'로서 정의되는 선험적 장은, 따라서 존재의 일의성의 문제-틀에 따라 전개될 필요가 있는데, 그와 동시에 일의성은 역으로 이 선험적 원리들의 요청을 완전히 충족하는 것으로서 다듬어질 필요가 있는 것이다.

2. 존재의 일의성의 '명목적 정의'에서 '실재적 정의'로

들뢰즈에 따르면, 존재의 일의성에 관해 철학사에서 세 가지 주요한 계기가 특정된다. 즉 둔스 스코투스의 중립적 '존재', 스피노자의 '무한 실체', 그리고 니체의 '영원회귀'가 각각 존재의 일의성에 관한 특이한 사상으로 정립되는 것이다. 단 이 세 가지 계기를 존재의 일의성에 관한 발전사(發展史)처럼 이해해서는 안 된다. 왜냐하면 무엇이든 발전사로서 시간의 계열에 따라 사건을 정리하는 것은, 바로 거기에 자신들에게 적당한 스토리를 투입하는 도덕에나 어울리는 목적론적 행위이기 때문이다. 우리는 이 존재의 일의성의 세 가지 계기를, 오히려 거기에서 '존재'의 개념이 하

---

7) DR, 56/107.

나의 '차이의 개념'으로서 형성되는 질서라고 파악할 필요가 있을 것이다. 그런데 "'존재'는 '존재'(있음)가 말해지는 모든 것에 관해 유일하고 동일한 의미에서 말해진다"는 경우의 이 '존재'는, 차이에 관해서만 유일하고 동일한 의미에서 말해지는 '존재' 즉 일의적 '존재'이며, 이 언명에 앞서 기술한 스코투스, 스피노자, 니체에게서의 일의적 '존재'를 각각 대입하면, 어느 것에 관해서도 이 정의가 타당함을 알 수 있을 것이다. 일의성에 관한 이 매우 형식적인 정의는, 그런 의미에서는 아마도 들뢰즈에게 오로지 **사후적으로** 발견되는 바로 '명목적 정의'에 불과할 것이다. 따라서 문제는 오히려 이 형식적인 정의가 유도되어 온 존재의 일의성에 관한 '실재적 정의'다. 그리고 이 문제는 궁극적으로 다음과 같은 결정적인 물음으로 이어질 것이라 생각된다. 즉 이 '명목적 정의'는 어떻게 '실재적 정의'로서 그대로 이해될 수 있을까. 존재의 일의성은 그것이 내재성의 철학을 창건하는 것인 한, '실재적 정의'밖에 갖지 않음을 알 수 있을 것이다.

차이를 사유할 뿐만 아니라 긍정하려면, '존재의 일의성'에 관한 문제를 어떻게 구성할지가 불가결하다. 왜냐하면 일의성은 단지 '존재'가 유일하고 동일한 의미에서 말해지는 것이 아니라, 서로 다른 것에 **관해** '존재'가 유일하고 동일한 의미에서 말해진다는 것을 본질로 하기 때문이다. 차이가 부정적으로 이해된다면, 차이에 관해서만 말해지는 이 일의적 '존재'도 차이와 함께 전혀 불가능하게 될 것이다. "존재가 차이에 관해 말해진다는 의미에서, 존재야말로 '차이'(Différence)다."[8] 따라서 모든 다양한 것 간의 차이에 관해 유일하고 동일한 의미에서 말해지는 일

---

8) DR, 57/109.

의적 '존재'는 애초에 그 자체가 '차이'인 이상, 이 "'존재'〔있음〕가 말해지는" 모든 것에 관해 "중립적"(neutre) 혹은 "무차이적"(indifférent)일 수 없다. 바꿔 말하면 그것은 선험적인 것으로서, '조건지어지는 것'의 외부에서 작용하는 조건짓기의 원리가 아니라 그것들의 내적 발생의 원리며, 또한 그 현실적인 '조건지어지는 것'들에 역으로 의존하므로 그것들과 함께 잠재적으로 변화하는 가소적 원리다. 이 마지막 논점이 가장 중요하다. 왜냐하면 '선험적 장'이 가소적 원리가 되는 것은 오직 그것에 의해 '조건지어지는 것'이 반-효과화의 역능(실재적 경험)을 지닐 때뿐이기 때문이다. 여기서 우리는 들뢰즈의 존재의 일의성에 관한 조건들을 다음과 같이 열거할 수 있을 것이다. ① 질적(형상적)으로 구분되는 복수의 의미가 존재론적으로 단 하나인 '지시되는 것'으로서의 '존재'에 관계한다. ② 수적(양태적)으로 구분되는 '표현하는 것'에 관해 유일하고 동일한 의미에서 말해지는 것은 이 '지시되는 것'의 존재 의미, 즉 '표현되는 것'이다. ③ 일의적 '존재'는 개체화의 요인인 차이에 관해서만 유일하고 동일한 의미로서 말해지는 한, 이 '존재'야말로 오히려 차이며, 따라서 그것은 "중립적"이지도 "무차이적"이지도 않다. ④ 일의적 '존재'는 '조건지어지는 것'의 **작용인적인** 내적 발생의 원리인 것과 동일한 의미에서, 그 '조건지어지는 것'과 함께 자신도 변화하는 **자기원인적인** 가소적 원리를 갖춘 '선험적 장'으로서 정의된다('자기원인'causa sui과 '작용인'causa efficiens의 원인의 일의성.[9] 그러나 나중에 기술하겠지만, 내가 들뢰즈의 철학에서 긍정적=비판적으로 확대하는 것은, 이러한 '자기원인'은 또한 '반-효과화의 원인'causa contra-efficiens이기도 하다는 의미에서의 원인의 일의성이다).

---

9) 『에티카』 1부 정리 25 주석, p.68[54쪽].

3. 스코투스에게서의 존재의 일의성

사는 것, 그것은 치우치는 것이다. 왜냐하면 존재하는 것이 애초에 필연적으로 치우치는 것이기 때문이다. 하지만 중요한 것은, 그 치우침이 원본의 어떤 복사본으로서의 **진정한 그러나 부정적인 치우침**(도덕적 원근법)인지, 아니면 니체의 원근법주의를 낳고 관념의 표현적 언어 활동으로 구성되는 하나의 원근법적 **치우침**인지를 가려내는 것이다. 어떤 것에도 치우치지 않는, 그런 의미에서 어떠한 치우침에도 무차이적이고 중립적인 '존재'는 완전히 기만이다. 적용의 질서 속에서 치우침은 이러한 경향을 부정적으로밖에 승인할 수 없는, 치우침 없는 존재로의 의지에 의해 이미 쇠약해져 있다. 그러므로 이 중립적 '존재'는, 비록 그것이 존재의 일의성(=원근법주의)으로서 주장될지라도, 단지 초월적 ─ 예컨대 단지 논리적인 대상으로만 다뤄지는 원근법주의(상대주의의 일종)의 양상 ─ 일 뿐이며, 따라서 그 속성은 범주를 전제로 한 초범주(초월개념)로서 파악될 수밖에 없을 것이다. 하지만 서로 다른 것에 관해서만 '같다'고 말해지고, 또한 부등한 것에 관해서만 '동등하다'고 말해지는 것이 있다면, 분명 그것은 일의적인 것, 일의적 '존재'다. 그리고 이 '존재'는 그것이 다양한 서로 다른 것에 관해서만 말해진다는 의미에서 그 자체가 '차이'다. 그런데 일의적 '존재'는 개체화하고 현실화하는 차이적 요인에 대해 단지 외적인 것으로서 관계지어지는 무차이적인 중립적 '존재'가 아니다. 일의적 '존재'라는 가장 작은, 그렇기에 차이에 관한 '차이'라는 의미에서 가장 역능이 있는 보편성이 어떠한 매개도 없이 직접 특이성에 관해 말해진다는 것은, 바로 그 보편적인 것이 모든 특이한 것에 관해 무차이적이지 않다는 것이다.

그러면 먼저 스코투스에게서의 일의적 '존재'의 고찰로부터 시작하도록 하자. "존재는 열 가지 범주로 분류되기에 앞서 무한과 유한으로 분류된다. 이는 유한과 무한이 구분되는 한편, 유한은 열 가지 범주에 공통이기 때문이다. 그러므로 유한과 무한에 중립적인 것으로서의, 혹은 무한 존재에 고유한 것으로서의 존재에 적합한 모든 것은 유(類)에 한정되지 않고, 그에 선행하여 존재에 적합하다. 그러므로 또한 그것은 초월적이며, 모든 유의 외부에 있다. 신과 피조물에 공통인 것은 모든 무한과 유한에 중립적=무차이적인 것(indifferens)으로서의 존재에 적합한 것이다. 실제로 그것들은 신에 적합한 한 무한이며, 피조물에 적합한 한 유한이다. 따라서 그것들은 존재가 열 가지 유(범주)에 따라 분류되기에 앞서, 우선적으로 존재에 적합한 것이다."[10] 스코투스는 이렇게 기술하고 있다. 신과 피조물, 무한과 유한에 공통인 것은 그것들에 대해 무차이적인 중립적 '존재'다. 그러나 모든 차이에 대해 중립적=무차이적인 이 '존재'(ens) 개념은 신의 본질을 결코 구성하지 않으며, 단지 그 본질이 분유적으로 귀속될 뿐인 '수동적 속성', 신의 "특성"(propre)이므로, 그것은 단순한 "초월개념"(transcendentia)으로서 나타나는 것에 불과하다. 그렇지만 '존재' 개념 이외에 상위의 개념이 전혀 발견되지 않는다면, 그것을 초월개념으로 간주하여 그 수가 증대해 가는 스코투스의 이러한 초월개념 사이에는, 그럼에도 적극적인 차이의 개념을 제공하는 "형상적 구분"(distinctio formalis)이 상정된다.[11] 이 구분은, 들뢰즈에 따르면, 바로 스

---

10) Johannes Duns Scotus, *Ordinatio*, I, distinctio 8, pars 1, quaestio 3, numero 113. Vatican edition, vol. 4, 1956, pp. 205~206.

11) Olivier Boulnois, "Introduction: La destruction de l'analogie et l'instauration de la métaphysique", Jean Duns Scot, *Sur la connaissance de Dieu et l'univocité de l'étant*, translated and commented by Olivier Boulnois, PUF, 1988, pp. 56~62, 76~77 참조.

피노자에게서의 속성 간 "실재적 구분"(distinctio realis)의 기원이기도 하다. 왜냐하면 이에 따라 "동명동의"(同名同義)라는 단순한 **명칭적 일의 성**이 아니라, '신의 무한성'을 조건으로 하여 **존재론적으로는 하나지만 형 상적으로는 다양하다**는 규정이 바로 그 속성에 부여되고, 여기에서 **개념적 일의성**이 창건되기 때문이다.[12] 다시 말해 이는, 스코투스의 "형상적 구 분"에서는, 바로 형상적으로 구분되는 복수의 의미가 존재론적으로는 단 하나인 '지시되는 것'에 관계함을 나타내기 때문이다.

또한 무차이적인 중립적 '존재'를 차이에 관계시키는 방식으로서 형 상적 구분과는 다른 유형의 구분, "양태적 구분"(distinctio modalis)도 생 각해야 한다. 둔스 스코투스의 경우, 그것은 "존재 혹은 속성들과, 그 존 재들이나 속성들이 행할 수 있는 강도적 변화들과의 사이에 확립된다. 이 변화들은 흰색의 다양한 정도와 같은 개체화의 양상이며, 무한과 유한 은 그러한 양상의 바로 특이한 강도를 구성하는 것이다".[13] 신과 피조물 에 공통인 존재(속성들)와, 그것들에 의해 가능케 되는 모든 강도적 변화 들 사이의 구별은 개체화하는 것의 내재적 양상의 차이, 즉 내포적인 '강 도의 차이'로 나타난다. 이것은 개체화의 요인인 양태가 외연량의 표시에 따라 수적으로 구분될 뿐만 아니라, 그와 동시에 '강도의 차이'라는 안쪽 에서의 구분도 지니고 있다는 점에 대응하고 있다. 그렇다면, 예컨대 개 체화의 양상으로서 파악되고, 특이한 질적 강도를 구성한다고 말해지는 "무한"과 "유한"은 거기서 어떠한 규정성을 부여받는 것일까. 이러한 시 점에서 "신은 무한 '존재'다"라고 서술된다면, 이 언명은 '존재'라는 가장

---

12) SPE, 56/93.
13) DR, 58/110.

보편적인 유에 "무한"이라는 종적 차이의 기능을 가진 개념이 덧붙여져, 그 결과로서 신이라는 "'존재'〔있음〕가 말해지는 것"이 정의되었다는 사태를 조금도 의미하지 않는다. 또한 "피조물은 유한 '존재'다"라는 언명도 완전히 마찬가지다. 왜냐하면 존재의 일의성이란, 우리 바깥쪽에 대상화되고, 그 가운데 분할되거나 부가됨을 거절하는 '존재' 개념을 형성하는 것이기 때문이다. 흰색의 다양한 내재적 양상이 표현하는 다양한 '가변적 강도'는 "어떤 것이 다른 것에 부가되듯이, 즉 그 위에 그려지는 도형이 벽에 부가되듯이 흰색에 부가되는 것이 아니다".[14]

"무한 '존재'"라 할 경우의 "무한"이란, '존재' 그 자체의 어떤 내포적인 강도에 대응하는 **질적 표현**이며, 따라서 "무한 '존재'"는 **비-물체적인 것으로서 표현되는 '무한해지다'의 동사적 표상 아래에서 바로 그 '존재'가 구성된다**[15] ──즉 무한 존재란, '무한해지다'라는 동사와, 이 동사에 선험적인 절대적 침묵으로서 동반하는 '존재론적으로'라는 부사로 구성된다는──것을 나타낸다. 이는 예컨대 모든 인식되는 것의 전체를 어떤 하나의 유로 파악하고, 이에 '그 자체에 의해 사유된다'와 '그 자체에 의해 사유되는 것에 의존하는 한에서 사유된다'라는 종적 차이를 보여 주는 개념을 덧붙여, 그로부터 실체와 양태가 각각 정의된다는 것으로 이해되는 종적 구분과는 전혀 다르다. '일의성' 속에서의 실체와 양태는 "'존재'〔있음〕가 말해지는 것"인 한, 그것들의 내재적 양상인 '강도의 차이'에 의해 어디까지나 양태적으로 혹은 현실적으로 구분되는 것이다. "모든 무한은 현실태에 놓여 있다, 혹은 현실적이다." 그런데 한편으로 가변적 강도는

14) SPE, 179/267.
15) LS, 281/391, 286/397 참조.

일의적 '존재'의 양태를 다양하게 변화시키지만, 다른 한편으로 이 '존재' 자체는 어떠한 내재적 양상에 따라 사유되려고 일의적으로 동일한 것에 계속해서 머무른다. 하지만 그렇게 되면 이 일의적으로 동일한 것에 계속해서 머무르는 것은, 아무리 이러한 양태적 구분에 관계지어질지라도, 실제로는 그 구분들 사이에 발견되는 어떠한 차이에 대해서도 무차이적인 중립적 '존재'의 개념이 아닐까. 흰색의 다양한 정도에 대해 늘 일의적으로 동일한 것에 머무르는 '흰색'이란 무엇인가. 요컨대 그것은 '흰색'이라는 개념의 동일성이 아닐까. 따라서 여기서의 물음은 다음과 같다. 스코투스는 결국 '존재'를 하나의 추상개념으로서 중립화했을 뿐이 아닐까. 따라서 이런 의미에서 스코투스는 일의적 '존재'를 오로지 "사유했을" 뿐이 아닐까.

다시 말해 앞서 기술한 형상적 구분에 관해서도 문제가 있었다. 과연 스코투스에게 무엇이 신의 "속성"이었는지를 생각해 보아야 한다. 스코투스에게 '전지', '전능', '예지', '의지'와 같은 신의 "속성"은 결국 신의 "특성"에 불과한 것이 아닐까. 만일 그렇다면 신의 '본질'이 이 특성들에 의해 결코 구성될 수 없는 이상, 실제로 그것은 이러한 특성=속성에 의거하지 않고도 이해될 수 있을 것이다.[16] 즉 이 특성들은 신의 '본질'을 단지 형용할 뿐인 "형용사"이자 신의 본질이 단지 귀속될 뿐인 수동적 속성이므로, 그 본질을 역으로 신에게 "귀속시키는 것"(attributeur), 즉 신의 본질을 구성하는 '능동적 속성'도 아니고 신의 "동사"(Verbe)도 아니라는

---

16) SPE, 58/94 참조. "아마 스코투스는 이 속성들이 없어도 신적 본질이 이해될 수 있음을 인지하고 있었을지도 모른다. 그런데도 그는 신의 본질을 내적 완전성에 의해, 즉 지성과 의지에 의해 정의했다."

것이다.[17] 이 특성들은 실체의 본성 혹은 본질을 **형성하고 표현하는** 속성 즉 '구성하는 속성'이 아니라, 이미 **형성된** 본질의 양상을 외적으로 **지시하고 형용하는** 것에 불과한 것이다. 따라서 본질이 그 '존재'를 포함하는 신의 바로 그 '존재'는 여전히 여기서는 단지 계속해서 형용될 뿐이며, 따라서 그런 한에서만 그 '존재'는 일의적이게 된다. 이것이 실체의 본질을 둘러싼 계보학으로부터 고찰된 스코투스의 일의적 '존재'가 중립적인 이유다. "초월개념"이 나타내는 신의 특성은 결코 그 일의적 '존재'를 본질적으로 표현함과 동시에 구성까지 하는 동적인 '능동적 속성'이 아니다.[18] 형상적으로 구분되는 복수의 속성에 의해 표현되는 일의적 '존재'의 본질이 그 속성들에 의해 표현적으로 구성되는 것이 아니라면, 그 일의적 '존재'는 그것들에 의해 오로지 공통감각 속에서 유비적으로 형용될 뿐이다. 즉 피조(被造) '존재'와 비-피조 '존재', 유한 '존재'와 무한 '존재', 특이한 것과 보편적인 것, 이것들에 대해 중립적이고 또한 그 양쪽에 단지 "포함될"(includi) 뿐인 '존재'는[19] 완전히 비표현적이며, 따라서 이러한 차이에 대해 어디까지나 무차이적이다. 다시 말해 스코투스의 "특성"으로서의 속성들에 의해 **잡다하게** 형용될 뿐인 이 일의적 '존재'는 무한 '존재'로서의 신에 의해서도, 유한 '존재'로서의 피조물에 의해서도 결코 실재적으로 정의되지는 않을 것이다. 즉 이 일의적 '존재'는 결코 신과 피조

---

17) SPE, 36~37/62 참조.

18) 이 점을 스피노자의 "속성"과의 관계에서 생각한다면, 스코투스에게 '하나', '참', '선'과 같은 초월개념("존재의 고유 양태"라고도 한다)이, 당연하기는 하지만, '존재'를 바로 "하성술어"(何性述語, quidditativus)로서 자체적으로 혹은 구성적으로 포함하지 않는다는 점에서 유래할 것이다. 바로 스코투스의 "속성"이 "특성"으로서만 파악되는 까닭이다(Duns Scotus, *Ordinatio*, I, dist.3, p.1, q.3, nn.131~136. Vatican ed., vol.3, 1954, pp.81~85 참조).

19) Duns Scotus, *Ordinatio*, I, dist.3, p.1, q.1~2, n.27. Vatican ed., vol.3, p.18. 또한 SPE, 58/94~95 참조.

물이라는 "'존재'(있음)가 말해지는 것"을 그 '발생적 요소'(élément génétique)로 하여 정의되지 않는다는 것이다.[20] 스코투스의 존재의 일의성에서 일의적 '존재'의 '실재적 정의'는 처음부터 불가능하며, 거기에 있는 것은 형상적 구분과 양태적 구분이라는 두 가지 구분 일반 아래에서 중성적이고 일의적인 것이 서로 다른 것에 힘없이 외부로부터 관계지어짐을 보여 주는 '명목적 정의'뿐이다.

　스코투스의 일의적 '존재'는, 비록 그것이 아리스토텔레스의 열 가지 범주와 공가능적일지라도, 확실히 신에 관한 유비적 판단을 무효로 하기 위해 그에 앞서 정립되어야 할 개념이다. 그렇지만 그것이 중성화된 하나의 추상개념인 이상, 존재의 일의성은 "일반개념"이나 "초월개념" 같은 모든 추상개념 일반을 비판하여,[21] 일의적 '존재'를 유일한 보편적인 "무한 실체" 혹은 오히려 "절대적으로 무한한 '존재'"와 동일한 것으로 간주한 스피노자의 '일의성의 철학'으로 필연적으로 이행해야만 한다. 우리의 과제인 '선험적 장'의 문제로부터 말하면, 이 이행은 "'존재'(있음)가 말해지는" 모든 것의 외적 조건짓기의 원리로서가 아니라, 그것들의 내적 발생의 원리로서 일의적 '존재'를 묻는다는 것의 필연적인 결과다. 이를 위해서도 끊임없이 유의해야 할 것은, 스코투스에게는 그 일의적 '존재'가 비록 중립적＝무차이적일 수밖에 없었을지라도, 명확히 "형상적 구분"과 "양태적 구분"이라는 차이에 관한 두 가지 구분 아래에서 '존재' 개념이 파악되었다는 점이다. 그러나 우리는 스피노자에게서의 존재의 일의성을 논구하기 전에, 아리스토텔레스의 열 가지 범주의 수와 그 의의를 변

---

20) SPP, 84~86/95~96 참조.
21) 『에티카』 2부 정리 40 주석 1, pp. 120~121[126~127쪽] 참조.

경하고, 나아가 초월개념을 자신의 범주로 환원함으로써 **일의성을 경험의 영역에 관계지은 칸트의 철학**에 관해 반드시 이 관점에서 논해 둘 필요가 있다.

4. 초월개념의 일의성에서 선험적 개념의 일의성으로: 칸트의 혁신성

칸트가 비판하는 나쁜 형이상학의 근저에는 항상 "물자체"가 전제되어 있는데, 실은 그 이상으로 유비적인 존재관 혹은 유비에 근거한 사유가 작용하고 있다. 이는 "비례성의 유비"(analogia proportionalitatis)처럼,[22] 신과 그 피조물인 세계 사이에 본성상의 차이를 끌어들임으로써 절대자로서 창조신의 초월성을 지키려는 사유 방식일지라도,[23] 거기에 물자체로서의 '신'이 상정되는 한,[24] 신의 무한성으로의 안이하고 유비적인 상승을 용이하게 가능토록 할 것이다. 따라서 **범주의 무비판적 사용**을 금지하고 비판함으로써, 혹은 더 본질적으로는 인간의 능력들 간의 본성의 구분과 그것들의 한계를 명확히 함으로써[25] 그 작용의 유한성에 정위하려는 칸트의 철학은, 이와 동시에 그러한 **유비의 무제한적 사용**을 비판함

---

22) Thomas de vio Cajetanus, *De Nominum Analogia*, Caput 3, §23~30 참조. 텍스트로는 이 『명사의 유비에 관하여』의 라틴어-프랑스어 대역을 포함한 연구서인 Bruno Pinchard, *Métaphysique et sémantique: Étude et traduction du De Nominum Analogia*, Vrin, 1987을 사용했다.

23) 松本正夫, 「「存在の類比」の形而上学的意義」, 『存在論の諸問題: スコラ哲学研究』, 岩波書店, 1967, 116~162頁 참조.

24) Eric Weil, *Problèmes kantiens*, Vrin, 1963, revised and enlarged ed., 1970, pp.50~51 참조.

25) Immanuel Kant, *Kritik der reinen Vernunft*, Meiner, 3rd ed., 1990, A85~86=B118[『순수이성비판』, 백종현 옮김, 아카넷, 2006, 307쪽].

으로써, 즉 로고스의 상승적 사용을 절단함으로써 자신의 선험철학 혹은 비판적 형이상학에 합치하는 '유비'를 사용해야 한다. 그렇지만 또한 이는 제한된 형태로의 일의성에 관한, 스코투스와는 전혀 다른 방식으로의 사유를 요청하는 것이기도 하다. 즉 칸트에게서의 유한성에 정위하기 위한 유비의 비판적·내재적 사용과 일의성에 관한 사유. 그러나 여기서는 후자의 문제로만 초점을 좁히기로 한다. 전자에 관해서는, 예컨대 하이데거는 카예타누스를 참조하면서 『존재와 시간』에서 "스콜라철학은 '존재'의 의의 부여의 적극적 의미를 일의적(einsinnig) 의의 부여 혹은 단순한 동명적(gleichnamig) 의의 부여로부터 구분하여, '유비적'(analog) 의의 부여로서 파악하고" 있지만, "데카르트는 이 문제의 존재론적 마무리라는 점에 관해서는 스콜라철학보다 훨씬 뒤떨어져 있다"고 기술하고 있는데,[26] 이와 마찬가지로 비판기에 특징적인 칸트의 '유비' 개념도[27] 실제로 스콜라철학 이상의 전개가 있는 것은 아니다. 그렇지만 관계의 구조 혹은 그 질서에 관해 "두 관계=비의 완전한 유사"만을 문제로 하는 '비례성의 유비'를 기본으로 하면서도,[28] 앞서 기술했듯이 이에 비판적 제한을 가한 형태로의 칸트의 '유비'는 이 제한에 의해 가능케 되는 '일의성' 영역과의 양립성을 겸비하고 있다는 점에서 보아도 매우 특이하다고 할 수 있다.

---

26) Martin Heidegger, *Sein und Zeit*, Max Niemeyer, 1927, 16th ed., 1986, p.93 [『존재와 시간』, 이기상 옮김, 까치, 1998, 133쪽] 참조.

27) François Marty, *La naissance de la métaphysique chez Kant: Une étude sur la notion kantienne d'analogie*, Beauchesne, 1980, p.515 참조.

28) Immanuel Kant, *Prolegomena zu einer jeden künftigen Metaphysik, die als Wissenschaft wird auftreten können*, Meiner, 7th ed., 1993, §57~58, pp.124~125 [『형이상학 서설』, 백종현 옮김, 아카넷, 2012, 297~298쪽] 참조.

칸트의 "비판적 이성"을 선험철학에서의 능력들의 하나로 파악한다면, 그것은 그 본질 속에서 선험적 의미로 '개념의 일의성'의 "장"(Sphäre)을 정립하는 것이리라. 왜냐하면 어떤 개념의 엄밀한 일의성을 정립하는 것은 동시에 그 개념의 한계, 그 외부(이 개념에 의해 일의적으로 확정되지 않는 영역) 혹은 이러한 외부와의 "한계선"(Grenzlinie), 즉 "경계"(Begrenzung)를 명확하게 설정하는 것이기 때문이다.[29] 칸트에게는 이러한 작업의 모든 것이 선험적인 개념의 일의성에 입각하여 경험 안에 기입되고, 그 고유한 개념적 영역의 정립이 오성의 모든 작용에 앞서 '비판적 이성'에 의해 행해져야 한다. 하지만 실제 칸트의 경우, 직접 '존재' 개념에 입각하여 그 일의성이 주장되는 것이 아니라, 어느 특정한 개념 즉 선험적 개념("선험적 대상", "선험적 통각統覺[나는 사유한다], "하나인 가능적 경험"eine mögliche Erfahrung, 이것들이 『순수이성비판』에서 가장 근본적인 일의성의 개념으로서 석출된다)의 일의성이 "존재[있음]가 말해지는" 모든 것, 즉 경험의 대상과 경험 그 자체의 정립의 전제가 되는 것이다. 요컨대 '존재'를 전제로 하여 개념의 일의성을 확립하는 것이 아니라, 반대로 개념의 일의성에 따라 "존재[있음]가 말해지는" 인식의 대상, 경험의 대상을 성립시키는 것이 문제인 것이다──이것이 칸트의 코페르니쿠스적 전환이다.

이처럼 칸트의 비판철학에서는 개념의 "장"의 일의적인 확정이라는 것이 '경험'이 말해지는 모든 사항에 관해 문제가 된다. 여기서 '경험이 말해지는 모든 사항'이란, 일의성의 영역을 달리하는 다양한 것, 즉 현

---

29) Kant, *Kritik der reinen Vernunft*, A760=B788[『순수이성비판』, 899~900쪽], A762=B790[901쪽] 참조.

상들, 표상들, 현실적 경험들(예컨대 현존재를 포함한 현상의 연관들)이라는 세 영역의 다양성이다. 그리고 이 다양성의 각각에 관한 일의적 개념이 그것들의 아프리오리한 "상관자"(Korrelatum)로서 생각되는 이상,[30] 개념의 일의성에서의 '하나인 것'과 '다양한 것'의 관계는 이런 의미에서 내재적이고 필연적이다. 칸트에게서 선험적 개념의 일의성의 가장 큰 특징은 자기 자신에 관해 일의적이고, 혹은 그 자체로 동일하다고 주장되는 것이 아니라, 오히려 그 자체로서는 완전히 공허하고 무내용적이기 때문에 그 내용면의 전부는 '다른 것'에 의해, 따라서 서로 다른 다양한 것에 의해 전개될 수밖에 없다는 데에 있다. 그러므로 그 일의성이란, 모든 다양한 것에 대해 유일하고 동일하며, '존재'를 대신하여 그 다양한 것들에 새로운 공통성 ──예컨대 '현상' 개념 ──을 부여하는 것이다. 이것들의 구조를 칸트의 '일의성'은 본질적으로 갖고 있다. 그런데 칸트의 이러한 일의성의 위상을 분명히 하려면, 스코투스의 ① 개념의 일의성의 정의, ② 초월개념으로의 일의성의 확장, ③ 유·종 및 범주에 대한 일의적 '존재' 개념의 선행성 같은 관점이 불가결하며, 또한 칸트 자신의 ① 범주로의 초월개념의 환원, ② "선험적 대상" 혹은 "선험적 통각" 같은 공허한 개념의 일의성, ③ ②에 아프리오리하게 상관하는 '현상'이라는 우리의 인식에 고유한 장의 정립 같은 사항을 고려함으로써, 그 위에 칸트의 선험철학이 성립하는, 바로 일의성의 사유가 석출된다고 생각된다.

그렇다면 개념이 일의적이려면 어떠한 조건을 충족해야 할까. 스코투스는 개념의 '일의성'을 다음과 같이 정의하고 있다. 첫째로 "동일한 것

---

30) Kant, *Kritik der reinen Vernunft*, A123[『순수이성비판』, 338쪽], A183=B226[417쪽] 참조.

에 관해 그 개념을 긍정하고 또 부정할 때, 모순을 가져올 만한 일성을 지닌 단일개념"이라는 것, 둘째로 "삼단논법의 중항에 놓여, 항들을 다의성의 오류(=매개념 다의의 허위fallacia aequivocationis)를 범하지 않고 결합하여 결론을 내도록 할 만한 일성을 지닌 단일개념"이라는 것.[31] 먼저 스코투스는 모순율을 충족시키는 데 충분할 만큼의 '일성'을 가지는 것이 일의적 개념의 조건이라고 말한다. 그리고 이 조건을 충족하여 만들어진 일의적 개념을 포함하는 명제들이 이번에는 추론으로서 결합될 때의 조건이라는 것이 다음의 두 번째 정의다. 삼단논법에서 중항이 만일 양의적으로 사용되고 있다면, 그 결과는 논리적 타당성을 결여한 오류추리가 될 것이다. 예컨대 "달리는(走る) 것은 다리가 있다. 남쪽 하늘에 천둥이 친다(走る). 따라서 천둥은 다리가 있다"라는 추론은 매개념 "달리다"(走る)의 양의성에 의한 오류추리다. 주지하는 바와 같이, 칸트도『순수이성비판』의「변증론」에서 합리적 심리학의 삼단논법이나 우주론적 삼단논법에서의 "매개념 다의의 허위"(sophisma figurae dictionis)에 의한 오류추리를 지적하고 있는데,[32] 그 예를 하나 들어 둔다. "주어로서 그 이외에 생각될 수 없는 것은 또한 주어로서 그 이외에는 존재하지 않는다. 따라서 그것은 실체다. 그런데 생각하는 것은, 생각하는 것으로서만 고찰된다면, 주어로서 그 이외에 생각될 수 없다. 따라서 생각하는 것은 또한 주어로서만, 즉 실체로서만 존재한다."[33] 이 추론에서 매개념 "주어로서 그 이외에 생각되지 않는 것"은 다의적으로 사용되고 있다고 칸트는 말한다. 왜냐하면 이

---

31) Duns Scotus, *Ordinatio*, I, dist.3, p.1, q.1~2, n.26. Vatican ed., vol.3, p.18.
32) Kant, *Kritik der reinen Vernunft*, B411 [『순수이성비판』, 609쪽], A499=B528 [700쪽] 참조.
33) Kant, *Kritik der reinen Vernunft*, B410~411 [『순수이성비판』, 609쪽].

매개념은 대전제에서는 우리의 감성적 직관에 주어질 수 있는 "존재체" (Wesen)에 관해 서술되고 있지만, 이에 반해 소전제에서는 이 직관에 전혀 관계할 수 없는, 주어로서 단지 "생각하는 것" 혹은 "의식의 통일"에 관해 말해지고 있기 때문이다.

그러나 이러한 일의성에 관한 형식적인 규정이 주어졌다고 해서, 여기서 우리가 칸트의 비판철학으로부터 석출하려는 일의적 개념이나, 이 것에 의해 성립하는 고유한 장이 그에 따라 바로 얻어지는 것은 결코 아니다. 스코투스는 일의성을 '종'이나 '유', 나아가 '최상의 유'를 뛰어넘은 초월개념에까지 적용하고, 또한 범주에 대한 이러한 초월개념의 선행성을 명확하게 주장하는데, 이는 칸트에게서의 범주의 모든 작용에 대한 '비판적 이성'에 의해 정립되는 일의성의 장의 선행성과 바로 공통되며, 일의성에 관한 본질적인 논점이기도 하다. 왜냐하면 칸트에게 인식이 성립하는 차원, 즉 현상을 '다양하게' 이야기하기, 더 정확히 말하면 범주들에 의해 현상을 '다의적으로' 구성하기는, 이에 앞서 이 오성의 작용에 적합하도록 현상이라는 영역이 이성에 의해 '일의적으로' 정립되고, 감성에 의해 직관으로서 '일의적으로' 수용되어야 하기 때문이다. 스코투스가 서술했듯이, 일의적 '존재'는 범주로 분류되기에 앞서 유한과 무한으로 분류된다. 일의성이 유와 종을 넘어 초월개념으로까지 확장됨으로써, '존재'는 그것이 판단 속에서의 술어에 의해 다의적으로 분화되기에 앞서, 즉 범주의 형식들에 의해 다양하게, 다의적으로 이야기되기에 앞서 어떠한 유, 나아가 유한과 무한의 구분도 뛰어넘어, 이 모든 한정에 대해 '중립적'(=무차이적)이라고 생각된다. 우리에게 특히 중요한 점은, 일의적 '존재'가 모든 한정에 앞서, 특히 범주에 앞서 우선적으로 정립된다는 것이다. 그렇다면 형이상학의 대상으로서도 첫 번째인 '존재'를 그 하나로서 헤아리는 초월개념은 칸트에게 어떻게 파악되었을까.

『순수이성비판』의 「개념의 분석론」에서 칸트는 "존재하는 것은 하나, 참, 선이다"(quodlibet ens est unum, verum, bonum)라는 스콜라철학의 명제를 받아들여, '하나'와 '참'과 '선'이라는 "대상에 관한 아프리오리한 개념"인 초월개념은, 칸트에 의한 범주표에 따르면 "양(量)의 범주를, 즉 단일성, 다수성, 총체성의 범주를 인식의 근저에 두는 것이다"라고 기술하고 있다.[34] 즉 칸트에 따르면, 먼저 '하나'는 대상의 모든 인식에 있는 "개념의 통일"이며, 또한 인식의 다양한 결합 속에서의 통일을 의미하는 한에서 "질적 단일성"(qualitative Einheit)이라 불리는 것이다. 다음으로 '참'은 귀결에 관한 "진리성"이며, 어떤 주어진 개념으로부터 참된 귀결이 많이 도출될수록 그 개념의 "객관적 실재성의 지표"는 많아지므로, 그것을 지표의 "질적 다수성"(qualitative Vielheit)이라 부를 수도 있다. 마지막으로 '선' 혹은 '완전성'(perfectum, Vollkommenheit)은[35] 이 다수성이 역으로 개념의 통일로 귀착하고, 이 개념과 완전히 합치함을 의미하며, 때문에 "질적 완전성"(qualitative Vollständigkeit)이라 불린다.

이처럼 칸트는 초월개념이라는 본래 범주를 뛰어넘는 것(초범주)을 오성 안에, 특히 이 경우는 양(量)의 범주라는 형태로 그 안에 거두어들이려고 한다. 그리 되면 초월개념의 중축인 '존재'(ens) 개념은 자신과 "가환적인"(convertibile) 개념들[36]을 잃음으로써 공허한 개념이 되지 않을

---

34) Kant, *Kritik der reinen Vernunft*, B113~114[『순수이성비판』, 304쪽] 참조.
35) 칸트는 「형이상학 강의」(칼 푈리츠Karl Pölitz 엮음)에서 "존재하는 것은 하나, 참, 선 혹은 완전성이다"(quodlibet ens est unum, verum, bonum seu perfectum)라는, '선'과 '완전성'이 동의적으로 표현된 스콜라철학의 명제를 인용하고 있다(Immanuel Kant, *Kant's gesammelte Schriften*, gegonnen von der Königlich Preußischen Akademie der Wissenschaften, Walter de Gruyter, vol. 28, pp. 555~556 참조).

수 없다. 그리고 일의성이 초월개념으로까지 확대되어 있다면, '존재' 개념은, 혹은 더 일반적인 방식으로 말한다면, 초월개념이 기능하고 있던 장소(토포스)는 공허한 개념의 일의성으로서의 잔재 ── 혹은 **허초점**(칸트 철학에 고유한 '거울'의 발생)[37] ──가 될 것이다. 이러한 사태는 초월개념이 범주 안에 거두어짐으로써 발생한 것이다. 하지만 이는 칸트에게 단순한 범주로의 초월개념의 환원이라는 것 이상으로, 비판철학에서 긍정적이고 결정적인 의미를 지니고 있다. '존재'가 공허한 개념이 되었기 때문에, 이때 근본적으로 실체성을 상실한 개념이라 부를 수 없는 개념이,[38] 요컨대 모든 의미에서 실체성을 결여한 공허한 개념이 주관성 속에서의 "나는 사유한다" ──이는 객체성의 측면에서 완전히 등가적인 상관자로서의 "대상=X"를 갖는다[39] ── 로서 그 장소를 점유하게 되며, 그러므로

---

36) Thomas Aquinas, *Summa Theologiae: Cura et studio Sac. Petri Caramello*, Marietti, 1952, Prima Pars, q.1-a.1, pp.2~3, q.11-a.1, pp.47~48, q.11-a.3, pp.49~50 etc.; *Quaestiones Disputatae de Veritate: Cura et studio P. Fr. Raymundi Spiazzi*, Marietti, 1964, q.1-a.1, pp.1~4 참조.

37) Kant, *Kritik der reinen Vernunft*, A644=B672[『순수이성비판』, 812쪽] 참조.

38) *Ibid.*, A345~346=B404[564쪽] 참조.

39) 로제 다발은 『칸트의 형이상학』 ──이는 칸트의 『유고』(*Opus postumum*)까지 사정권에 넣어, 도식론(예컨대 "도식론적 객관화"objectivation schématisante와 "선험적 객관화"objectivation transcendantale의 차이 등)에 관해 논구한 흥미로운 연구서다 ── 에서 '선험적 대상'과 '누메논'의 차이에 관해 다음과 같이 일반적으로 타당한 견해를 간결하게 서술하고 있다. "누메논과 선험적 대상은 그 어느 쪽과도 인식 불가능하다는 점에서는 부분적으로 동일시되고 있다. 그러나 누메논은 우리가 인간적 직관과는 다른 직관을 갖는다면 인식될 수 있을 것이라는 점에서 선험적 대상과 구별되지만, 이에 반해 선험적 대상은 사유 전체의 기구 속에서 하나의 톱니바퀴(rouage) 기능밖에 갖지 않는다. 다시 말해 우리는 대상 그 자체의 인식의 가능성에 관해 생각할 때에는 누메논이라는 말을 사용하지만, 인식하는 주관의 구조를 그려 내고 싶을 때에는 선험적 대상이라는 표현을 좋아하는 것이다. 만일 우리의 사유가 실제 행하고 있는 것과는 다른 방식으로 누메논을 도식화할 수 있다면, 누메논은 인식 가능하게 될 것이다"(Roger Daval, *La métaphysique de Kant: Perspectives sur la métaphysique de Kant d'après la théorie du schématisme*, PUF, 1951, p.297).

이에 따라 그 이전의 형이상학으로부터, 즉 "물자체"를 전제로 한 유비적 존재관으로부터 비판철학을 구별하는 가장 특이한 징표가 일의성의 철학으로서 주어지게 된다. 더 정확히 말하면, 초월개념의 위상에서 주장되는 일의성이 아니라, 선험적으로─즉 이 경우는 아프리오리하게 '다양한 것/상관자'의 정립 방식을 포함한다는 의미에서─일의적인 개념들, 즉 "선험적 대상", "선험적 통각", "하나인 가능적 경험"[40]이 비판적 이성의 내재성의 "평면"(Ebene)으로서, 혹은 차라리 "구면"(Sphäre)으로서 정립되는 사유에 우리는 도달하는 것이다.[41] 이러한 의미에서의 일의성은 바로 칸트의 선험철학에 고유한 '일성'으로서 파악될 것이다. 그러므

---

40) ① 현상들에 관해 유일하고 동일한 의미에서 말해지는 '대상' 개념, 즉 '선험적 대상'의 일의성에 관하여─"내가 현상 일반을 관계시키는 객관은 '선험적 대상', 즉 어떤 것 일반에 관한 완전히 무규정적인 사유다. 이를 누메논이라 부를 수는 없다. 왜냐하면 나는 이 대상이 그 자체로 무엇인지를 모르고, 또한 그것에 관해 감성적 직관 일반의 대상, 즉 모든 현상에 대해 동일한(einerlei) 대상의 개념 이외에 어떠한 개념도 지니지 않기 때문이다"(Kant, *Kritik der reinen Vernunft*, A253[『순수이성비판』, 487~488쪽]. 또한 A109[327~328쪽] 등을 참조). ② 현상들에 관해 유일하고 동일한 의미에서 말해지는 '나' 개념, 즉 '선험적 통각'의 일의성에 관하여─"'나는 사유한다'라는 것은 나의 모든 표상에 동반할 수 있어야 한다. 왜냐하면, 그렇지 않다면 전혀 사유되지 않는 것이 내 안에서 표상되며, 이는 표상이 불가능하거나 혹은 적어도 내게 무(無)라는 것과 같아지기 때문이다. 모든 사유에 앞서 주어질 수 있는 표상은 **직관**이라 말해진다. 따라서 직관의 모든 다양은 거기서 이 다양이 발견되는 동일한 주관 속에서 '나는 사유한다'라는 것과 필연적 관계를 맺는 것이다"(*Ibid.*, B131~132[346쪽]. 또한 B138[351쪽] 등을 참조). ③ 모든 '표상-현상'의 연관들에 관해 유일하고 동일한 의미에서 말해지는 '경험' 개념, 즉 '하나인 가능적 경험'의 일의성에 관하여─"모든 지각이 그 안에서 범통적(汎通的)·합법칙적 연관을 이루는 것으로서 표상되는 단 하나인 경험(*eine Erfahrung*)이 존재한다. 그리고 그것은 현상의 모든 형식과 존재 혹은 비존재의 모든 관계가 나타나는 단 하나의 공간과 시간이 존재하는 것과 마찬가지다. 만일 여러 가지 경험에 관해 이야기할지라도, 그것은 '유일하고 동일한 보편적 경험'에 속하는 한에서 단지 그만큼 많은 지각이 존재한다는 것이다. 지각의 범통적·종합적 통일은 틀림없이 경험의 형식을 구성하고, 또한 그것은 개념에 따른 현상의 종합적 통일과 다름없다"(*Ibid.*, A110[329쪽]. 또한 A119[335쪽], A581~582=B609~610[762쪽] 등을 참조).
41) *Ibid.*, A762=B790[901쪽] 참조.

로 이 '일성'은 그 고유한 '다성'(多性)을 아프리오리한 상관자로서 가져 야만 한다. 왜냐하면 일의적 개념은 자기에 관해 그 일의성이 주장되는 것이 아니라, 오히려 그 자체로는 완전한 무내용이므로, 그 내용 전부가 서로 다른 것 속에서, 즉 서로 상이한 다양한 것 속에서 전개될 수밖에 없 기 때문이다. 이것이 대상을 아프리오리하게 인식하게 하는 "직관의 다 양"에 관해 말해지는 '현상' 개념이다. 따라서 이런 한에서 이러한 다양성 은 그에 내적으로 대응하는 상관자로서의 일의적 개념에 고유한 '장'의 한계를 동시에 보여 준다. 그리고 '일의적'이라는 것은 모든 다양한 것에 관해 유일하고 동일하다고 말해지는 한에서의 선험적 개념이다. 실제로 "매개념 다의의 허위"에 빠지지 않는다는 것에는, 이미 칸트에게는 단지 개념 의 일의성을 보증하는 조건의 형식성 이상으로 더 강한 의미에서, 비판철학의 근간을 형성하는 일의성의 '장'을 정립하는 선험적으로 일의적인 개념의 모든 실체화를 부정한다는 뜻이 함의되어 있었던 것이다.

스코투스의 경우, "피조적 '존재'"와 "비-피조적 '존재'", 즉 "유한적 '존재'"와 "무한적 '존재'"에 대해, 혹은 "우유성"과 "실체"에 대해 '존재' 와 여타 초월개념들이 일의적이라고 주장하지만,[42] 앞서 말했듯이 칸트 에게 일의적인 것은 더 이상 이러한 의미에서의 '존재' 개념이 아니다. 공 허하고 무내용적인 일의적 개념은 그 내용 모두가 이것을 전개하고 표현 하는 다양성 안에 있고, 또한 그 다양성에 대해 유일하고 동일한 이상, 서 로 다른 다양한 것에 관해 '공통인 것'과 "가환적"이어야 할 것이다. 즉 그 것이 '존재'를 대신하는 새로운 공통개념, '현상'이라는 개념이며, 따라서 우리가 제시하는 칸트에게서의 세 가지 기본적인 일의적 개념은, 이 '현

---

42) Duns Scotus, *Ordinatio*, I, dist.3, p.1, q.1~2, n.27, Vatican ed., vol.3, p.18 참조.

상' 개념의 일의성을 각각에 서로 다른 **비-현상적인 것의 개념**으로서 표현하는 것이다. '현상'은 그것이 말해지는 모든 것에 대해 유일하고 동일한 의미에서 말해진다. 즉 이는 '현상'이라는 개념이 모든 다양한 것에 대해 유일하고 동일하다는 것, 예컨대 어떤 경험의 대상에 대해 한쪽의 직관이 다른 직관보다 탁월한 특권적 관계에 서지 않는다는 것이다. 그러나 '현상'의 이 일의성은 선험적 관념론에 고유한 내포적 전체라는 장과 불가분한 한, 늘 "선험적 대상=X"를 시초로 하는 다른 일의적인 개념들과 동시에 정립되어야 한다. 현상은 다양하게 이야기된다. 그것은 칸트에게는 범주에 의한 인식 대상의 구성, 즉 현상의 다의적 구성의 의미를 지니는 것이다. 하지만 이러한 오성의 다양성의 능력에 귀착하는 작용에 앞서, 비판적 이성에 의해 초월개념으로부터 그 모든 유비성이 도려내어지고, 이와 같은 일의성의 위상이 정립되지 않고서는 칸트의 선험철학은 불가능하다.

5. 스피노자에게서의 존재의 일의성

이처럼 스코투스가 말하는 중립적 '존재'의 일의성의 장소가 칸트에게서는 가능적 경험의 영역을 정립하는 선험적 개념의 일의성으로 결정적으로 옮겨진다. 하지만 그런데도 칸트의 체계성 내에서의 '조건'이 '조건지어지는 것'의 외부에 계속해서 존재하고, 또한 그 이상으로 오성의 범주들에 의한 현상의 **다의적 구성**과 감성의 **일의적 수용**에 앞서, 비판적 이성에 의해 수립되어야 할 누메논적인 것의 개념의 일의성이 의거하는 장이라는 형태로 확실히 스코투스적인 중립적 무차이성이 유지되는 이상, 일의성의 철학으로부터 말하면 그것은 역시 명목적인 것에 불과할 것이다.

'가능적 경험'은 명목적 경험이다. 그것은 결코 자신의 조건들의 발생적 요소가 되지 않고, 아프리오리한 조건에 의해 일방적으로 규정될 뿐인 경험이라 부를 수 없는 경험, 이를테면 **중립적 경험**이기 때문이다. 또한 칸트의 '나는 사유한다'는 자신의 모든 표상에 동반하고 있지만, 그것들에 대해 완전히 무차이적이며, 현상으로 말하면 어떤 '대상=X'로 수렴하는 계열의 일부를 점유하는 한에서만 지각되는……, 이것들 모두가 명목적이고 형식적인 일의성을 벗어나지 않는 지표가 되는 것이다. 이제 우리가 스코투스와 칸트를 통해 다시 이해해야 할 것은, 존재의 일의성의 '실재적 정의'를 탐구하는 것은 필연적으로 '선험적인 것'의 개념을 변혁하는 것이어야 한다는 논점이다. 이를 위해 앞서 과제로 제기해 놓은 스피노자의 표현적인 일의적 '존재'를 이어서 고찰하기로 한다.

스피노자의 『에티카』 1부의 정의 3과 4는 각각 실체와 속성에 관한 '명목적 정의'이며, "신이란 **절대적으로 무한한 '존재**'(ens absolute infinitum), 바꿔 말하면 그 각각이 영원·무한의 **본질**을 표현하는 (exprimere) 무한히 많은 **속성**으로부터 성립하는 **실체**라고 이해된다"(강조는 인용자)라는 정의 6만이 신의 '실재적 정의'와 다름없다.[43] 왜냐하면 여기서 신은 **자신을 표현하는** 실체, 그 실체의 본질을 **표현하는** 무한히 많은 속성, 그리고 그 속성들에 의해 **표현되는** 본질이라는 '표현'의 세 항의 관계에 의해 "절대적으로 무한한 '존재'"로서 발생적으로, 즉 실재적으로 정의되기 때문이다.[44] 이 '**표현의 운동**' 속에서 속성 안에 자신을 표현하

---

43) SPE, 16/30, 65/105~106, 319/458 참조. "정의 3. 실체란, 그 자신 안에 존재하고, 또한 그 자신에 의해 사유되는 것, 즉 그 개념을 형성하는 데에 다른 개념을 필요로 하지 않는 것이라 이해된다." "정의 4. 속성이란, 지성이 실체에 관해 그 본질을 구성하고 있다고 지각하는 것이라 이해된다"(『에티카』 1부 정의 3, 4, p.45[19~20쪽]).

는 실체는 그 무한히 많은 속성에 의해 유일하고 동일한 것으로서 '지시되는 것'이고, 각각의 속성은 이 실체의 절대적 본질을 서로 형상적 혹은 실재적으로 다른 방식으로 '표현하는 것'이며, 또한 이 본질은 무한히 많은 이러한 표현적 속성 안에서 유일하고 동일한 것으로서 '표현되는 것'이다. 그리고 이 '표현되는 것'은 결코 표현하는 속성을 벗어나 그 외부에 존재하지 않는다. 이에 따라 신은 속성이라는 표현의 외부에 그 존재가 정립되는 "무한히 완전한 '존재'"(스스로를 표현하지 않는 단순한 '지시되는 것')로서 ─ 그때 속성은 이 '존재'의 단순한 특성이 된다 ─ 가 아니라, 무한히 많은 속성에 의해 표현될 수밖에 없는 "절대적으로 무한한 '존재'"로서 발생적으로 논해지게 된다.[45] '실재적 정의'란, 바로 정의되어야 할 대상의 '발생적 정의'여야 한다. 그러므로 정의 3의 실체에 관한 정의는 어디까지나 단지 실체성의 기준만을 기술한 명목적 정의이며, 신과 실체가 동일하게 사유되는 것은 정의 6의 신에 관한 실재적 정의를 통해 비로소 가능케 된다. 결국 그 모든 것은 스피노자의 '속성'을 어떻게 이해하느냐에 달려 있다고 해도 과언이 아니다. 그리고 중요한 것은 속성이 실체를 **지시함**과 동시에, 그 실체의 본질을 **표현한다**는 점이다.

서로 형상적으로만 구분되는 속성들, 거기서의 형상적 구분은 스코투스에게서처럼 "최소한의 실재적 구분"이 아니라, 전적으로 실재적 구

---

44) SPE, 15~16/29~30. "따라서 신이 자신에 관해 그 자체로 무한한 무한히 많은 속성으로부터 성립하는 하나의 실체로서 정의될 때, 표현의 관념은 속성, 실체, 본질이 포함되는 관계로서만 나타난다고 생각된다." "정의 6만이 실재적이며, 또한 이것만이 우리에게 실체, 속성, 본질에 생겨나고 있는 일을 이야기하는 것이다."

45) "무한히 완전함"(infiniment parfait)이란, 각 속성의 양상, 즉 '신의 특성'과 다름없지만, 이에 반해 "절대적으로 무한함"(absolument infini)이란, 실체의 본질을 구성적으로 표현하는 무한히 많은 속성으로 이루어지는 '신의 본성'이다. 이런 의미에서 "절대적으로 무한함"은 "무한히 완전함"의 근거 혹은 충족 이유다(SPE, 60/98, 63~64/102~105 참조).

분이 된 구분이라고 들뢰즈는 말한다.[46] 즉 어떠한 수적 구분도 허용하지 않고, 또한 유일하고 동일한 '존재'를 분할하지 않되 그 본질을 형상적으로 완전히 다른 방식으로, 그러나 동등하게(=일의적으로) 표현하는 속성들 사이에 정립되는 구분, 그것이 '실재적 구분'이기 때문이다. 스코투스의 대목에서 서술했듯이, 들뢰즈는 스피노자에게서의 신의 속성을 신의 본질을 형상적으로 표현하는 '동사'라 생각하고, 신의 이름이란, 무릇 이 '동사'의 이름이라고 주장한다.[47] 속성은 신의 본질을 표현함으로써 역으로 그것을 신에 귀속시키는 한에서, 바로 신 자신의 "구성하는 표현"이다.[48] 이런 의미에서 '표현되는 것'은 '표현'의 외부에는 결코 존재하지 않는다. 이처럼 신의 동사로서의 속성이 각각에 '형상적-질적'으로 다른 방식으로 실체의 본질을 구성적으로 표현하는 것이라면, 이에 따라 '표현되는 것'은 그 동사들 각각의 의미며, 따라서 그 복수의 의미에서 유일하고 동일한 '표현되는 것'이란, 바로 신의 절대적 본성의 의미, 즉 그 일의적 '존재'의 의미, 본질에 포함되는 그 '존재'의 의미다. 스피노자에게서의 무한히 많은 속성이 실재적으로 다른 방식으로 신의 본질을 무한히 다양하게, 그러나 일의적으로 동등하게 표현한다는 것은, 다시 말해 '존재하다'라는 신의 일의적 '동사'를, 예컨대 '사유하기', '연장되기'와 같은 형상적으로 구분되는 '동사'로서의 속성들이 구성적으로 ——질적으로 다른 방식으로, 그러나 존재론적으로는 동등하게—— 표현한다는 것이다. 모든 동사(부정사)에 대해 유일한 동사(부정사), 혹은 모든 사건에 대해 유일한

---

46) SPE, 54~56/90~92 참조.
47) SPE, 36~37/61~62, 42/70, 92/144 참조.
48) SPE, 46/78 참조.

사건이야말로 역동적이고 능동적인 속성에 의해 구성적으로 표현되어야 하는 것이다. 동사——신의 절대적인 '존재하는 역능'의 형상.

하지만 스피노자에게서의 속성은 이러한 "실체의 본질의 계보학"뿐만 아니라 "사물의 참된 산출"의 수준에서도 이해될 필요가 있다.[49] 바꿔 말하면, 그것은 일의적 '존재'가 형상적 혹은 실재적 구분에 관계하는 차원으로부터 양태적 구분에 관계하는 차원으로의 이행이다. 즉 이는 형상적으로 구분되는 무한히 많은 '표현하는 것'(속성)이 존재론적으로 단 하나의 '표현되는 것'(실체의 본질)에 관계하는 위상으로부터, 각각의 속성 안에서 양태적으로 구분되는 무한히 많은 "형상적 존재"인 '표현하는 것'(양태)이 동등하게 "그 자체 내의 존재"로서의 '표현되는 것'(속성만을 달리하는 무한히 많은 양태 아래에서 표현되는 **실체의 유일한 변양**인 "양태적 변양modificatio")에 관계되는 위상으로의 이행을 보여 주고 있다.[50] 들뢰즈는 이러한 점을, 신의 동사로서 속성을 이해하는 것을 활용하여, 무한히 많은 속성에 의해 구성되는 실체의 "최초의 부정사절(不定詞節)"로부터 이것에서 유래하는 양태의 "참된 분사절"로 '표현의 운동'이 이행하는 것으로서 적확하게 설명하고 있다.[51] 그런데 여기서 중요한 것은, 신의 실재적 정의로서의 "절대적으로 무한한 '존재'"는 이제 양태라는 모든 개체화의 요인에 대해 단지 외적으로 관계지어지는 무차이적인 중립적 '존

---

49) SPE, 10/20 참조.
50) 신의 산출의 차원에서의 '양태'와 '양태적 변양'의 관계에 관해서는 SPE, 97~98/151~153 참조. "모든 양태는 속성 속에서의 **양태적 변양**의 형상이며, 모든 양태적 변양은 속성마다 다른 **양태**들의 '자기 내의 존재'다('자기 내의 존재'는 여기서는 '우리 내의 존재'에 대립하지 않지만, 형상적 존재에 대립한다)"(SPE, 98/152~153. 강조는 인용자). 이에 관해서는 또한 이 장의 각주 55번을 참조하라.
51) SPE, 92/144~145 참조.

재'(지시되는 것)가 아니라, "그 자신 안에"(in se) 있는 실체와 "다른 것 안에"(in alio) 있는 양태라는 '존재의 방식'이 전혀 다른 것에 관해 동일한 의미에서 말해지는 속성으로 구성되는 일의적 '존재'라는 것이다. 모든 속성은 신의 영원·무한한 본질을 질적으로 다른 방식으로 **표현하지만,** 그 동일한 형상 아래 동일한 의미에서 양태들의 본질에 **포함되고 표현된다.**[52] 스피노자에게 실체와 양태에 공통적인 '존재'란, 이 양쪽에 **공통적인 형상**인 속성에 의해 구성되는 "절대적으로 무한한 '존재'"이며, 따라서 이 일의적 '존재' 내에 실체와 양태라는 "'존재'(있음)가 말해지는" 모든 것이 내재한다. 실체와 양태는 이 내재면(일의적 '존재')에서의 서로 다른 양상들인 것이다.

한편 '표현의 운동'은 "사물의 산출" 차원에서도 관철되어야 한다. 여기서 양태 안에 스스로를 표현하는 것은 속성이며, 또한 모든 양태에 의해 동일한 것으로서 '지시되는 것'은 그 양태가 의존하고 있는 각각의 속성이다. 여기서는 양태가 '표현하는 것' 그 자체가 되고, 이에 따라 이번에는 형상적으로 구분되는 모든 속성에 대해 존재론적으로 단 하나의 변양(affection)인 실체의 '양태적 변양'이 표현되는 것이다. 이 **'재-표현'의 운동** 속에서 명확히 구별되는 것은, "양태는 속성의 변양이며, 양태적 변양은 실체의 변양이다"라는 점이다.[53] 속성의 변양인 '양태'는 어디까

---

52) 들뢰즈는 이 속성의 일의성으로부터 매우 중요한 논점을 끌어내고 있다. 즉 스피노자에게서 실체는 양태들 안에 내재하는 것도, 양태들이 실체 안에 내재하는 것도 아니다. 오히려 실체와 양태야말로 그것들에 '공통적인 형상'인 속성 안에 내재하는, 즉 그것들의 "내재면"을 구성하는 속성에 일의적으로 내재하는 것이다(i, 4/511; QP, 49~50/74~75 참조). 따라서 스피노자에게 고유한 내재성의 철학은, 정확히 말하면 실은 '범신론'(pantheismus)도 '만유내재신론'(panentheismus)도 아니게 된다.

53) SPE, 98/152.

지나 **형상적으로**, 또한 실체의 변양인 '양태적 변양'은 **존재론적으로** 이해될 필요가 있다고 들뢰즈는 말한다. 그렇다면 실제로 속성의 변양을 표현하는 직접무한양태, 간접무한양태, 유한양태라는 양태에 관한 세 가지 수준은 바로 공통개념의 적용의 질서 아래에서 고찰된 양태 그 자체의 **형상적인 결정들**, 혹은 오히려 **질서짓기**로 이해된다고 생각한다. 그리고 실체의 유일하고 동일한 양태적 변양이 이 형상적인 개체화의 요인(양태)을 유일한 '표현의 조건'으로 하여, 그러나 무한히 많은 내재적 양상 아래에서, 즉 무한히 많은 양태가 각각 지닌 본질 혹은 역능 속에서, 형상적으로는 다양하지만 존재론적으로는 하나인 것으로서 표현되는 것이다.[54] 따라서 모든 양태는 속성의 변양이라는 '형상적 존재'의 차원과, 실체의 양태적 변양이라는 '그 자체 내의 존재'의 차원을 가지게 된다.[55] 각 속성이

---

54) SPE, 97~98/151~153 참조. 들뢰즈는 스피노자에게서의 무한히 많은 '양태'들과 유일한 '양태적 변양'의 이러한 관계를 사용하여, 자신의 일의성의 철학을 '사유의 이미지'와 '개념'의 관계로서 다음과 같이 표현하고 있다. "개념들은 상승하거나 하강하는 다양한 물결이지만, '내재면'은 그러한 개념들을 접거나 펼치는 유일한 물결이다"(QP, 38/56). "개념은 사건이지만, [내재]면은 그 사건들의 지평, 즉 순수하게 개념적인 사건의 저장고(réservoir) 혹은 창고(réserve)다"(QP, 39/57). 또한 라이프니츠에게서의 사건이 잠재적으로 공립하는 이러한 '창고'에 관해서는 P, 141~142/191~192 참조.

55) 들뢰즈는 이 '양태적 변양'이야말로 양태의 형상적인 존재와 대립하는 "그 자체 내의 존재"(être en soi)라고 말한다. 즉 "신이 무한히 많은 속성으로 성립하는 한, 신은 참으로 그 자체 내에 있는 그대로의 사물들의 원인이다"(『에티카』 2부 정리 7 주석, p.90[89쪽])라고 주장할 때의 "그 자체 내의 사물", 이것이 실은 '양태적 변양'이라는 것이다. 요컨대 양태는 단지 속성의 '변양' 속에서의 형상적 존재뿐 아니라, 실체의 '양태적 변양'을 표현하는 한에서 "그 자체 내의 존재"를 가지는 것이다. 그리고 신은 이 '양태적 변양'의 원인이다. 즉 '신은 자기원인이다'라는 말이 '신은 모든 것의 작용인이다'라는 것과 **동일한 의미**에서 말해진다고 주장하는 "원인의 일의성"과 마찬가지로(1부 정리 25 주석, p.68[54쪽]), 실은 '양태적 변양'은 신의 본질인 역능에 대응하는 변양능력이 능동적 변양에 의해서만 충족된다는 의미에서(SPE, 83/132 참조), 또한 그것이 양태에 의해서만 표현된다는 의미에서 신의 유일한 변양, 즉 신의 '자기변양'이다. 양태란, 피조물도 단순한 산출물도 아니라, 자기를 변양하는 '어떤 것'(신)의 표현인 것이다.

그에 의존하는 모든 양태에 의해 유일하고 동일한 것으로 지시되는 것과, 실체가 모든 양태의 서로 다른 역능의 정도에 따라 유일하고 동일한 '양태적 변양'으로 표현되는 것은 스피노자에게서의 존재의 일의성의 두 번째 단계를 보여 주고 있다고 생각된다. 왜냐하면 이 '재-표현'의 수준에서도 형상적인 다양성은 결코 존재론적인 분할을 의미하지 않고, 오히려 '분할 없는 구분' 속에서 무엇이 일의적으로 동일한 것으로서 머무르는지를 밝히기 때문이다.

분명히 스피노자의 존재의 일의성은 특히 "속성의 일의성"으로서 정의된다.[56] 즉 실체와 양태에 공통적인 형상은 속성인데, 그와 동시에 이 양쪽을 구별하는 것도 이 동일한 속성이었다. 그렇지만 여기서 가장 중요한 논점은, 그런데도 "여전히 실체와 양태들 사이에는 어떤 무차이가 존속한다"는 것이다.[57] 왜냐하면 속성은 실체의 본질을 양태와는 무관한, 양태에 대해 중립적인 방식으로만 구성하며, 또한 설령 양태들이 실체의 표현인 속성을 산출의 차원에서 재-표현하고, 그와 동시에 각 속성 아래에서 유일하고 동일한 실체를 지시할지라도,[58] **속성에 의한 신의 표현**은 양태에 결코 의존하지 않는 표현이기 때문이다. 그 정의로부터 말해도, 실체는 양태에 의존하지 않으며, 또한 속성은 양태 없이도 이해될 수 있기 때문이다.[59] 따라서 스피노자에게서의 실체가 양태에 전혀 의존하지

---

56) 스피노자의 '에티카'의 체계성 내에는 복수의 '일의성'이 존재한다. 즉 속성의 일의성(존재의 일의성), 원인의 일의성(산출의 일의성), 관념의 일의성(인식의 일의성), 양상의 일의성 등. 하지만 적어도 이 '일의성'들의 논술상의 기저가 되는 것은 역시 스피노자에게서 '표현적 내재성'을 첫 번째로 형성하는 "속성의 일의성"이다(SPE, 308~311/446~450; SPP, 121/135 참조).

57) DR, 59/112.

58) SPE, 40~41/68~69, 92~93/144~145 참조.

59) DR, 59/112; SPE, 38/65 참조.

않기에, 이런 한에서 꼭 양태에 관해 말해질 필요가 없는 이상, 바로 이런 의미에서의 실체는 분명 양태들 내에서의 모든 차이에 관해 여전히 '중립적=무차이적'이라고 생각될지도 모른다. 하지만 틀렸다. 왜냐하면 스피노자에게 무차이는 존재하지 않으며, 모든 존재하는 것의 유일한 **긍정적 양상**, '**필연성**'의 개념이 바로 그것을 완전하게 보여 주기 때문이다. 여기서 말하고 싶은 것은 **무한 실체의 '실재적 정의'에서 양태는 바로 그 정의되어야 할 대상의 발생적 요소로서 결코 관계되지 않는다는 것**이다. 원인의 일의성으로부터 말해도, 신은 분명 양태 없인 신일 수 없지만, 그렇다고 양태에 의해 신이 되는 것도 아니다. 확실히 스피노자에게 무한 실체로서의 일의적 '존재'는 그것이 산출의 차원에서도 능동적 속성에서의 모든 양태에 의해 존재론적으로는 단 하나인 것으로, 그러나 형상적으로는 다양하게 재-표현되는 한, 양태라는 '표현하는 것'에 대해 결코 무차이적일 수 없다. 하지만 여기서 들뢰즈가 말하는 '무차이'란, 이미 스코투스의 존재의 일의성에서 주장되었던 '무차이'와는 달리, 매우 강한 의미에서 스피노자의 일의적 '존재'의 발생적 정의가 **양태에 관한 언급 없이** 성립한다는 것을 가리키는 말이다. 다시 말하면 거기에는 양태에 의존한 형태로 무한 실체의 변화 문제가 포함되어 있다는 것을 덧붙여야 한다. 결국 일의성과 차이에 의한 문제-틀에서 스피노자에게 단 한 가지 결여되어 있었던 것, 그것은 역시 "실체를 양태들의 주위에서 회전시키기, 즉 일의성을 영원회귀 속에서의 반복으로서 실재화하기"일지도 모른다.[60] 그러므로 영원회귀로서 일의적 '존재'가 파악된다면, 무엇보다도 양태들(차이의 생성)을 자신의 발생적 요소로 하여 그 유일하고 동일한 것(반복의 발생)이

---

60) DR, 388/632.

실재적으로 정의될 것이다──즉 무한 실체의 변화는 '반복'으로서 논해 지게 되는 것이다.

6. 가소적 원리로서의 일의적 '존재'

여기서 문제점을 정리해 놓는다. 실재적 정의는 정의되는 대상의 단순한 "논리적 가능성"이 아니라, "실재적 가능성" 혹은 "선험적 가능성"의 근 거에 관계되어 있어야 한다.[61] 즉 실재적 정의는 바로 그 '정의되어야 할 것'의 발생의 최근원인(발생적 요소들)을 언명해야 한다는 것이다. 그런 데 "'존재'는 '존재'〔있음〕가 말해지는 모든 것에 관해 유일하고 동일한 의 미에서 말해진다"라는 존재의 일의성에 관한 들뢰즈의 이 정의를 그대로 '실재적 정의'라 이해한다면 어떻게 될까. 그러면 이 정의에는 "'존재'〔있 음〕가 말해지는 모든 것에 관해 유일하고 동일한 의미에서 말해짐"으로 써, 애초에 그 일의적 '존재'의 발생이 서술되어 있다고 생각해야 한다. 실 재적 정의에서는, 거기서 정의되어야 할 대상의 존재가 아프리오리하게 상정되지 않고, 그 '최근원인'(causa proxima)에 의해 **인과적으로**,[62] 혹 은 그 발생적 요소에 의해 바로 **발생론적으로** 정의된다. 즉 단순히 "'존재' 〔있음〕가 말해지는 모든 것에 관해 유일하고 동일한 의미에서 말해짐(se dire)" 그 자체가 그 일의적 '존재'의 최근원인이며, 또한 그 발생적 요소 라는 것이다.

---

61) SPE, 319/458 참조.

62) Baruch de Spinoza, *Tractatus de intellectus emendatione*, §95~96. *Spinoza Opera*, vol. 2, pp. 34~35[『지성개선론』, 강영계 옮김, 서광사, 2015, 39~40쪽]; *Epistola*, §60. *Spinoza Opera*, vol. 4, pp. 270~271 참조.

그러나 스코투스의 일의적 '존재'는 신과 피조물이라는 "'존재'〔있음)가 말해지는 것"으로부터 인과적·발생론적으로 정의되지 않는다. 스코투스가 창조설을 취하는 이상,[63] 이 일의적 '존재'가 "'존재'〔있음)가 말해지는 모든 것"의 내적 발생의 원리가 아님은 명백하며, 더구나 그것이 자기원인이면서 모든 것의 작용인이라고 할 수도 없을 것이다. 비록 스코투스에게 창조자인 신이 모든 것의 작용인이라고 생각되었을지라도, 결코 그것이 자기원인과 동일한 의미에서 말해지지는 않을 것이다. 스코투스의 일의적 '존재'가 '중립적=무차이적'이라 칭해지는 것은 바로 이와 같은 사항으로부터 이해될 수 있다. 그렇다면 스피노자의 경우는 어떨까. 먼저 "무한 실체" 혹은 "절대적으로 무한한 '존재'"로서의 신은 모든 것의 "내재적 원인"(causa immanens)이며, 이런 의미에서 "'존재'〔있음)가 말해지는 모든 것"의 내적 발생의 원리다.[64] 그리고 신의 본질을 구성하면서 그 존재도 구성하는 속성은, 그것이 실체와 양태라는 "'존재'〔있음)가 말해지는 것"에 대한 '공통의 형상'인 한, 그것들의 본질 속에서도, 또한 그것들의 존재 속에서도 서로 다른 것에 관해 유일하고 동일한 의미에서 말해지는 일의적 '존재'를 신에 관해 구성한다. 그러나 이 무한 실체가 어떠한 의미에서도 양태에 의존하지 않음은 명백하고, 따라서 그 실재적 정의에 관해 양태가 이 일의적 '존재'의 발생적 요소로서 포함될 수는 없으며, 또한 양태라는 적극적인 의미에서만 '결정되는 것' 혹은 '조건지어지는 것'에 의해, 혹은 그것들과 함께 이 무한 실체라는 내재적 '조건'이 역으로 규정되어 그 자체가 양태적으로 변화하는 일도 결코 없을

---

63) SPE, 58/94 참조.
64) 『에티카』 1부 정리 18, p.63[48쪽].

것이다. 따라서 스피노자에게서의 존재의 일의성이 본질적으로 내포하는 이 궁극적 '무차이성'을 뛰어넘기 위해, "실체는 그 자체로 양태에 관해 말해지고, 게다가 양태에 관해서만 말해져야 한다"고 들뢰즈가 주장할 때, 거기에는 '조건지어지는 것'에 의존하여 그것들과 함께 어떤 방식으로 변화하는 가소적인 '조건'인 선험적 장의 탐구와, 이 장을 실재적으로 정의되는 일의적 '존재'로서 논구하는 것이 동시에 함의되어 있다고 이해할 필요가 있다. 그리고 이 요청을 완전히 충족하는 것으로서 니체의 '영원회귀'라는 선험적 조건이, 즉 "조건지어지는 것과 **함께 변성하고**(se métamorphoser), 어떠한 경우에도 자신이 규정하는 것과 **함께 자신도 규정되는**"(강조는 인용자) '내재성'의 조건이 새롭게 제기되는 것이다.[65]

형상적으로 구분되는 복수의 의미가 존재론적으로 단 하나인 '지시되는 것'에 관계한다는 것, 또한 양태적으로 구분되는 '표현하는 것' 혹은 '지시하는 것'에 관해 유일하고 동일한 의미에서 말해지는 그 '존재'의 의미는 '표현되는 것'이라는 것, 이것들은 각각 존재의 일의성에서의 형상적 구분과 양태적 구분을 나타내며, 이 두 개의 '분할 없는 구분'에 의해 '존재'는 일의적으로 차이에 관계지어졌다. 스코투스와 스피노자는 이 형식을 만족하도록 그 '존재'의 일의성을 전개했지만, 들뢰즈는 바로 이러한 '구분'에 관한 논의를 더욱 심화하여, "존재가 차이에 관해 말해진다는 의미에서 존재야말로 '차이'다"라고 했던 것이다. 이는 '존재'로부터 모든 의미에서의 무차이성과 이에 대응한 사유를 배제하려는 언명이다. 왜냐하면, 예컨대 스피노자에게 신은 **절대적으로 무한한 '존재'**, 즉 절대적으로 무한한 '차이'이기 때문이다. 신의 이름, 그것은 '차이'(Différence)다. 그

---

65) DR, 59/112~113; NP, 57/103~104 참조.

러므로 차이에 대해 무차이적인 '존재'를 상정하는 것은 신 혹은 자연 안에 가능성이나 우연성을 들이는 것과 같다. '표현되는 것'이란, 그 '표현'의 외부에는 결코 존재하지 않는, 유일하고 동일한 '존재'의 비-물체적인 '의미'다. 그렇다면 이 '의미' 자체는 무엇일까. 스피노자에게 그것은 무한히 많은 속성에 따라 무한히 많은 방식으로 표현될 수밖에 없는 신의 본질인 '역능'(potentia)이지만, 이 절대적 능력조차 **속성이라는 그 아프리오리한 형상적인 '조건'을 떠나서는 있을 수 없다.**[66] 왜냐하면 신의 역능은 신의 본질 그 자체이지만,[67] 차이가 없는 곳에 '힘'의 관계는 결코 생길 수 없고, 또한 차이(비-관계의 관계성)로서의 '힘'도 존재하지 않기 때문이다. 의미란, 말의 '의미된 것'이 아니라, 항상 표현의 '표현되는 것'이며, 그런 한에서 '비-물체적'이란, 단지 고정된 어떤 하나의 영역을 보여 주는 것이 아니라, 이 '의미된 것'에서 '표현되는 것'으로의 의미의 가치전환을 나타내는 말이다.

존재의 일의성에서 일의적인 것은 차이에 관해서만 말해지고, 이 일의적 '존재'의 본질이야말로 역능 혹은 힘으로서의 차이다. 이처럼 스피노자의 일의적 '존재'는 능산적 자연으로서 확실히 "'존재'(있음)가 말해지는 모든 것"의 내재적 원인이었지만, 실체를 중심적 요소로 하여 구성되는 이 일의적 '존재'는 결코 양태를 그 발생적 요소로 하여 실재적으로 정의되지는 않을 것이다. 단, 공통개념의 "형성의 질서"는 반드시 이에 타당한 것은 아니다. 왜냐하면 스피노자에게 "'존재'(있음)가 말해지는 모

---

66) SPE, 79~80/127; SPP, 135/149 참조. "(신의) 존재하는 역능은 모든 속성을 **형상적** 조건들로서 아프리오리하게 소유하는 무조건적 전체다."
67) 『에티카』 1부 정리 34, p.76[66쪽]; 2부 정리 3 주석, p.87[85쪽].

든 것에 관해 유일하고 동일한 의미에서 말해지는"것이 그 일의적 '존재'
자체의 발생적 요소들이 된다는 것은, 요컨대 능력들의 초월적 실행에 의
해 **하나의 공통개념을 형성한**다는 것이기 때문이다(바꿔 말하면, 이 경우
에 '유일하고 동일한 의미에서'라는, 실제의 언명에서는 결코 들리지 않는 **침
묵의 부사**[=선험적 부사]는, 혹은 그런 한에서 그 잠재성은 '공통개념'이라
는 관념의 표현적 언어 활동으로서 현실화된다는 것이다). 즉 우리의 활동
역능은 '유일하고 동일한 의미에서 말해진다'라는 일의성을, 혹은 오히려
이 일의성을 **배분하는** '힘'을 소유하기 때문에, '공통개념을 형성한다'라
는 발생적 요소들 중 하나가 될 수 있는 '**동사**'를 그 역능의 증대로서 사
용하는 것이다(단적으로 말하면, 공통개념을 형성하기, 그것은 존재의 일의
성을 배분하는 '힘'을 소유하려는 노력이다). 다시 말해서, 예컨대 이 실재
성을 '헤아리는 수'로서 전개함으로써,[68] 즉 자신의 신체의 현실적 존재

---

(68) 스피노자의 '외부의 원인'과 '고유 수'에 관한 주. 정의는, 정의된 사물의 본성 이외의 그 무
엇도 포함하지 않는 이상, 그 사물의 수에 대해 **무차이적**이다. 그러나 현실에 존재하는 사물
에는 그 존재에 관한 어떠한 원인이 "필연적으로" 있다고 생각할 수 있다. 스피노자가 든 사
례로 생각해 보자. 자연 속에 20명의 인간이 있다면, 확실히 그 수는 인간의 본성 그 자체 안
에 포함되어 있지만, 20명의 인간이 존재하고, 또한 각각의 인간이 존재하는 원인이 그들 하
나하나의 외부에 존재하는 것이다(예컨대 인간의 부모는 인간의 본성을 낳는 것이 아니라, 인
간의 존재의 수를 만들어 내는 원인이며, 이런 한에서 그 자식의 '외부의 원인'causa externa이다).
즉 외부의 원인에 의해 필연적으로 그 인간이 존재하고, 필연적으로 그 수의 인간이 존재하
는 것이다(『에티카』1부 정리 8 주석 2, pp.50~51[28~29쪽] 참조). 이처럼 스피노자에게는 실
체의 본질의 계보학에서부터 사물의 산출의 차원까지, 즉 그 본질이 존재를 포함하는 것의
필연적 존재(그 자신에 의한 절대적 필연성)에서부터 이 외부의 원인에 의한 필연적 존재(순
차적으로 구축되는 필연성)까지, 모든 존재하는 것의 유일한 긍정적 양상인 '필연성'이 가로
지르고 있다(양상의 일의성). 따라서 이런 의미에서 가능성이나 우연성이라는 개념을 만들
어 내는 무차이성 ─인식의 결여─은 어디에도 존재하지 않는다. 다시 말해 스피노자에
게는 '헤아려지는 수'가 존재하지 않는다는 것이다. 그렇지만 스피노자 자신이 서술하고 있
듯이, 이는 필시 본질과 존재에 관해 그 모든 것이 신에게 의존한다고 함으로써 일반적으로
드러날 수 있을 뿐이다. 즉 외부의 원인을 충분히 파악하여, 어떤 개체의 존재나 본성을 동
일하게 하는 복수 개체의 존재의 수에 관한 필연적인 인과적 결정을 이해했을지라도, 그것

아래에서 일반성이 더 낮은 공통개념을 형성하고(국소적 표현론), 신체의 본질 아래에서 영원한 것을 부분적으로 느끼고 경험함(국소적 경험론)으로써, 일의적 '존재'는 바로 그때 발생하는 것이다.[69] 중요한 것은, 내적 발생의 원리(내재적 원인)는 자신이 어떤 작용으로 결정하고 조건짓는 그 양태와 함께 변화하는 가소성을 갖춘 '선험적 장'이어야 한다는 점이다. 이런 강한 의미에서 존재가 생성에 관해서만 말해지고, 동일성이 차이성에 관해서만 말해지고, 동등한 것이 부등한 것에 관해서만 말해지기 위해 우리가 이룩해야 하는 것, 그것은 모든 범주상에서의 이러한 '가치전

___

은 어디까지나 일반적 인식이며, 따라서 앞의 20명의 사례에 관해서도, 설령 그 인간의 수에 관한 충분한 이유를 우리가 획득했을지라도, 그것은 어디까지나 '헤아려지는 수' 속에서의 인식이지 결코 '헤아리는 수'가 관계된 고유 수가 아닌 것이다. 왜냐하면 그것은 단지 '복수의' 것에 관한 인식일 뿐, 결코 '다른' 것에 관한 인식을 촉구하지 않기 때문이다(B, 36/55 참조). 처음에 20명이라 헤아린 그 셈의 경험적 사용은 과연 무엇을 헤아린 것일까. 그것은 20마리의 이성적 동물 혹은 20마리의 웃는 동물 혹은 20마리의 날개 없는 이족(二足) 동물을 헤아린 것이 아닐까. 즉 그것은 인간에 관한 일반적인 표상상의 반복만을 헤아린 것이다. 이러한 반복——동일물의 반복——의 단순한 총계가 고유 수로서 읽혀지는 일은 결코 없을 것이다. 이에 반해, 공통개념의 형성의 질서가 헤아리는 것은, 예컨대 인간에 관해 20이라는 수를 고유 수——혹은 '성숙한 한 개체'(『에티카』 2부 정의 7, p.85[82쪽] 참조)——로 하는 고유의 변양능력을 지닌 각 인간 사이의 분자적 결합을 만들려면, '헤아리는 수'——즉 우리의 '헤아리다'라는 능력의 초월적 실행, 혹은 관념의 표현적 언어 활동——가 관계되는 실재성(완전성)의 수, 고유 수를, 바꿔 말해 그 개체의 활동역능의 형상적 표현인 동사——즉 그 개체의 변양능력의 작용적 형상——의 수를 찾아내야만 한다는 것이다. 혹은 하나의 '고유 수'는 단순한 "수"(nombre)를 개념의 "수학=표징(表徵, chiffre)"으로 만든다는 것이다. 적용의 질서 아래서 우리의 주의는 '형상의 작용'의 결과를 향하지만, 그에 반해 '작용의 형상'을 소유하려는 우리의 노력이 발휘되는 것은 형성의 질서에서다. 들뢰즈가 '에티카'를 "에톨로지"(동물행동학)로서 파악할 때, 이 '에톨로지'는 바로 그 변양능력의 작용에 고유한 형상의 수를 하나의 '고유 수'로서 찾아내는 방법론이라 이해되어야 할 것이다(SPP, 166~170/183~188; MP, 313~314/486~488 참조).

69) 실체와 양태에 '공통적인 형상'이라 할 경우, 이 '공통'은 본질의 관점에서 '일의성'으로 파악되므로, '공통적인 것'의 관념 형성은 그 자체가 곧 작용인이 되어 '일의적인 것'의 직관지로서의 인식을 발생시키며, 또한 그 인식 자체가 이 '일의적인 것'의 정신 속 강도적 부분이 됨을 내포한다. "'공통'이란 '일의성'이라는 의미다"(SPE, 279~280/406~407 참조).

환'——어떤 배반——이며,[70] '하나의 삶' 속에서만 생기할 수 있는 이러한 비-현실적인 사건을 바라는 것이다(여기서는 논하지 않지만, 여기에는 비판의 문제와 동시에 기관과 의미를 배반하고 생명이나 세계 같은 일반성과 연을 끊는 '어떤 신체'[=탈기관체]로의 이행이라는 임상적인 문제가 포함되어 있음을 지적해 둔다).[71]

---

70) DR, 59/112 참조. 마찬가지로 푸코는, 들뢰즈에게 존재의 일의성의 최종 국면인 이 '전환'을 어떠한 아프리오리한 개념적 틀도 전제로 하지 않는 '비-범주적 사유'로의 이행으로서 파악하고, 이를 위한 조건들로 "범주의 폐기, 존재의 일의성의 긍정, 차이의 주위에 있는 존재의 반복적 혁명(révolution répétitive)"을 제기한다(Michel Foucault, "Theatrum philosophicum", *Dits et écrits*, vol.2, Gallimard, 1994, pp.91~92[『들뢰즈의 푸코』, 권영숙·조형근 옮김, 새길, 1995, 231~233쪽] 참조). 이것들은 다시 말해 **형상적-실재적 구분과 양태적 구분의 논리, 표현의 이론, 그리고 탈-근거의 문제**에 각각 대응하고 있다고 할 수 있다. 또한 여기서 말하는 전환이라는 '배반' 행위는 불공가능적인 생성의 한 양태이며, 이는 예컨대 최근 유행하는 철학적 생명론자의 '사기'꾼다운 태도로부터 가장 거리가 먼 것이다. 중요한 것, 물어져야 할 문제는 '생명 일반'에 관한 형용적 담론을 쌓아 올리는 것이 아니라, '하나의 삶'에 관한 동사의 블록이며, '어떤 삶인지'(quelle vie)를 결정하는 조건이다.

71) '비판의 문제'란 "비-의미가 그 모습을 바꾸고, 가방-말[혼성어]이 그 본성을 바꾸고, 언어 활동 전체가 그 차원을 바꾸는 시차적(示差的) 준위의 **결정의 문제**"며, 또한 '임상의 문제'란, "어떤 유기체에서 다른 유기체로의 변질의 문제, 혹은 진보적이고 창조적인 탈-유기체화의 **형성의 문제**"다(LS, 102/166~167 참조. 강조는 인용자). 이 두 문제는 불가분하다. 단, 여기서 내가 말하는 '불가분'이란, 이 양쪽이 평행론을 이루고 있다는 의미에서다. 따라서 예컨대 스피노자에게서의 정신과 신체의 평행론은 비판의 문제와 임상의 문제의 평행론으로, 특히 "형성의 질서" 속에서는 그리 읽혀야만 한다. 스피노자의 『에티카』에서는 표층의 언어로서 문법적으로 문절화된 불완전한 관념으로부터, 관념에 고유한 표현 활동에 의해 형성되는 완전한 관념으로 우리의 언어 활동 전체가 그 모습을 바꾸는 수준이 결정될 뿐만 아니라, 신체에 관한 임상의 문제도 끊임없이 제기된다. 예컨대 "우리는 이 삶에서 특히 유아기의 신체를 그 본성이 허락하는 한, 또한 그 본성에 유용한 한, 가장 많은 것에 유능한 **다른 신체로**, 그리고 자기와 신과 사물에 관해 가장 많은 것을 의식하는 정신에 관계되는 **다른 신체로 변화시키려고 노력한다**"(『에티카』 5부 정리 39 주석, p.305[363쪽]. 강조는 인용자). 바로 어떤 일정한 유기적 신체에서 다른 유기적 신체로의 변질의 문제, 혹은 현재의 상(相)으로부터 파악된 유기적 신체의 현실적 존재에서, 영원의 상 아래에서 파악된 비유기적 신체의 본질로의, 따라서 이제는 기관을 갖지 않는 신체로의 변화와 형성의 물음이 비판의 수준과 완전히 평행을 이루도록 하여 스피노자에게서 고유한 임상의 문제로 제기되고 있음을 잊어서는 안 된다(5부 정리 29와 증명, p.298[354~355쪽] 참조). 비판 없는 임상을 문제화하고, 또한 역으로 임상 없는 비판의 문제를 제기했을지라도, 그것은 전부 도덕과 과학 아래서의 물음과 해

7. 영원회귀: '실재적 정의'와 '선험적 장'의 절대적 일치

'회귀하기', 그것은 예컨대 '그 이전'과 '그 이후'라 할 경우, 이 '그'에 관해서만 말해지는 반복이다. '그'는 하나의 사건이며, 또한 이러한 '그 이전'이나 '그 이후'와 같은 말에서 쓰이고 있는 것으로부터도 알 수 있듯이 분명히 시간 속에 나타나지만, '그'에 관해 우리는 그 어떠한 시-공간상의 시점이나 종점도 정확히 규정하거나 측정할 수 없을 것이다. 왜냐하면 사건은 어떠한 의미에서도 물체적 성질로서의 '가입성'(可入性, pénétrabilité)을 지니지 않기 때문이다. 그러나 여기서 말하는 '그'는 '비가입성'이라는 사건의 일반적 성질 이상으로, 혹은 '말의 의미'와 동일시된 일반적인 사건 ──즉 자연이나 세계라는 이름을 가진 반동적인 시대나 공동체성이 늘 잠재해 있는 사건 ──이상으로, 오히려 이러한 일반적 규범성이나 세계성이라는 기저를 꿰뚫는 듯한, 그것들과 어디까지나 불공가능적인 것(이것이 사건의 '비가입성'의 별칭이다)을 '긍정하는' 사건으로서 파악될 필요가 있다. 왜냐하면 회귀로서 이야기되는 '반복'은 단순한 되풀이나, 이것에 단지 어떤 능산성의 이미지를 겹쳐 놓은 차이화가 아니기 때문이다. 이 반복은 차라리 선택이며, 잔혹한 선택이다. 예컨대 유한하기는 하지만 무제한적으로 많은 현상으로 이루어진 세계는 이러한 의미에서 선택된 현상으로부터 성립하는 세계며, 현상으로서의 선

로 회수되기만 할 것이다. 그래서 차라투스트라-니체도 다음과 같이 말하는 것이다. "너는 더 큰 하나의 신체를, 하나의 제일 운동을, 저절로 구르는 하나의 수레바퀴를 창조해야 한다"고(Friedrich Nietzsche, "Von Kind und Ehe", *Also sprach Zarathustra*, pt.I, eds. Giorgio Colli and Mazzino Montinari, *Nietzsche Sämtliche Werke, Kritische Studienausgabe*, Walter de Gruyter, 1967~1977, vol.4, p.90 [『차라투스트라는 이렇게 말했다』, 정동호 옮김, 니체전집 13, 책세상, 2007, 115~116쪽]).

택의 세계다. 하지만 이것만으로는 전혀 충분하지 않다. 왜냐하면 현상의 세계라는 경험적 영역은 우리에게 안정성이라는 나쁜 일반적 추상밖에 부여하지 않기 때문이며, 영원회귀로서 반복이 말해질 때, 이로부터 걸러지는 것은 오히려 이러한 반동적 힘들에 의해 구성된 모든 것, 예컨대 세계를 지적으로 소유하려는 의지가 넘치는, 도덕적=과학적 지성이 지닌 모든 양태이기 때문이다. 결국 지금 확인하는 것은, '그'는 불공가능적인 것의 생성만을 긍정하는 반복, 선택적 사건이며, 그것이 이 유일한 세계를 믿는 이유가 되어야 한다는 것이다.[72] 현대에 정말로 필요한 것은 회의(懷疑)가 아니라 신앙, 마음이 아니라 정신, '선·악'의 과학이 아니라 '좋음·나쁨'의 과학, 단순한 생명 일반의 윤리가 아니라 하나의 삶의 참된 '비-윤리'며, 말의 의미가 아니라 '관념의 표현', 이야기나 명제가 아니라 변형하는 '패러·그래프', 필로소피아가 아니라 '미토소피아'다──하나의 '에티카'를 위하여.

이제 이러한 점에 유의하면서 우리의 존재의 일의성에 관한 과제에 따라 '영원회귀'라는 문제적 사상을 고찰해야 한다. '영원회귀'라는 개념으로 들뢰즈가 제기하는 사항은 바로 '조건'에서 '조건지어지는 것'으로, 그리고 역으로 '조건지어지는 것'에서 '조건'으로라는 "하나의 이중운동"이며,[73] 이것이 '존재' 그 자체를 구성하고, 그 '존재'의 의미를 짊어진 부정사적 표현 "회귀하기"(Revenir)를 형성한다는 것이다. 전자의 운동은 '현실화'로서, 그리고 후자의 운동은 '반-효과화'로서 파악되는데, 이 양

---

72) CII, 223~225/338~340 참조.
73) Alain Badiou, *Deleuze: "La clameur de l'Etre"*, Hachette, 1997, pp.56~57, 63[『들뢰즈: 존재의 함성』, 박정태 옮김, 이학사, 2001, 96~97, 104쪽].

쪽은 상호 환원 불가능한 두 개의 서로 다른 선이다.[74] '현실화'뿐만 아니라 '반-효과화'도 포함한 이 가장 특이한 운동이 성립하기 위해서는, 이미 기술했듯이 '조건' 그 자체가 역으로 '조건지어지는 것'에 의존하고, 따라서 그와 함께 변성하는 가소적 원리여야만 한다.[75] '반-효과화'라는 것에서 이해되어야 할 점은, '현실화'라는 단순한 일방향적 조건짓기의 논리를 넘어, 역으로 '조건지어지는 것'이 어떻게 자신의 생성·변화를 하나의 사건으로 하여 잠재적인 것(=표현되는 것) 속에서 표현될 수 있느냐는 것이다. 즉 이 '반-효과화'에 의한 '존재가 생성에 관해서만 유일하고 동일한 의미에서 말해지는 것' 자체가 바로 그 일의적 '존재'(영원회귀)의 발생 원인 혹은 발생적 요소들이 되는 것이다(형성의 질서란, 바로 '생성의 질서'다). 앞서 스피노자에게서의 속성이 일의적 '존재'를 표현적으로 구성하는 부정법의 '동사'로서 규정된 것과 동일한 사항이 여기서도 성립하지만, 이제 여기서는 신의 속성으로서가 아니라, '차이의 생성' 그 자체가 "동일한 것-되기"(devenir-identique)로서 규정되는 유일한 '사건'이 문제가 된다.[76]

---

74) QP, 151/229 참조.

75) 변화하는 조건, 예컨대 역사와 함께 변화하는 아프리오리한 조건들에 관해서는 F, 67/97, 122/172 참조. 이 텍스트에서 들뢰즈는 푸코의 철학을 특징짓는 일종의 칸트주의적 측면을 "규정하는 언표"(말하기)가 지닌 '자발성'과 "규정 가능한 가시성"(보기)의 '수용성'을 중심으로 논하고 있다. 이 조건들은 ① 가능적 경험이 아니라 실재적 경험의 조건이고, ② 초월적 규범도, 보편적 주체 쪽에 있는 것도 아니고, 오히려 역사적 형성 쪽에 있으며, 따라서 ③ 역사와 함께 변화하는 조건이다. "조건은 필연적(apodictique)이 아니라 문제적(problématique)이다. 조건인 한, 조건은 역사적으로 변화하는 것이 아니라, 역사와 함께 변화하는 것이다"(F, 122/172). 바꿔 말하면 모든 가치의 가치전환이란, 이런 의미에서 어떤 조건을 단지 다른 조건으로 치환하는 것이 아니라, 그 조건 자체를 변화시키는 것, 즉 '조건'과 '조건지어지는 것' 간의 관계=비를 바꾸는 것이다. 모든 가치의 전환이라면, 그것은 현실적인 치환에 의해 가능케 될지도 모르지만, 모든 가치의 '가치전환'은 모든 현실적 가치를 낳는 잠재적 요소들의, 그 잠재성의 변화 없이는 불가능하다.

76) DR, 59~60/112~113 참조.

여기서 '존재'는 일의적 '존재'의 의미를, 즉 '동일한 것-되기'를 표현하는 '회귀하다'라는 동사에 의해 구성된다. 따라서 들뢰즈에 의한 최종적인 "존재의 일의성"의 정의는 다음과 같다. "회귀하기는 존재하기지만, 오로지 생성의 존재다. 영원회귀는 '동일한 것'을 회귀시키지 않지만, 회귀하기는 생성하는 것에 관한 유일한 '동일한 것'(Même)을 구성한다. 회귀하기, 그것은 생성 그 자체에 관한 '동일한 것-되기'다"(강조는 인용자). 일의적 '존재'는 '회귀함'으로써 구성되고, 또한 이 '회귀하기'는 생성에 관해서만 그 "'존재'[있음]가 말해지는" 모든 것에 의해 발생적으로 정의된다. 이런 의미에서 영원회귀는 일의적 '존재'를 단지 사유된 것, 긍정되는 것으로 남겨 두는 것이 아니라, 현실로 실재화시키는 것이다(앞서 언급한, 일의성을 배분하는 '힘'의 형성을 생각해 보라). '회귀하기'(반복)의 일의성은 단지 서로 다른 것이 회귀하며, 그 서로 다른 것에 관해서만 '회귀'가 유일하고 동일한 의미에서 말해진다는 이상으로, 모든 차이의 생성 그 자체에 관해서만 말해지는 '동일한 생성'이 바로 그 일의적 '존재'의 진상이라는 것을 나타내고 있다. 니체는 말한다. "생성에 존재의 성격을 각인하기 ——이것이 최고의 **역능의지다**"[77]라고. 먼저 생성에 존재의 성격을 '각인하기'란, 마치 운동에 정지를 강제하는 것처럼 부정적인 사항이 아니라, 생성의 **속도**를 그대로 긍정하기, 생성을 그 극한의 형상 아래에서 긍정하기다. 또한 '존재의 성격'이란, 그 긍정적인 성격, 즉 차이에 관해서만 말해지는 '존재'의 유일하고 동일한 의미, 즉 존재의 일의성이

---

77) Friedrich Nietzsche, *Nachlaß 1885-1887*, §7[54]. *Nietzsche Sämtliche Werke, Kritische Studienausgabe*, vol.7, p.312[『유고(1885년 가을~1887년 가을)』, 이진우 옮김, 니체전집 19, 책세상, 2005, 380쪽].

다. 그러므로 "생성에 존재의 성격을 각인하기"란, 생성에 관해서만 '존재'가 일의적으로 긍정되는 것이다(이를 '원근법주의'로 다시 말하면 다음과 같다. 최고의 '역능의지'란, 공통의 인식 같은 것이 있을 수 없는 다양한 해석의 생성 ─예컨대 현상의 의미와 가치의 결정 ─에 대해, 그럼에도 불구하고 유일하고 동일한 '존재'의 새로운 의미를, 즉 **'모든 것은 해석이다'**[비-의미]라는 **원근법주의**[일의적 '존재']를 부여하는 것이다). 이 긍정은, 이미 생성 그 자체가 하나의 실재적 긍정성이므로, 긍정의 긍정이라는 이중의 긍정, 즉 긍정의 형상이며, 생성의 극한적 형상으로서의 '존재'다. 바로 그 때문에 니체는 '회귀하기'가 생성과 존재의 "극한적 근접"(die extremste Annäherung)이라 하는 것이다. 다시 말해 차이의 생성에 의한 유일하고 동일한 존재의 발생이며, 당초의 문제 제기 방식으로 말한다면, 여기서 실체는 바로 양태를 발생적 요소로 하여 실재적으로 정의되는 것이다.[78]

들뢰즈는 "영원회귀 속에서 회귀하는 것은 동일한 것도, 하나인 것도 아니라, 회귀 그 자체가 다양한 것과 서로 다른 것에 관해서만 말해지는 하나인 것이다"라는 방식으로 이미 『니체와 철학』의 단계에서 '영원회귀'를 일의적 '존재'로서 주장하고 있다.[79] 이 저작에 결코 '일의성'이라는 말은 나오지 않지만, 이미 그때 들뢰즈는 존재의 일의성의 '실재적 정의'를 오로지 니체 철학의 원리들 아래에서 탐구하고 있었다고 할 수 있다. 그리고 다시 이 일의적 '존재'를 새로운 선험적 조건으로서, 즉 자신이 조건짓는 것과 함께 늘 자신도 변화하고 이에 따라 끊임없이 **반복적으**

---

78) 이것이 들뢰즈가 주장하는, 바로 존재의 일의성에서의 "왕관 쓴 무정부 상태"(anarchie cou-
ronnée)의 가장 강한 의미다(DR, 55/106 참조).
79) NP, 53/98.

로 **쇄신되는** 선험적 장으로서 파악한 것이, 존재의 일의성의 실재적 가능성 혹은 선험적 가능성을 사유할 수 있었던 이유다. 영원회귀로서의 일의적 '존재'는 그 발생적 요소를 보여 주는 생성에 관해서만 유일하고 동일한 의미에서 말해지고, 또한 그러한 생성 내에서의 차이에 관해서만 말해지는 '반복'이며, 그러므로 그것들에 관해 "무차이"(adiaphorie)적이지 않다.[80] 바로 생성과 함께 반복되는 조건, 즉 '반복'으로서의 일의적 '존재'야말로 생성 그 자체를 자신의 발생적 요소로 하여 실재적으로 정의되며, 이 발생적 요소들과 함께 생성하고 탈중심화하는 원환이 되는 것이다 (이러한 '변성'métamorphose은 결코 현실적인 차원에서의 사태 변화도 아니고, 이러한 변화와 유사적으로 파악될 수 없다는 의미에서 완전히 잠재적이며 비-물체적이다). 영원회귀에 관해 말해지는 '탈중심화'란, 중심을 계속 전제하여 활주하는 것도, 또한 그러한 중심을 소멸시키는 것도 아니라, 중심을 차이로부터 구성하는 것, 중심을 민중의 신체, 거리(距離)의 다양체로 채우는 것이다. '조건'과 '조건지어지는 것' 사이의 **결코 완결하지 않는 일치** —이것은 단순한 불일치가 아니다—야말로 하나의 계열을 발산하는 다계열로 만드는 것이다. 존재의 일의성에 고유한 실재적 정의란, 따라서 '정의되어야 할 것'의 발생적 요소를 그 작용인으로서 포함하는 것이라는 통상적 정의에 덧붙여, 이 발생적 요소에 의해 바로 그 '정의되어야 할 것'이 변화하는 가소성을 지닌 새로운 자기원인에 관한 정의다. 차라투스트라는 말한다. "너는 하나의 새로운 힘, 하나의 새로운 권리인

---

80) NP, 52~53/97~98 참조. 이 점에 관해서는 데리다에게도 비슷한 언명이 있다. "니체의 사상 전체는 차이에의 능동적 무차이로서의 철학에 대한, 즉 무-차이적(a-diaphoristique) 환원 혹은 억압의 체계로서의 철학에 대한 비판이 아닐까"(Jacques Derrida, "La différance", *Marges de la philosophie*, Minuit, 1972, p. 18).

가. 하나의 제일 운동인가. 하나의 저절로 구르는 수레바퀴인가. 너는 별들도 강제하여 너의 주위를 회전하도록 할 수 있는가"[81]라고.

따라서 우리는 다음과 같이 말할 수 있을 것이다. 가소적 원리는 선험적인 것의 영역을 형성하고 구성하도록 사건을 '반-효과화할' 가능성을 확증하는 것이라고. 현실적인 것의 현재를 갖지 않는 '사건'을 잠재성 내에서 **전개하는** 이 극한의 동사가 없다면, 모든 선험적인 것은 변화도 탈중심화도 하지 않고, 마치 '부동의 동자(動者)'와 같은 것에 계속해서 머무를 것이다(그러나 자기원인은 이러한 부동의 동자도, 부동의 중심도 아니다). 반-효과화는 결코 현실화의 선을 단지 반대로 더듬어 간다는 것을 의미하지 않는다. 영원회귀에 관해 말해지는 원환은 단지 '조건'에서 '조건지어지는 것'으로, 그리고 '조건지어지는 것'에서 '조건'으로, 하나의 근거에 의해 만들어지는 동일한 원 가운데로, 즉 현실화의 운동밖에 갖지 않는 원환 가운데로 우리가 끌려가는 것 ──즉 이는 우리가 모든 현행의 가능성의 조건에 종속된 채로 있는 것이다──과는 전혀 다른 사항을 표현하고 있다. 즉 이 '표현의 운동'이란 다음과 같은 것이다. 반-효과화에 의해 변성하는 일의적 '존재'는 이에 따라 새로운 현실화 속에 자신을 표현하지만, 그와 동시에 이 현실적인 것 안에 '명석하고-모호한' 형태로밖에 표현되지 않는 비-현실적인 것(현실화로부터 완전히 벗어난 어떤 특이한 사건, 예컨대 **모든 가치의 가치전환**)을 그 '판명하고-애매한' 잠재성으로 역으로 전개할 수 있는 능력들의 초월적 실행에 의해 반-효과화되는, 또

---

81) Friedrich Nietzsche, "Vom Wege des Schaffenden", *Also sprach Zarathustra*, pt.I. *Nietzsche Sämtliche Werke, Kritische Studienausgabe*, vol.4, p.80[『차라투스트라는 이렇게 말했다』, 103쪽].

한 이 반-효과화에 의해 변성하는 일의적 '존재'는 이에 따라 새로운 현실화 속에 자신을 표현하지만(예컨대 모든 가치의 가치전환이라는 사건의 부분적 효과화), 그와 동시에……, 이렇게 존재의 일의성이 배분되고, 편심적(偏心的) 원환이 무제한적으로 형성되어 간다. 그러므로 탈중심화함으로써만 그 원환일 수 있는 원환, 즉 영원회귀는 이렇게 잠재적인 것에서 현실적인 것으로의 '현실화'와, 이와는 **전혀 다른 실재성**을 지닌 현실적인 것에서 잠재적인 것으로의 '반-효과화'의 종합 개념이다.[82]

이것은 들뢰즈에게, "첫 번째 명제의 의미는 이번에는 그 자체로 새로운 의미를 지닌 두 번째 명제가 지시되는 것이 되어야 한다"라는 표면의 언어 속에서 전개되는 '표현의 운동'에 우선 형식상으로는 합치한다. 중요한 것은, 이 운동이 하나의 "무제한적인 퇴행의 역설"(paradoxe de la régression indéfinie)을 형성한다는 점이다[83](비판과 임상의 평행론으로부터 다시 말하면, 이 운동은 표면과 심층 사이의 안정된 공가능성을 파괴한다는 것이다). 하지만 스피노자의 '표현의 운동'은 적용의 질서만으로는 재-표현의 단계에서 정지해 버린다. 즉 영원은 단지 아프리오리하게

---

82) QP, 149/225 참조. "하지만 우리는 잠재적인 것을 향해 **상승할** 때, 즉 '사태' 안에 현실화하고 있는 잠재성을 향해 몸을 돌릴 때, **전혀 다른 어떤 실재성을** 발견할 것이다"(강조는 인용자).

83) LS, 41~42/88 참조. "명제를 하나의 명사(이름)로 간주하는 데 동의한다면, 어떤 대상을 지시하는 어떠한 명사도 그 자체로 그 명사의 의미를 시시하는 새로운 명사의 대상이 될 수 있다고 생각할 수 있다. 즉 주어진 명사 1은 그 명사 1의 의미를 지시하는 명사 2로 되보내지고, 명사 2는 명사 3으로 되보내지고……." 이 단순한 표면의 언어에 발생하는 사태를 다음과 같이 도시할 수 있다(옆의 그림). 또한 들뢰즈가 사례로 든 루이스 캐럴의 『거울 나라의 앨리스』의 앨리스와 기사의 대화(8장 「그거 내 발명이야」)에 나타나는 이러한 반복도 표시해 놓는다(LS, 42~43/88~89 참조). 요컨대 이 문제는 사람이 말과 그 의미를 동시에 이야기할 수 없다는 언어를 말하는 자의 "최대의 무능력" 혹은 경험적 의식의 "무능력"과, '무제한적인 퇴행의 역설'이라는 언어의 **초월적 반복**이 보여 주는 그 "최고의 역능" 혹은 언어의 "n차의 역능" 안에 우리의 언어 활동이 내재한다는 것이다(DR, 201~202/342~344 참조).

전제되었을 뿐이며, 결코 아포스테리오리하게 지지되지 않게 된다. 첫 번째 실체의 세 가지('표현하는 것', '지시되는 것', '표현되는 것')에서는 동사의 부정법적 표현으로 파악된 속성들에 의해 일의적 '존재'는 부정법절로서 표현되는데, 두 번째 양태의 세 가지 차원에서는 양태가 이 부정법절에서 유래하는 분사절을 구성하게 된다. 바로 "표현은 그 자신 안에 재-표현의 충족 이유를 소유하는 것이다". 이처럼 스피노자의 경우, 적어도 그 표현의 적용의 의식만으로는, 거기에 반-효과화(관념 그 자체의 반성 혹은 반조의 초월적 실행)의 의의를 내포하는 형성의 질서, 경험주의 속에서의 표현의 운동이 존재하지 않는 이상, 그 활동은 두 번째 명제의 단계에서 정지해 버리는 것이다. 왜냐하면 거기에는 실체에서 양태로의 "하강"만이 존재하기 때문이다.[84] 이에 반해, 영원회귀 속에서의 표현의 운동은 반복에서 출발한 '차이의 산출' 혹은 '차이의 선택'(=하강)과, 차이에서 출발한 '반복의 발생'(=상승)이라는 "수레바퀴"(roue)로 구성된다. 이 수레바퀴의 회전은 '현실화'와 '반-효과화'라는 서로 환원 불가능한 두 운동으로 이루어지는 **탈중심화된 시간**──단순히 도래할 현재로

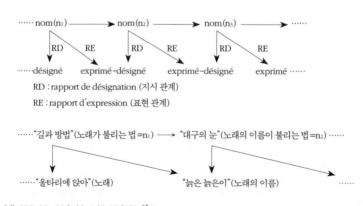

RD : rapport de désignation (지시 관계)
RE : rapport d'expression (표현 관계)

84) SPE, 92~93/144~145, 97/152 참조.

서의 미래, 현재와 과거의 뒤를 따르는 미래가 아니라, 탈규칙적으로 전
이하는, 즉 선택하는 '생성의 지금'으로서의 미래에 관해서만 말해지는 유
일한 시간, 물질이나 공간 같은 물체적인 것과 어떠한 의미에서도 **상호 침
투하지 않는 비-물체적 시간**──을 산출하면서, 그 위를 무한한 속도로 움
직이는 하나의 파격적인 사건이다.[85] 바퀴가 빠진 상태로만 자전하는 수
레바퀴. 따라서 표현의 이론에서의 일반적인 세 차원은, 존재의 일의성에
서는 다음과 같다. '지시하기'란, '지시되는 것'이 이런 작용을 가진 '지시
하는 것'을 산출하기, 혹은 '지시되는 것'이 '지시하는 것'으로 현실화하
기를 나타내지만, 반면에 '표현하기'란, '표현되는 것'이 '표현하는 것'에
의존하고, 그와 함께 잠재적·비-물체적으로 **변성하기**, 즉 **반-효과화되기**
를 의미한다. 이렇게 사람은 단순한 현재적인 것을 참으로 현실적인 것으
로 변화시킬 수 있는 것이다. 예컨대 '혁명'이라는 가장 현실적이어야 할
사건조차, 만일 반-효과화에 의한 잠재적인 것의 비-물체적 변화를 동시
에 달성하고 있지 않다면, 그것은 단순한 표상적 유비 속에서의 투쟁, 즉
기존 경계선의 쟁탈전, 현실적인 항들의 단순한 치환 작업 이상의 의미를
지니지 않게 된다.

　　우리는 들뢰즈의 '일의성의 철학'을 주로 그 실재적 정의의 탐구와
새로운 선험철학의 창건으로서의 의의를 지닌 사상으로 논구해 왔다. 선
험적 장에서는 한편으로 '조건지어지는 것'이 '조건'에 의한 현실화의 과

---

85) QP, 38/56 참조. 탈근거화의 "영원히 편심적인 원환"과 하나의 근거에 의거한 "너무나 단
　　순한 원환" 사이의 시간에 관한 차이에 대해서는 DR, 122~123/213~214 참조. 스코투스의
　　중립적 '존재'와 스피노자의 절대적으로 무한한 '존재'를 넘어 "영원회귀" 속에서의 존재의
　　일의성을 주장하는 것은, 동시에 시간의 종합이라는 문제에 관해, 흄의 '습관'과 베르그송의
　　'순수과거'를 넘어 영원회귀 속에서 '미래'가 어떤 의미를 지닌 시간인지를 논구하는 것과
　　필연적으로 관계되어 있다.

정 속에서 무제한적으로 개체화하는 데 반해, 다른 한편으로 이 잠재성의 차원에 있는 조건은 반-효과화에 의해 발생적으로 정의되며, 그때 비로소 이 조건의 장이 변화한다.[86] 그리고 이 잠재적 변화 자체가 하나의 무조건적인 원리를, 즉 하나의 자기원인을 보여 주는 것이다. 이처럼 보편적인 '탈-근거'란, 모든 근거로부터의 이탈이면서 변성하는 선험적인 것이며, 이것 없이는 '하나의 삶'이 변혁의 힘들을 가지고 다시금 우리의 손에 되돌아오지 않을 것이다.

---

86) QP, 149~150/226~227 참조. "거기서는(잠재성 속에서는) 어떤 것도 일어나지 않지만 모든 것이 생성한다. 따라서 사건은 시간이 지나갈 때에 '재개한다'는 특권을 가진다. 어떤 것도 일어나지 않지만 모든 것이 변화하는 것이다. 왜냐하면 생성은 자신의 합성요소(사이-시간)를 계속해서 통과하며, 또한 다른 계기로 다른 곳에서 현실화되는 사건을 계속해서 끌어들이기 때문이다."

5장 · '반-효과화'론

1. '삶'과 수동적 종합을 둘러싸고

우리는 여기서 들뢰즈의 선험적 경험론과 존재의 일의성을 종합적으로 논하기로 한다. 이를 위해서는 시간론이 필요해진다. 들뢰즈 시간론의 가장 큰 특징은 스피노자와 마찬가지로, 시간을 우리의 '존재 방식' 혹은 '생존 양식'과 불가분한 것으로서, 바로 가치와 의미를 가진 것으로서 종합적으로 제기한 데에 있다. 문제는 객관적인 시점에 따라 시간의 본성을 **결정적으로 뒤처진 형태로** 묻는 것도, 단지 명제적으로 시간이 실재적인지를 말의 언어 비판 없이 묻는 것도 아니라, 즉 '시간이란 무엇인가'를 배후에 둔 묻는 방식이 아니라(이러한 방식은 작은 새가 창유리를 부리로 두드리는 듯한 것이리라) '어느 시간인가', '무엇이 시간인가'라는 방식으로 ─ 스피노자처럼 비판적·긍정적으로, 또한 임상적·도약적으로 ─ 문제 제기하는 것이다. 능력들의 '초월적 실행'은 어떻게 잠재적인 것의 '반-효과화'로서 기능할 수 있을까. 그것은 어떻게 잠재성 그 자체의 발생인 '동적 발생'의 효과를 낼까. 존재의 일의성은 어떻게 경험론으로부터 구성될 수 있을까. 우리는 이러한 사항을 문제화하는 입장을 선험적 '반-효과화'론이라 칭하기로 한다. 왜냐하면 '반-효과화'론은 현실과 한없이 유사한 꿈이나 공상에 의존한 가능적 잠재성을 펼치는 것이 아니라, 직접 도처에서, 그러나 선악의 저편이라는 '에티카' 속에서 하나의 삶을 재-개하는 것이기 때문이다. 니체는 바로 이것을 감정과의 관계 속에서 기술하고 있다. **"'비-진리'를 삶의 조건으로서 용인하기, 이것은 말할 것도 없이 위험한 방식으로 일상적인 가치감정에 반항하기다. 이를 구태여 행하는 철학은 그것만으로 선악의 저편에 서게 된다".**[1] 한편 시간은 그 속에서 모든 사물이 운동하고 변화하는 하나의 선험적 조건으로 생각된다. 그러나 그것은 여기서도 가소적 원리를 갖춘 선험적 장, 즉 '현실화'와 '반-효과화'로부터 구성되는 영원히 편심적인 원환이다. 그런 한에서 우리는 일의적 '존재'가 어떠한 문제를 시간에 관해 제기하게 되는지를 선험적 경험론의 관점에서 재구성할 필요가 있다. 왜냐하면 형성의 질서에서 문제가 되는 것은 **"삶이라는 것(일반적 삶)"**(*la* vie)으로부터 비판적으로 구별되는 **"하나의 삶"**(*une* vie)이며, 그것들은 시간을 사는 전혀 다른 '존재의 방식'으로 나타나기 때문이다.[2]

그래서 들뢰즈는 시간에 관해 세 가지 "수동적 종합"을 제기한다. 이 종합들은 흡사 능력들의 "치환 체계"처럼, 시간이라는 말의 첫 번째 의미에서의 각각의 수동적 종합(살아 있는 현재, 순수과거, 영원회귀로서의 미래)에 그 말의 두 번째 의미에서의 차원들(현재, 과거, 미래) 간의 어떤 관계, 어떤 조직화가 대응하는 것으로서 제시된다. 즉 시간의 각 종합은 두

---

1) Friedrich Nietzsche, *Jenseits von Gut und Böse*, ch.1, §4. *Nietzsche Sämtliche Werke, Kritische Studienausgabe*, Walter de Gruyter, 1967~1977, vol.5, p.18[『선악의 저편·도덕의 계보』, 김정현 옮김, 니체전집 14, 책세상, 2002, 19쪽]. 강조는 인용자.
2) i, 5~6/515 참조.

번째 의미에서의 시간의 어떤 한 차원 속에 다른 차원들이 조직화됨으로써 첫 번째 의미에서의 시간을 구성하는 것이다. 단, 이 두 번째 의미에서의 시간의 양상들은 그 첫 번째 의미에서의 시간 종합의 단순한 요소가 아니라, 종합의 유형이 다르다면, 동일한 양상이 전혀 다른 논리적 가치를 지니게 된다. 한편 "'존재'는 우리가 행하는 것의 원리들 그 자체와의 종합적 관계의 대상으로서만 파악된다"고 흄론의 마지막에서 젊은 들뢰즈가 주장하듯이,[3] 시간의 수동적 종합들은 '삶'과 불가분한 **시간적 구분** 속에서 그 삶의 변질과 함께 '존재'가 정립되는 것과 연결되어 있다. 여기서 말하는 "우리가 행하는 것의 원리들"이란, 우리의 능력들의 경험적 사용을 조건짓는 것일까, 아니면 능력들의 초월적 실행의 조건이 되는 것일까. 어떤 '삶'은 이 두 위상을 '생존 양식' 혹은 '존재 방식'의 차이(예컨대 특수성과 특이성의, 혹은 우발 사건과 사건의 차이)로서 소유한다.[4] 여기서의 과제는 이러한 사항을 시간론으로서 표현하고 문제의 틀을 짓는 데 있다. 시간의 각 종합 내에 정립되는 '존재'가 가장 성숙한 일의적 '존재'의 **원리들**을 가진 것인지는 단지 그 객관성의 탐구도, 그 객관성 속에서의 발견도 아니라, 우리가 시간의 종합들 사이의 **이행을 실현할** 수 있는지에 바로 관계되어 있는 것이다.

먼저 들뢰즈의 '수동적 종합'(synthèse passive) ——이 용어 자체는 후설에게서 유래한다——이라는 개념을 규정해 놓을 필요가 있다. 수동적 종합이란 어떤 종합일까. 그것은 '다양한 것'이 통일의 원리들을 갖

---

3) ES, 152/267.
4) i, 5/515 참조. "'하나의 삶'을 구성하는 여러 특이성 혹은 사건은 그에 대응하는 '삶이라는 것'의 여러 우발 사건과 공존하지만, 그것들은 같은 방식으로 모이지도, 분할되지도 않는다."

춘 어떠한 '하나인 것'도 전제하지 않고, 자신 안에 그 다양성을 종합하는 원리들을 가진 것에 관해 말해지는 종합이다. 따라서 실제로는 이 수동적 종합을 기저로 하여 행해지는 능동적 종합에 관해 끊임없이 언급되는 "정신적" 혹은 "주체적"이라는 것은 단지 공통감각 속에서의 '잡다한 것'을 통일하는 '하나인 것'에 관한 하나의 기호에 불과하게 될 것이다. 그러므로 이 '수동적'이란, 오로지 '하나인 것'에 의존하고, 종합이나 통일의 원리가 결여되어 있다고 간주된 "혼잡한 것"이나 "잡다한 것"과는 달리, 외부로부터의 어떠한 작용도 없이 그 자신 안에 종합의 원리들을 갖는 '다양한 것', 즉 바로 "다양체"에 적합한 개념이다. 수동적 종합은 능동적 종합에 의존하지도 않고, 단순한 "종합 없는 수용성"과도 공존할 수 없을 것이다. 예컨대 칸트는 수동과 수용을 동일시했지만, 어떠한 종합의 작용도 갖지 않는 '수용성'과도, 또한 습관화(=공통감각화)된 지성이나 기억의 경험적 사용에 의해 달성되는 능동적 종합과도 전혀 다른 독자적인 종합의 힘을 자신 안에 지닌 '수동성'을, 이러한 수용성이나 능동성과 혼동해서는 안 된다.[5]

---

5) 수용성과 수동성을 혼동한 칸트에 관해서는 DR, 117~118/204~206, 역으로 능동성과 수동성으로 각각 환원될 수 없는 자발성과 수용성이 지닌 독자적인 의의에 관해서는 F, 67~68/97~98 참조. 하지만 특히 능동성과 수동성과 수용성 간의 본성의 차이를 신체 아래에서 사유한 것은 스피노자다. "인간의 신체는 자기의 활동역능을 증대시키거나 감소시키는 많은 방식으로 자극받을 수 있고, 또한 그 활동역능을 증대도 감소도 하지 않는 다른 방식으로 자극받을 수도 있다"(『에티카』 3부 공준 1, p.139[153~154쪽]). 이 전자의 '존재 방식'이 신체의 활동역능의 수동성에 대응하고, 또한 후자가 그 수용성을 보여 주고 있다고 생각된다. 그러나 이 언명은 적용의 질서 속에 있으므로, 스피노자에게 특이한 수동에서 능동으로의 전환은 이것만으로는 설명할 수 없다. 이를 위해서는 형성의 질서에 몸을 두어야만 한다. 왜냐하면 형성의 차원만이, 신체의 활동역능의 증대 방향(기쁨의 감정)이 수동에서 능동으로의 전환을 가능케 하는 유일한 방위임을 분명히 함과 동시에, 역으로 신체를 단순한 수용성으로 폄하는 것은 이 활동역능을 마이너스에 고정화하는 그 감소 방향(슬픔의 감정)에 있음을 고발하기 때문이다(이로부터 우리는 베르그송에게서의 두 개의 다양체가 바로 우리 신체의 서로

2. 살아 있는 현재 속에서의 '존재': 시간의 첫 번째 종합

반복은 언제 이야기될까. 왜 우리는 어떤 사항을 반복이라고 이해할 수 있을까. 아마 서로 다른 것에 관해 '같은 것'을 이야기하고 싶을 때, 우리는 '그건 반복이다'라고 말하는 것이 아닐까. 즉 우리가 반복을 이야기할 때, 거기에선 이미 서로 다른 것에 관한 어떤 공통성이 이해되고 있는 게 아닐까. 하지만 먼저 어떠한 차이를 알지 못하고 반복을 이야기할 수는 없지 않을까. '그건 반복이다', '그건 같은 것의 되풀이다'라고 말할 때, 실은 우리는 그에 앞서 어떤 차이 ─ 예컨대 가장 작은 차이로서의 순서 ─ 를 바로 그 반복으로부터 뽑아내는 한에서만 그 반복을 이야기할 수 있는 것이다(역으로 말해서 그로부터 차이를 뽑아낼 수 있는 반복만이,

---

다른 두 상태로부터 형성되는 것임을 알 수 있을 것이다). 따라서 **중립적 수용성**(혹은 슬픔이 보여 주는 수동적 종합)은 **절대적 능동성**으로의 전환이 가능한 **긍정적 수동성**(혹은 기쁨의 수동적 종합)으로부터 우리를 떼어 놓고, 또한 '선·악'이라는 도덕의 관념에 의해, '좋음·나쁨'에 의해 촉진되는 자유로운 신체를 무화(無化)하려는 것이다(『에티카』 4부 정리 68, p.261[309쪽] 참조). 단, 여기서 '절대적 능동성'이라 할 경우의 '절대적'이란, 수동성으로 결코 전환되지 않는다는 의미며, 그러므로 스피노자가 말하는 능동성은 항상 **절대적 능동성**이다. 이에 반해, 수동성의 특징 중 하나는 항상 반대의 감정으로 전환 가능한 상태에 ─ 예컨대 사랑하는 기쁨이 슬픔으로, 귀여워하기가 미워하기로 ─ 있다는 것이다.

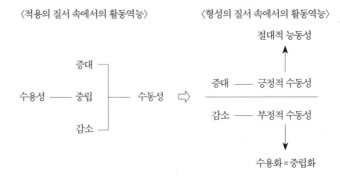

〈적용의 질서 속에서의 활동역능〉　　　　〈형성의 질서 속에서의 활동역능〉

그것들의 차이에 관해 말해지는 동일한 것으로서 파악되는 것이다). 즉 우리는 반복이 '같은 것'을 이야기하기 위한 개념인데도, 차이를 전제로 하는 한에서만 그 '같은 것'을 이야기할 수 있다. 반복은 차이에 관해 결코 무차이가 아니라는 것이다. 우리는 바로 '다름'을 알기 때문에 '같음'을 이야기하고, 거기에 '반복' 개념을 **적용하는** 것이 가능하게 되는 것이다. 들뢰즈는 이를 "반복의 역설"이라 부른다. 즉 그것은 "반복을 인식하는 정신 속에 그 반복이 도입하는 차이 혹은 변화에 의해서만, 즉 정신이 반복으로부터 **뽑아내는**(soutirer) 차이에 의해서만 반복은 이야기될 수 있다"는 것을 나타낸다.[6] 반복은 처음부터 '동일함'을 이야기하기 위해 차이를 전제하고 이용할 필요가 있으며, 그때 일반적인 기억이나 지성에 그 장을 두는 능동적 종합에 앞서, 차이를 "뽑아내는" 것이 **무의식적으로** 행해지는 것이다. 반복은, 우리에게 '같은 것'을 이해시키기 위해, 정신에 의해 그로부터 추출되어야 할 차이를 부여한다.

　　그러므로 문제는 다음과 같이 다시 물어지게 된다. 반복이 정신 안에 도입하는 이러한 차이 혹은 변화를 요소들로 하여 구성되는 시간이란 어떠한 시간일까. '현재'에서 출발하여 시간의 다른 차원들을 조직화하는 최초의 종합은 "체험된 현재" 혹은 "살아 있는 현재"(présent vivant)를 구성한다. 살아 있는 현재는 단순한 일순간이 아니라, 상상력이 등질적인 순간들을 "수축함"(contracter)으로써 만들어 낸 일종의 지속의 두께를 가진 "내적인 질적 인상(印象)"으로 이루어지는 시간이다. 이 현재 속에서 과거는 선행하는 순간들의 수축으로서 파악되고, 또한 미래는 이 동일한 수축 속에서의 기대로서 ——그러나 뒤에 기술하겠지만 기성의 스토리

---

6) DR, 96~97/169~171 참조.

를 전제로 한 재인적 기대로서만──선취되는 것이다. 계기적으로 새로
운 것이 나타나도 이전의 것을 유지하는 상상력이라는 능력에 의해, 등질
적인 순간들은 특권적 순간인 현재 속에서 수축되고, 살아 있는 현재로서
종합되는 것이다. 여기서 주의해야 할 점은, 이 수축 속에서 등질적인, 따
라서 무차이적인 순간들로부터 '지나간 현재', '지나가는 현재', '도래할 현
재'라는 형태로 차이가 추출된다는 것이다. 바꿔 말해 이 경우의 추출되
는 차이란, 예컨대 어떤 주기적 운동에 의해 측정되는 시간상 정도의 차
이와 다름없는 것이다. 결국 여기서의 반복은 표상적인 '현재' 속에서의
반복이며, 현재들의 사이에만 상정되는 차이에 관해서만 말해지는 반복
이다.

　이제 '살아 있는 현재'라는 시간의 첫 번째 종합이 어떻게 우리의 '존
재 방식'에 관계되는지 생각해 본다. 그것은 현재 속에서 수축된 순간들
안에 '과거에서 미래로'라는 불가역적인 비대칭성을 도입하는 것인데,
또한 이 비대칭성에 규정적 의미를 부여하는 것이 '특수한 것에서 일반
적인 것으로'라는 **가능성의 방향**이다. 이것은 대체 어떠한 사항을 나타내
고 있는 것일까. 이 첫 번째 수동적 종합이 구성요소적인 등질적 순간들
의 반복으로서의 "물질적 반복"인 한, 이 반복은 단지 '특수한 것'의 반복
이다. 따라서 비록 그러한 수축 속에 '기대로서의 미래'가 포함될지라도,
그 미래는 이미 '지나간 현재'라는 특수한 것이 이번에는 **가능성의 수준**에
서 '재인될' 뿐이라는 의미에서 도래할 일반성에 불과하다. 즉 살아 있는
현재 속에서의 미래란, 가능적인 것의 일반성과 다름없는 것이다("새로운 살
아 있는 일반성"[7]). 즉 과거 파지(把持=보존)의 '특수성'과 미래 예지(豫持

---

7) DR, 99/174 참조.

=기대)의 '일반성'. 이런 의미에서 살아 있는 현재는 바로 우리가 순간들을 사는 첫 번째 방식, 시간을 사는 우리의 하나의 내재적 양상이다. 그러나 어떤 '삶'이 살아 있는 현재를 계속해서 통과하는 것은 오로지 특수성과 일반성 안에 살아가는 것이며, 이것이 "습관"을 살아가는 것의 의미를 바로 만들어 내는 것이다. 즉 습관이란, 끊임없이 '특수한 것에서 일반적인 것으로'라는 의미를 지닌 시간의 화살을 산출하면서 도덕을 실재화하는 획일적·몰적 행위이며, 일반성이란, 특수한 것이 공통으로 분유하는 성질이 아니라, 오히려 특수한 것의 반복에 의해 형성되는 시간상의 성질이다. 다시 말해 습관이란, 이 방향성 속에서 실은 반복으로부터 차이를 뽑아낼 때의 정신의 긴장조차 이제는 필요하지 않게 된 '반복'이라는 것이다(예컨대 먹기의 일반화, 사랑하기의 일반화 등). 그리고 그 가장 전형적인 습관 중 하나가 '셈'이다. 왜냐하면 여기서는 차이를 뽑아내는 것이 등질적인 단위를 형성하도록 가장 단순화된 헤아리는 정신의 순환운동으로 치환되기 때문이다. 다만 여기서 중요한 논점의 하나는, 설령 그럴지라도 이 일반화, 이 순환운동 아래에 어디까지나 반복으로부터 뽑아낸 차이를 관조하고 향수하는 국소적인 '수동적 자아'가 존재하고, 그에 따라 우리는 살아 있는 현재 속에서조차 늘 '이하 마찬가지로'라고 선언하는 삶 일반으로부터 구별되는 '하나의 삶'을 기점으로 삼을 수 있다는 것이다. 늘 부정적인 형상—예컨대 대립, 모순, 회의, 혹은 한 문제의 해에 불과한 유기체 등—을 가져옴으로써만 무언가를 진행하는 능동적 자아가 아니라, 오히려 이러한 자아의 전제 조건이기까지 한 국소적이고 수동적인 자아를 제시함으로써 들뢰즈가 말하고 싶은 것은, 바로 이 첫 번째 시간의 종합 속에 실재적으로 새겨진 '유한한 긍정성'이다.

수축된 순간들이 서로 등질적인 한(예를 들어 50마리의 양을 헤아리는 시간, 그 주소에 살고 있는 시간, 아침밥을 먹는 시간 등. 요컨대 칸트가 말하는 '부분적 시간'. 개체화──예컨대 통과한 공간을 만들어 내지 않는, 외연으로부터 이탈한 '산보-시간', 헤아린 수에 흡수되지 않는, 동종적인 것에 무관심한 '헤아리는 수-시간'──는 이루어지지 않지만 특수화는 이루어지고 있는 시간), 그것들 사이에는 정도의 차이만이 존재하고, 가령 거기에서 어떤 질적인 차이, 즉 어떤 질적 인상과 또 다른 질적 인상 간의 차이를 인지했을지라도, 살아 있는 현재만으로는 현재가 지나가는 이유를 이해할 수 없을 것이다. 왜냐하면 그것들의 질적 차이 안에서는 '조건'과 '조건지어지는 것' 사이의 본성의 차이──즉 선험적 차이──를 결코 찾아낼 수 없기 때문이다. 우리의 행동이 '현재'라는 시간을 절대적으로 요구할지라도, 우리의 '하나의 삶'을 채우는 시간은 단지 현재뿐만 아니라, 이 지나가는 현재를 '조건지어진 것'으로 만드는 '시간-조건', 즉 현재를 '지나가다'라는 형태로 조건짓는 '시간-조건'이기도 하다. 여기서도 경험론은 필연적으로 '경험의 조건'을 탐구하는 성숙한 경험론으로 이행한다는 것을 잊어서는 안 될 것이다. 이러한 의미에서의 시간을 "우리가 행하는 것의 원리들" 그 자체와의 종합적 관계의 대상으로 파악한다면, 살아 있는 현재 속에서 추출된 차이에 관해 유일하고 동일한 의미에서 말해지는 '반복'이란, 습관과의 종합적 관계의 대상으로만 파악되고 또한 구성될 수 있는 '동일한 것', 일의적 '존재'다.

따라서 이번에는 선험적 경험론의 시점에서 이 수동적 종합을 고찰해야 한다. 등질적인 요소적 순간들을 수축하여, '현재' 내에서 선행하는 순간들을 파지하면서 후속하는 순간들을 예지하는 능력이 상상력이다. 그것은 다른 것이 나타나도 한쪽을 유지할 수 있는 능력이므로 하나의 "수축의 능력"이라고 생각된다. 하지만 이것의 의미는 이미 기술했듯이, 파지된 여러 '기존의 것-이전의 것'의 특수성 안에서 '새로운 것-이후의 것'의 일반성을 예지하는 것이었다. 그런데 상상력은 그것이 이 "살아 있는 현재"라는 수동적 종합을 구성하는 한, 다른 어떠한 입법적·주재적 능력에 의해서도 규정되지 않고, 그 작용이 자신에게 맡겨진 능력으로서 발휘되고 있다고 간주되어야 할까. 시간에 관한 첫 번째 종합을 형성하는 능력은 이 "자발적 상상력"(imagination spontanée)이며,[8] 이런 의미에서 그것은 확실히 초월적으로 실행된 상상력이다. 그렇지만 비록 자발적 상상력에 의해 이 수동적 종합이 성립할지라도, 습관 속에서 그 이외의 능력들은 여전히 그 경험적 사용 안에, 즉 공통감각을 전제로 한 그 능동적 종합 아래에 계속해서 머물러 있다("기억이나 지성의 능동적 종합은 상상력의 수동적 종합에 포개어지고, 그것에 의거하고 있다." 즉 상상력에 의해 수축된 현재만을 우리는 나중에 상기할 수 있고, 또한 지성이 상상력에 의해 구성된 질적 인상을 파괴하여, 전혀 다른 분절에 의해 그것을 재구성할 수 없다는 것이다). 능동적 종합과 수동적 종합의 이러한 공존이 가능케 되는 것은, 실은 자발적으로 작용하는 상상력이 **다른 능력들을 초월적으로 실행하는 어떤 "문제적인 존재"를 그것들에 전하지 않는다**는 한에서다. 그러므로 상상력에 의한 수축 혹은 습관은 어디까지나 그 이외의 다른 능력들의 경험적 사용과 공가능적으로 일치하는 한에서 형성되는 수동적 종합이다.

그러나 어떤 하나의 능력만이 초월적으로 실행되는 것은 들뢰즈의 '역-식'의 규정들(특히 우리가 구분한 그 두 번째 특징)과 비교해서도 불가능하며, 그러므로 이 '상상하는 역능'도 그것을 고유한 "변양의 유능함"

---

8) DR, 106/185 참조.

(aptitude à être affecté)[9]으로 이끄는 '상상될 수밖에 없는 것'에 의해 촉발된 능력이 아니게 된다. 상상력에 의한 이 첫 번째 시간적 종합은 이로부터 기억이나 지성에 의한 능동적 종합과, 지나가는 현재의 이유를 부여하고 '시간의 근거'로서 정의되는 두 번째 수동적 종합이라는 두 방향을 지닌다. 우리는 후자의 방향을 향해 가는데, 그 이유는 설령 그 능력이 초월적 실행의 작용을 소유하고 있지 않을지라도, 적어도 여기서의 상상력이 자발적 능력으로서 다른 능력들에 어떤 착란된 ——공통감각을 일탈한—— 문제를 제기하기 때문이다. 즉 그것은 '지나가는 현재의 이행의 근거는 무엇인가', '어떻게 현재는 지나가는가'라는 문제이며, 이에 따라 촉발되고 초월적으로 실행되는 다른 능력이 분명히 존재하기 때문이다. 능력의 초월적 실행이란, 문제와 조우했을 때 '해'에 따라 **응답하려는** 능력들의 한 속성이 아니라, '문제'에 따라 촉발되는 능력 그 자체의 발생이다. 이렇게 발생하는 능력이 비경험적인 기억 즉 "초월적 기억"(mémoire transcendante)이며, 이에 따라 시간은 살아 있는 현재의 외부로 나가, 지나가는 현재의 조건으로서의 '순수과거'로 생성되는 것이다.

---

9) SPP, 142~143/156~157; 『에티카』 2부 정리 17 주석. Baruch de Spinoza, *Spinoza Opera*, ed. von Carl Gebhardt, Carl Winter, 1925, vol.2, p.106[『에디카』, 강영계 옮김, 서광사, 2007, 108쪽] 참조. 여기서 스피노자는 자신의 본성의 필연성에 의해, 다시 말해 자신에게 그 작용이 맡겨짐으로써 정신의 "상상하는 역능"(potentia imaginandi)은 바로 '하나의 덕'이 될 것이라고 기술하고 있다. 즉 이 상상력은 바로 선험적 경험론에서 '상상되어야 할 것'을 포착하는 초월적 상상력이라 칭해지는 능력이다. 이 능력은, 예컨대 스포츠 선수——그 중에서도 축구 선수(특히 '판타지스타'fantasista라 불리는)를 생각해 보라——에게 필요 불가결한 '상상될 수밖에 없는' 어떤 운동을 직관하는 능력이고, 또한 예술 작품에 '표현되는 것'을 불어넣는 힘이며, 이것이 없다면 우리의 지성 전부가 어리석음에 빠져 버리는 '하나의 덕'(une vertu)이다.

3. 순수과거 속에서의 '존재' : 시간의 두 번째 종합

시간의 첫 번째 종합, 살아 있는 현재를 "정초"(fondation)로 하는 수동
적 종합은 어디까지나 시간을 현재로서 구성하고, 이 구성된 시간 속에서
만 '지나간다'는 사태를 성립시킨다. 따라서 이 종합은 항상 "시간 내부
적"(intratemporel)이라고 말해진다.[10] 종합이 시간의 "정초"가 아니라 시
간의 "근거"(fondement)로서 파악되려면, 살아 있는 현재에서 벗어나 그
외부로 나갈 필요가 있다. 그러나 현재의 외부로 나간다는 것은 현재와의
사이에 '본성의 차이'를 가질 뿐만 아니라, 현재를 지나가게 하는 근거로
서 현재와의 사이에 '선험적 차이'가 정립되는 현재의 조건으로 상승함을
의미한다. 질적 차이로서의 본성의 차이는 수축에 의해 일종의 두께를 가
진 우리의 내적인 인상들 간의 경험적 차이로서 이미 '습관'을 구성하고
있었는데, 이 시간의 두 번째 종합에서 말해지는 '본성의 차이'는 지나가
게 하는 것(과거=조건)과 지나가는 것(현재=조건지어지는 것) 간의 '선
험적 차이'여야 한다. 바로 그래서 들뢰즈는 칸트에 따라 첫 번째 수동적
종합은 "감성론"에 대응하고, 또한 두 번째 수동적 종합은 "분석론"으로
서 파악할 수 있다고 하는 것이다.[11] 두 번째 "(선험적인) 수동적 종합"은
첫 번째 "(경험적인) 수동적 종합"인 살아 있는 현재가 지나가는 '조건'을
구성하고, 또한 이 '조건'의 특징들(예컨대 잠재성, 과거의 '존재', 정신적 반
복 등)을 밝히기 때문이다. 우리는 시간의 이 두 번째 종합을 두 단계로 구
분하여, 다음과 같이 묻는 것이 유효하다고 생각할 수 있다. ① 현재가 지

---

10) DR, 108/188 참조.
11) DR, 144/247 참조.

나가기 위해서 현재와 과거는 어떠한 관계 속에서 파악되어야 할까. ②
과거는 시간의 근거로서 어떠한 선험적 영역을 형성할까.

시간의 첫 번째 종합에서 두 번째 종합으로의 이행은, 바꿔 말하면
앞서 기술한 "반복의 역설"에서 "과거의 역설"로 그 문제 범위를 옮기는
것이라 할 수 있다.[12] 그래서 먼저 들뢰즈에 의해 제기된 '과거'에 관한 네
가지 역설을 논구함으로써 앞서 말한 두 물음을 재표현하기로 한다. ①
'동시성'(contemporanéité)의 역설 ——과거는 방금 현재였던 그 현재와
동시에 구성된다는 것(즉 '지각은 처음부터 상기'라는 것). 그리고 과거 α
가 그 현재 a1으로서의 자신과 바로 **동시적**으로 존재하기 때문에 현재는
지나가는 것이다(지나가는 현재의 이유). 지나가는 현재 a1은 지나가기 위
해 도래할 다른 현재 a2에 의해 **나중에** 과거가 되는 것이 아니라, 바로 현
재 a1인 그때, **동시에** 과거로 구성됨으로써만 '지나간다'고 말해지는 것이
다. 과거가 제작된다고 해도, 그것은 어디까지나 기억이나 지성의 능동적
종합(그 능력들의 경험적 사용)에 의해 '수축적-편집적(編輯的)으로' 무언
가가 더해지거나 **빼지거나** 하여, **나중에** 다른 현재 ar 아래에서 구성될 뿐
이다. 따라서 과거 회상에 대한 이 경험적인 편집적 능력의 영역을 과장
해서 포이에시스 등이라 부를 필요는 전혀 없을 것이다. 하지만 이 다른
현재 ar에도 과거 β가 동시에 존재하고, 이것이 다음 역설을 낳게 된다. ②
'공존'(coexistence)의 역설 ——어떤 현재 a1이 바로 현재이면서 그 과거
α이기도 하다는 것은, 그 이상으로 과거의 전체 A가 그 새로운 현재 a1과
공존하고 있다는 것, 그리고 지나가는 것은 현재이며, **과거 그 자체**는 결
코 지나가지 않는다는 것을 보여 준다(지나가는 현재의 근거). 따라서 여기

---

12) DR, 110~114/193~198; NP, 54/100; B, 57/83.

서는 '지각이 처음부터 상기임'을 넘어, 애초에 '상기될 수 있는 것만이 지각된다'는 언명이 성립한다. 그런데도 '지각은 언제나 새롭다'고 말할 수 있다. 왜냐하면 과거는 현실적으로가 아니라 비-물체적·잠재적으로 계속해서 변화하기 때문이다. 과거의 '존재' 그 자체는 잠재적인 것으로서 현재 속에 현실적으로 표현될 수밖에 없지만, 그 현실적인 현재 a1처럼 "실존하는(밖에 서는)"(exister) 것이 아니라, 오래된 현재 a2와 함께 "내속하고〔안에 서고〕"(insister), 새로운 현재 a3와 함께 "공립한다"(consister)라고 말해진다. 과거의 '존재'는 비-물체적이며, 따라서 그 **잠재적 변용**은 바로 **하나의 비-물체적 변형**이다.

③ '선재'(préexistence)의 역설 ── 모든 과거는 그것이 이전에 현재였던 그 현재와 동시적이고, 또한 그 과거들의 전체는 새로운 현재와 함께 공존하지만, 이전에 한 번도 현재였던 적이 없는 과거, 자신의 지금-현재를 전혀 지니지 않는 과거, 지나가는 현재에 대해 끊임없이 선재하는 과거, 즉 **순수과거**가 존재한다는 것(시간의 **실체적 요소**). 즉 기억의 경험적 사용에 의한 능동적 종합에 의해 결코 상기되지 않지만, 역으로 기억의 초월적 실행 ── 이것은 우리를 위해 '순수과거'를 구하는 방식이다 ── 속에서는 오히려 적극적으로 '상기되어야 할 것'이 존재한다는 것이다. 이미 기술했듯이 어떤 과거 α는 기억이나 지성의 경험적 사용에 의한 능동적 종합에 따라 다른 현재 속에서 재구성될 수 있지만, 그 현재도 그와 동시적인 과거 β가 존재하므로, 이 능동적 종합을 계기로 하여 적어도 이 '과거의 전체'($A = \cdots\cdots + \alpha + \beta + \cdots\cdots$)는 잠재적으로 변화할 것이다. 그러나 여기서 말하는 '순수과거'란, 이러한 능동적 종합의 계기 없이 **그 자체로 잠재적으로 변화하는 과거**며, 이것이 '그 자체로 존재하는 과거'의 의미다. ④ '자기 공존'(coexistence avec soi)의 역설 ── 현재는 한편으로 '살

아 있는 현재'로서 상호 외재적으로 계기하는 순간들이 수축한 상태(표상적 현재)면서, 다른 한편으로 공존하는 '과거의 전체'에서의 가장 수축한 정도(지금-현재)이기도 하다는 것. 현재를 살아 있는 현재로서 파악하고, 따라서 과거를 단지 지나간 현재라고 생각하면, 살아 있는 현재 속에 지나간 현재로서의 과거는 보존되지만, 과거 그 자체는 거기에 보존되지 않을 것이다. 왜냐하면 살아 있는 현재 속에는 과거와의 사이에 어떠한 선험적 차이도 존재하지 않기 때문이다. 그렇지만 설령 그럴지라도, 과거는 그 자체 내에서 성립하고 있는 것이다. 즉 지금-현재는 표상적 현재와는 달리, '과거의 전체'가 자신을 보존하는 하나의 방식, **하나의 표현의 정도**이며, 또한 이러한 지금-현재 속에서 과거의 전체는 자신의 가장 수축한 **하나의 수준으로서 표현된다**.[13] 곧 이 경우의 '보존'이란 '표현'이다. 과거가 '수축·이완'의 무한히 많은 정도에서 **자기와 공존하는** 한에서, 혹은 무한히 많은 수준에서 **자신을 되풀이하는** 한에서 지금-현재는 그 수준들 안에서 가장 수축한 정도로서, 이런 의미에서 하나의 한계로서 존재하는 것이다(베르그송의 '원뿔의 메타포' 혹은 '수축·이완'이라는 '차이의 정도' 일원론).

그런데 우리에게 중요한 점은 과거에 관한 이 네 가지 역설을 두 가지로 구분할 수 있다는 것이다. 처음 두 역설은 현재가 지나가는 이유 혹은 근거에 관한 기구를 밝히고 있고, 뒤의 두 가지는 이러한 시간의 근거를 보다 명확히 선험적인 것으로서 논구하고 있다. 특히 후자는 우리가

---

13) 베르그송의 뒤집힌 원뿔의 꼭짓점은 현재를 과거의 가장 수축한 정도로서 보여 주지만, 그 꼭짓점(우리의 현재)이 속해 있는 평면 그 자체는 현재의 가장 이완한 정도로서의 물질을 나타내고 있다(B, 74/103, 90/123~124 참조). "지속은 물질의 가장 수축한 정도이며, 물질은 지속의 가장 이완한 정도다"(B, 94/129).

존재의 일의성의 '실재적 정의'와 그 '선험적 장'의 몇 가지 특징들(특히 내적인 발생의 원리)을 논했을 때의 조건들과 문제 제기 방식이 같다는 점에 주의할 필요가 있다. 들뢰즈가 시간의 두 번째 종합에서 지향하는 것은 선험적인 것과 경험적인 것 간의 '조건짓기'의 논리를 다음과 같이 규정하는 것이다. 지나가는 현재는 자기 속에 존재하는 과거를 가장 수축한 정도로 표현하는 지금-현재이며, 또한 이 지나가는 현재의 '조건'인 과거는 이에 따라 조건지어지는 현재 안에 현실화하는 잠재적인 것이다. 현재란, 잠재적인 과거가 현실화한 현실적인 시간이다. 이렇게 해서 과거와 그 현재의 '동시성'도, 과거의 전체와 새로운 현재의 '공존'도 최종적으로는 과거와 현재 사이에 '본성의 차이'를 유지하면서, 양쪽의 내재적인 자기공존을 가능케 하는 현실화의 논리로 수렴하게 된다. 무한히 많은 과거의 '수준'(niveaux)에서, 즉 수축과 이완의 '차이의 정도'에서 반복되는 잠재적 과거는, 현재라는 과거의 안쪽에서 규정된 한계로 현실화함으로써 지나가는 현재를 조건짓는다. 따라서 이 수동적 종합에서의 문제는 결국 잠재적인 것에서 현실적인 것으로의 현실화 운동(시간의 현실화)의 문제밖에 없게 된다.[14] 두 번째 종합에서 비록 지나가는 것이 현재일지라도, 시간 그 자체는 결코 흐르지 않고, 오로지 현실화할 뿐이다. 즉 현재가 모두 현실적인 것이 아니라, 현실적인 것이 현재인 것이다(첫 번째 역설은 두 번째 역설로 되돌려 보내지고, 다시 네 번째 역설에 포섭된다). 그렇지만 희망이 없는 것은 아니다. '순수과거'에 관한 세 번째 역설만은 비-물체적이고 선험적인 것으로서의 과거를 베르그송의 원뿔의 외부로 유인하는 것이 아닐까. 왜냐하면 이 세 번째 역설만이 과거에 관한 "철학의 파토스 혹

---

14) DR, 237~238/401 참조.

은 정념"을 표명하기 때문이다.[15)

　다음으로 시간의 두 번째 종합의 '존재 방식', 즉 이 시간의 근거를 사는 것이 어떠한 의미를 갖는지 생각해 본다. 시간의 첫 번째 종합의 경우, 살아 있는 현재 속에서 과거에서 미래로 나아가는 것은 특수한 것에서 일반적인 것으로, 즉 개개의 체험된 것에서 경험 일반, 의식 일반으로 이행하는 것이고, 이것이 그대로 살아 있는 현재 속에서의 '삶'의 의미며, 습관 속에서 '존재'를 구성하고 이해하는 방식을 나타냈다. 들뢰즈에 따르면, 이에 반해 시간의 두 번째 종합은 역으로 일반적인 것에서 특수한 것으로의 이행, 혹은 그것들의 공존으로 규정된다.[16) 이는 일반적인 '조건'이 특수한 '조건지어지는 것'을 근거짓는 것이므로, 어떤 하나의 '삶'에 관해 말할 수 있는 것은 다른 복수의 '삶'에 관해서도 말할 수 있게 되는데, 특수한 것이 일반성으로 환원될 수 있는 것에 불과한 이상, 이는 당연하다——아무튼 사람들은 처음부터 상기될 수 있는 것만 지각하고, 오성이 구성할 수 있는 것만 수용하니까. 과거가 현재의 근거이고, 또한 등질적인 순간들의 가장 수축한 상태 안에서 잠재적인 과거가 현실화한다는 '조건짓기'의 논리를 주장하는 한, "근거짓기, 그것은 재현을 근거짓는 것이다". 이런 한에서 현실화란, 바로 재현이다.[17) **현실화란, 잠재적인 다**

---

15) DR, 292~293/485~487 참조.

16) DR, 109/190~191, 112/195 참조. "새로운 현재가 항상 하나의 보충적 차원을 제멋대로 사용하는 것은 그 새로운 현재가 순수과거 일반의 요소 속에 반영되기 때문이며, 그 한편으로 오래된 현재는 이 요소를 통해 오로지 특수한 것으로서 조준된다." 우리의 능력들의 경험적 사용이 파악하는 특수한 것은 이 "(선험적인) 수동적 종합" 아래서는 순수과거의 일반성 내에서 새로운 현재로서 '반영되고', 오래된 현재로서 '재생된다'는 것이다. 결국 여기에 있는 것은 일반적인 것에서 특수한 것으로의 이행, 하나의 현실화 운동이며, 이것을 오로지 인식론의 차원에서 실현한 것이 칸트에게서의 규정적 판단력이라고 할 수 있다. 이 경우에 개념은 항상 과거다. 이런 한에서 칸트와 베르그송의 거리는 그리 멀지 않다고 생각된다.

질적 다양체가 공간적인 등질적 다양체를 향해 그 고유한 차이를 취소해 가는——강도의 차이가 쇠약한 차이에 의해 설명되는——방향이다. 하지만 설령 지금-현재가 오로지 재현의 시간이고, 거기서는 일반성으로 환원될 뿐인 특수한 것만이 발견될지라도, 선험적 조건으로서의 '순수과거'는 초월적으로 실행된 기억에 의해 이 시간상의 일반화와 특수화를 뛰어넘은, 시간의 말로 문제화된 특이성과 보편성으로서 정립되는 것이 아닐까. 기억 이외의 다른 모든 능력들이 능동적 종합 속에서 경험적으로 사용될지라도, 두 번째 수동적 종합을 구성하는 이 '초월적 기억' 자체는 결코 현실화된 채로 있지 않는 '상기될 수밖에 없는 것'을 순수과거 속에서 반-효과화하는 계속적인 능력이 아닐까. 만일 순수과거가 살아 있는 현재와 이를 근거짓는 과거 일반에 대항하여 시간의 다른 '존재 방식'을 긍정하는 개념이 아니라면, 그것은 희망 없는 단순한 '잉여-시간'에 불과하게 될 것이다(들뢰즈의 프루스트론은 바로 이러한 '과거-시간'을 구출하기 위해 쓰여진 것이다).

모든 현재가 잠재적으로 존재=성립하는 과거의 현실화라는 것은, 바꿔 말하면 각각의 현재가 순수과거라는 단 하나의 근거에 대해 무수한 원환 위에서 공존하고 있는 것이라 할 수 있다(근거가 만들어 내는 "원환" cercle 혹은 "주기"cycle).[18] 베르그송의 원뿔 안에 공존하는 수준들은 상기

---

17) DR, 351/575 참조. "우리는 우리를 구성하는 여러 현재 사이의 계기와 동시성의 관계들을, 즉 인과성, 근접성, 유사, 그리고 대립에까지 따르는 그 현재의 연합들을 **경험적 특징**이라 부른다. 그러나 순수과거의 여러 수준 간의 잠재적 공존의 관계들은 **누메논적 특징**이라 부른다. 각각의 현재는 이러한 수준의 하나를 현실화할(actualiser) 혹은 재현할(représenter) 뿐이다"(DR, 113/197~198. 강조는 인용자). 재현하는 고정화된 경험적 형상의 배후에 그 동적 이미지를 중첩시키기, 이것이 형이상학의 가장 전형적인 사유법의 하나다.

18) DR, 119/207, 126/217 참조. "자신이 근거짓는 것에 상대적이라는 것, 자신이 근거짓는 것의 특징들을 차용하고 있다는 것, 그리고 그 특징들에 의해 입증된다는 것, 이것이 근거의

의 차이와 그 정도의 차이로 이루어진 각각의 현재 속에서 "생 전체"를 되풀이하는 방식이지만, 이 공존에 대해 자신은 어떠한 수준도 정도도 아니므로, 어떠한 현실화의 운동도 갖지 않는 바로 "기억될 수 없는 '기억'" 으로서의 '순수과거'가, '정초'와 '근거'의 역할을 연기하는 과거 일반으로서의 자신을 배반하고 그 기저성을 꿰뚫도록 하여, 원뿔에서의 수준들의 '바탕'(fond)을 이루는 것이다. 그러므로 우리가 그 존재론적 요소 속에 결코 일거에 몸을 둘 수 없는 과거, 즉 '이제껏 한 번도 현재였던 적이 없는 과거'는 만약 이러한 순수과거의 발생적 요소인 기억의 초월적 실행에 의해 그 실재성이 긍정되지 않는다면, 모든 현재에 대해 완전히 무차이적이고, 우리에게 단지 가능성의 프레임적인 '존재'와 같은 것으로 폄하되어 버릴 것이다. 그때 순수과거는 실은 특이한 것에 관해서만 말해지는 보편성이 아니라, 모든 현실적인 것이 환원되는 '일반성'으로서의 과거가 되고, 또한 역으로 일반성으로 환원되는 것만 현실화되는 '근거'로서의 과거가 되는 것이다. 그러면 시간의 두 번째 종합을 사는 것은 일반적인 것의 자기제한(=현실화) 속에서의 특수성에 따라 그 '삶'을 채우는 것이외의 그 무엇도 아니게 된다. 하지만 그럼에도 거기에는 선택의 자유가 있다고 들뢰즈는 말한다. 그런데 여기서 말하는 자유란, 어떠한 반복의 수준을 선택할까라는 의미에서의 자유, 현실화의 형식은 그대로 내버려두고 일반적인 것을 어떠한 특수한 것의 차이 속에서 되풀이할까라는 의미에

***

불충분한 부분이다. 바로 이런 의미에서 근거는 원환을 만드는 것이다. 즉 근거는 사유 안에 시간을 도입한다기보다, 차라리 정신 안에 운동을 도입하는 것이다"(DR, 119/207~208. 강조는 인용자). 이때 정신은 '마음'으로 폄하되고, 또한 시간——정확히 말하면 탈-근거화로서의 시간——이 여전히 도입되지 않는 사유는 표상적인 경험적·심리적 형상과 그 형이상학적·논리학적 형식 간의 '상·하' 운동에, 즉 욕구와 피로 안에 사로잡힌 채로 있다. 마음에는 표상상이, 정신에는 운동이, 그리고 사유에는 순간이 각각 적합하다고 할 수 있을 것이다.

서의 자유다. 그 적용과 종속의 원리는 결코 '에티카'에서의 인식과 실천의 모델이 될 수 없다. 결국 무차이적으로 존립하는 과거 안에 일의적으로 속하는 수준들을 선택하도록 하여, 현실화의 운동과 그 논리를 되풀이하기, 이것이 시간의 근거 속 우리의 '삶'의 의미다.

4. 초월적 기억에 관하여: '상기되어야 할 것'을 반-효과화하는 능력

재현을 근거짓는 '현실화'라는 개념은 적용의 질서 속에서의 사유 양식이다. 이미 기술했듯이, 스피노자에게 공통개념의 적용의 질서 속에서 모든 현실적인 양태가 의존하는 일의적 '존재'로서의 신은 단지 "일반적으로" 보일 뿐이며, 따라서 이 일반적 인식을 넘어 "개체의 인식" 혹은 "직관적 인식"을 3종 인식으로 실현하려면, 수동감정에서 출발하여 그 감정 내에서 어떤 적극적인 것의 개념을 형성하려는 노력 ——존재의 일의성의 노마드적 배분——을 통해 이 내재적인 일의적 '존재'와 그 양태를 문제론적으로 다시 구성하는 일이 불가결했다. 이와 동일한 문제가 여기서도 시간에 의해 다시 제기되어야 한다. 즉 과거를 근거로 하는 시간의 두 번째 종합에서, 기억은 이러한 의미에서의 형성의 차원을 절개하기 위해 초월적으로 실행되는 것이 아닐까. 모든 것은 적용의 차원을 채워야 할 현실화 운동과 근거짓기의 논리인 것처럼 생각되지만, 정말로 여기에는 재현밖에 존재하지 않는 것일까. 이 두 번째 종합에서 우리들은 시간의 근거로서의 기억,[19] 즉 살아 있는 현재의 시간 계열에 귀속하는 지각들의 조

---

19) DR, 108/189. "현재를 지나가게 하고 현재와 습관을 정돈하는 것은 시간의 근거로서 규정되어야 한다. 시간의 근거, 그것은 '기억'이다."

건으로서의 기억, 혹은 그 근거짓기를 잠재적인 것의 현실화 운동으로서 구성하는 기억뿐만 아니라, 이 시간의 어디에도 속하지 않는 '사건'을 상기하고 반-효과화하는 "초월적 기억"의 실행도 한순간 슬쩍 엿볼 수 있지 않을까.

그것은 이제껏 한 번도 현재였던 적 없이 모든 현재에 대해 선재하는 순수과거 안에서 '사건'을 반-효과화하는, 초월적으로 실행된 기억, 예컨대 베르그송의 '기억-회상'(mémoire-souvenir)과 '기억-수축'(mémoire-contraction)[20]에 대해 완전히 외부에 있는 힘이며, 이것이 프루스트에게서의 "비의지적 기억"(mémoire involontaire)이다(반면 의지적 기억은 현재에서 과거로 거슬러 올라가, 어디까지나 과거를 현재에 따라 재구성하려는 경험적 기억이다). 우리는 현재의 시간을 달리하고, 또한 서로 전혀 다른 두 가지에 관해 공통의 감각(=엄밀한 동일성의 실감)에 휩싸이는 일이 있는데, 그때 우리는 한쪽이 속하는 이 지금-현재로부터 분리되지만, 그렇다고 해서 다른 쪽이 속하는 오래된 현재의 수준에 몸을 둘 수도 없는, 어떤 기묘한 부정(不定)의 시간으로, 즉 어떤 '사이-시간', 지도리가 빠진 시간, 한 번도 현실화한 적 없는 시(時)의 '간'(間)으로 이끌리는 감각을 갖게 된다. 이러한 '감각-시간'이 바로 '과거의 그 자체 내 존재'와 그 실질인 '과거 그 자체의 잠재적 변화'를 보여 준다. 프루스트의 유명한 마들렌의 사례로 생각해 보자.

'콩브레' 마을은 그것이 이제껏 현재였던 그 오래된 현재로도, 그것

---

20) ID, 38~41/298~305 참조. 이것은 베르그송의 '기억-회상'과 '기억-수축'이라는 기억의 두 가지 방식을 '선재'의 역설 이외의 세 가지 역설에 관계된 형태로 들뢰즈가 매우 명확하게 논한 텍스트다.

이 실제 지금 있을 수 있는 지금-현재로도 환원되지 않는다. 왜냐하면 지금 실제로 감각하고 있는 마들렌의 맛과 예전에 콩브레 마을에서 느낀 색이나 온도, 이 서로 다른 두 감각에 **공통인 질**, 혹은 두 순간에 **공통인 감각**은 '상기될 수밖에 없는 것'으로서 전혀 다른 콩브레를, 즉 이제껏 한 번도 현재였던 적 없고 한 번도 현실화한 적 없는 하나의 사건으로서 어떤 '콩브레'를 상기시키기 때문이다.[21] 들뢰즈에 따르면, 이 경우 공통의 질 혹은 공통의 감각은 기억이 초월적으로 실행될 때 하나의 기호가 되고, 그런 한에서 이 **표현될 수밖에 없는 어떤 콩브레**를 '표현하는 것'이다. 이렇게 잠재적인 순수과거 속에서 콩브레 마을은 "절대적으로 새로운 형상" 아래에 나타나게 된다. 즉 그것은 예전의 살아 있는 현재 속 콩브레의 단순한 경험적 상기도, 능동적 종합에서의 편집적 기억에 따라 제작된 콩브레도 아니다. "콩브레는 두 개의 현재와 공존하는 순수과거 안에, 그러나 그 현재들에 포착되지 않고 현실적인 의지적 기억과 오래된 의식적 지각이 도달할 수 없는 곳에 나타나는 것이다." 요컨대 프루스트가 제기하고 들뢰즈가 강조하는 '비의지적 기억'이란, 예전의 현재 속에서 현실화된 '스토리(목적론)-내-의미'의 문맥에 지배되는 "의식적 지각"도, 또한 예전에 현실적이었던 현재를 편집적으로 재생할 뿐인 "의지적 기억"도 통과하지 않으므로, 바로 이 두 현재의 "사이-시간"(entre-temps)에서,

---

21) PS, 74~76/99~101 참조. "실제로 그때 내 안에서 이 지복의 인상을 음미하고 있는 인간은 그 인상이 지닌 예전의 어느 날과 지금에 공통적인 것, 즉 그 인상이 지닌 초-시간적인 것 (extra-temporel) 속에서 그 인상을 음미하고 있는 것이다. 그는 현재와 과거 간의 일종의 동일성에 의해 사물의 본질을 체험하고 그 본질을 향수할 수 있는 유일한 환경, 바꿔 말하면 시간의 밖에 있을 수 있는 경우에만 나타나는 인간이다"(Marcel Proust, *A la recherche du temps perdu*, Pléiade III, Gallimard, 1954, p.872[『잃어버린 시간을 찾아서 11: 되찾은 시간』, 김창석 옮김, 국일미디어, 1998, 256쪽]).

이제껏 결코 살아진 적 없는 '콩브레'라는 사건을 잠재적 위상 아래에서 전개하고 반-효과화하는 능력이다. 그것은 두 순간에 공통인 감각이라는 기호에 따라 초월적으로 실행된 기억이며, 이 '초월적 기억'이 포착하는 것은 '경험적 기억'과 달리, 의지적 기억의 외부인 "본질적 망각"(oubli essentiel)에 휩싸인 '상기될 수밖에 없는 것'이다. "경험적 망각"이란, 예전에(첫 번째로) 다른 능력들에 있어서 재인의 대상이 된 것을 "두 번째로" 추구할 때에 기억이 그 대상을 상기할 수 없는 것인 데 반해, 본질적 망각에서 문제가 되는 것은 경험적 기억 속에서의 결코 '상기될 수 없는 것', 반대로 초월적 기억 속에서는 **처음부터** '상기되어야 하는 것'이다.[22]

　이러한 순수과거의 존재 내의 '상기될 수밖에 없는 것'에 의해 경험적 기억 안에 **부분적으로** 초월적으로 실행되는 기억이 발생하는 것은, 경험적 기억 속의 **비-현실적인 '사건'**을 잠재성을 향해 전개하는 초월적 기억에 의해 바로 그 순수과거의 '존재'가 발생론적으로 정의되는 것과 동일한 사항이다. 즉 선험적 경험론에서 초월적 실행에 의해 채워지는 능력과 이 능력을 환기하는 대상의 관계는, 주어진 기존의 아프리오리하고 경험적인 관계가 아니라, **선험적이고 아포스테리오리한 발생적 관계**라는 것이다. 그러나 시간의 두 번째 종합에서 잠재적 과거로부터 지금-현재로의 '현실화'는, 결국 동질적이라는 의미에서 무차이적인 순간들을 수축한 "살아 있는 현재"를 재현의 장으로서 근거짓는다는 것을 의미했다. 이미 기술했듯이, 세 번째 '선재'의 역설만이 시간의 근거인 과거를 탈근거화하고, 또한 초월적 기억이 '반-효과화'라는 현실화와는 전혀 다른 실재성을 표현하고 있었는데도, 왜 근거는 근거지어지는 것(재현)의 차원으로 다시금 "전락"

---

22) DR, 183/313, 188/321 참조.

(chute)하는 것일까.[23] 이렇게 우리는 시간론의 측면에서 선험적 경험론에서의 가장 본질적인 문제 앞에 서게 된다. 즉 왜 조건은 조건지어지는 것과 유사하며, 근거는 자신이 근거짓는 것으로 전락해 갈까. 그것은 첫 번째 종합에서도, 또한 이것을 근거짓는 두 번째 종합에서도 '감성'이 완전히 **경험적으로만 사용되고 있기** 때문이다. 감성이라는 수용적 능력의 한 조건인 지금-현재가 오로지 재현의 시간일 뿐인 것은, 그 감성이 다른 능력들 내에서도 대상이 되는 것만 수용하고, 따라서 다른 능력들과 함께 공통감각을 정의하며, 또한 그에 합치하는 경험적 사용에 의해서만 그 능력을 채우기 때문이다. 이것이 실은 **미래**를, 살아 있는 현재 속에서도 순수과거 속에서도 단지 '지나가기 위해 도래할 현재'로서만 우리가 이해하게 만드는 이유다. 요컨대 거기에는 시간 속에서의 **경계선상의 공방**이, 즉 살아 있는 현재의 경계선을 다투고 또한 과거의 원뿔체의 경계면을 다투는 공방전이 전적으로 결여되어 있다는 것이다. 감성이 경험적으로만 사용되는 것, 혹은 감성에 사용의 문제가 있는 것조차 알 수 없을 만큼 '구조-타자'와 유착하고, 그것을 무턱대고 받아들인 감성을 전제하는 것은 미래가 단지 '지나가기 위해 도래할 현재'로서만 생각되는 것과 불가분하다. 기억은 사실 "회상으로서의 기억"이나 "수축으로서의 기억"으로부터 일탈하는 감성을 두려워한다. 왜냐하면 감성만이 '반-기억'(anti-mémoire)으로의 생성·변화를 품고 있기 때문이다.[24] 우리는 아이네이스-베르길

---

23) DR, 351/575 참조.

24) 이러한 문제를 들뢰즈·가타리는 다음과 같이 표현하고 있다. "생성[되기]은 '반-기억'이다" (MP, 360/556). 그리고 예컨대 "음악가는 특히 '나는 기억을 증오한다, 나는 회상을 증오한다'고 말할 수 있는데, 그것은 음악가가 생성의 역능을 긍정하기 때문이다"(MP, 364/561). "요컨대 하나의 '선(線)-블록'은 음의 중간으로 이행하여, 위치 결정이 불가능한, 자신에 고유한 중간에 의해 자기 자신을 몰아붙이는 것이다. 음의 블록은 인테르메조(간주곡)다.

리우스에 대항하여 적어도 이렇게 외칠 것이다——'무사 여신이여, 내게
일의 연유를 잊게 하소서.' 경험적 기억에 반해 초월적 기억은 다른 능력
들에, 특히 감성에 순수과거의 문제를 전함으로써 감성을 바로 '반-기억'
의 힘으로서 깨어나게 한다. 두 에스테티크의 종합, 그것은 단순한 통일
로의 이행이 아니라, 도덕의 감성을 에티카에서의 감성으로 변형하는 것
이다.

　　따라서 재현의 적용과 종속의 원리들을 극복하려면, 감성의 초월적
실행이 절대적 조건이 된다. 습관의 수동적 종합에서 과거는 '지나간 **현
재**'고, 현재는 '지나가는 **현재**'며, 미래는 '지나가기 위해 도래할 **현재**'였다
(반복에서 추출된 차이). 또한 이 종합은 현재 속에서 과거와 미래를 수축
함으로써, 바로 시간의 '살아 있는 현재'를 구성했다. 따라서 **이 수동적 종
합에서는** 현재와 과거 사이에 '현실화의 관계'도, '반-효과화의 문제'도 생길
여지가 **없다.** 하지만 그런데도 자신에게 그 작용이 맡겨진 상상력이 다른
능력들을 초월적 실행으로 환기하기 위해 '지나가는 현재'의 이유를 문
제 제기하는데, 이에 따라서만 우리는 두 번째 종합의 문제로, 단순한 외
적 조작에 의해서가 아니라, 능력론의 측면에서 실로 **내적으로** 이행할 수

그것은 음악적 유기화를 빠져나가면 더욱더 울려 퍼지는 '탈기관체', '반-기억'이다"(MP,
365/563). "사람들은 어린 시절의 회상과 함께 글을 쓰는 것이 아니라, 현재의 '아이-되기'
인 어린 시절의 블록에 따라 쓰는 것이다. 음악은 그러한 것으로 가득 차 있다. 거기서 필요
한 것은 기억이 아니다. 기억 속에서가 아니라, 이야기 속에서, 음 속에서 발견되는 하나의
복합적 소재가 필요한 것이다. '기억이여, 나는 너를 증오한다.' 사람이 도달하는 지각태 혹
은 변양태는 자율적으로 충족된 존재 ——이는 이미 그것을 현재 느끼고 있거나 예전에 느꼈
던 자들에게는 조금도 힘입고 있지 않다——와 다름없다. 즉 결코 체험되지 않았고 현재 체
험되고 있지도 않다면, 앞으로도 체험되지 않는 '콩브레', 대성당 혹은 기념비로서의 '콩브
레'"(QP, 158/240~241). 또한 특히 '반-기억'의 관점에서 들뢰즈의 시간론을 논한 것으로
合田正人, 「記憶と反記憶: ドゥルーズの時間論素描」, 『情況』 1996年 6月号, 情況出版이 있다.

있는 것이다. 기억의 수동적 종합에서 과거는 이미 단순한 '지나간 현재'가 아니라, 그 현재와 동시적으로 구성되고, 또한 '지나가는 현재'의 '조건'으로서 스스로 현실화하고 차이화=분화되는 선험적인 잠재적 과거였다. 그것은 자신 안에 차이를 포괄하는 반복이다. 이 수동적 종합은 시간을 순수과거로서, 혹은 이 과거를 그 자체 내의 존재로서 구성하고, 이에 따라 '지나가는 현재'와 '도래할 현재'를 근거짓는다.

시간의 두 번째 종합의 가장 큰 특징은 '조건'과 '조건지어지는 것' 간의 선험적 차이를 '현실화'라는 조건짓기의 과정으로 파악한 점에 있다. 그러나 이미 기술했듯이, 현실화와는 다른 실재성, 다른 선험적 차이를 파악하는 방식인 '반-효과화'의 문제-틀을 두 번째 종합에서 기대할 수는 없다.[25] 왜냐하면 설령 초월적으로 실행된 기억에 의해 두 현재(오래된 현재와 지금-현재) 사이에 '상기될 수밖에 없는' 순수과거의 어떤 조각이 그 잠재성 내에서 반-효과화될지라도, 그 순수과거에서 새로운 현재로의 현실화는 그것이 종래의 근거짓기 논리에 따르는 한, 재현의 의의밖에 갖지 않기 때문이다. 즉 어떠한 현실화도 반-효과화에 의해 지지되지 않는다면, 공간적인 재현으로 "끌려드는" 것이다. 그래서 예컨대 '뒤의 것'(=형이상학)을 낳는 자연학이 시대와는 무관계하게 항상 우리 안에 계속해서 나타날 여지가 있으며, 이 자연학의 사유가 바로 '앞의 것'으로서

---

25) PS, 74/97~98; QP, 125~126/190~191, 146/221, 149/225 참조. 베르그송에 대한 들뢰즈의 몇몇 비판적 언명——특히 『철학이란 무엇인가』에 나타나는——이 한 점으로 수렴한다면, 그것은 현실화의 운동에 대해 그것과 불공가능적인 관계를 낳는 '반-효과화'론의 계기가 베르그송에게서는 전혀 사유되지 않는다는 의미다. "베르그송에게는 과거가 그 자체로 보존됨을 아는 것만으로 충분하다. 꿈 혹은 기억착오에 관한 깊은 고찰이 있는데도, 베르그송은 그 자체로 존재하는 과거를 어떻게 우리가 구할 수 있는지를 본질적으로 문제로 하지 않는다. [……] 이에 반해 프루스트의 문제는 바로 다음과 같은 것이다. 그 자체로 보존되고 그 자체로 잔존하는 과거를 어떻게 우리를 위해 구할 것인가"(PS, 74/97~99. 강조는 인용자).

의 우월성을 유지하면서 그 형식화(=논리학)로의 의지 ——진면목의 철
학——를 촉구하는 것이다. 따라서 이 사태들을 피하기 위해서는, 초월적
기억은 현실화를 재현으로부터 떼어 놓고, 이 사태들을 반-효과화에 의
해 지지하도록 다른 능력들에 문제 제기해야 할 것이다. 이렇게 '미래'를
단순한 '지나가기 위해 도래할 현재'로 폄하하지 않고, 현실화와 반-효과
화를 구성하는 시간의 종합으로서 파악하는 것이 여기에서 요청되는 것
이다. 선험적 경험론 아래서 시간의 세 번째 종합으로 내적으로 이행하려
면, 이러한 시간 구성이 필요했던 것이다. 존재의 일의성 속에서 스피노
자의 "절대적으로 무한한 '존재'"로부터 니체의 "영원회귀"로 이행하는
내적 필연성은 그 '실재적 정의'와 '선험적 장'의 절대적 일치에 의거하는
데, 이 시간의 종합은 '일의성의 철학'을 보다 구체적으로 경험주의의 문
제로서 표현한 것이다.

5. 시간의 세 번째 종합: '리좀-시간'

우리는 여기서 "반복의 역설"과 "과거의 역설"로부터 시간의 세 번째 종
합에서의 "무제한적 퇴행의 역설"에 의해 표현되는 반복으로 이행하게
된다. 영원회귀 속에서 일의적 '존재'는 표현의 무제한적인 운동 형식을
형성했는데, 여기서는 그것이 시간의 "공허한 순수 형식"이 되어 세 번
째 종합을 준비하게 된다.[26] 즉 시간은 단순한 하나의 직선, 단순한 '한 계

---

26) DR, 119~120/208~209; LS, 194/284; Emile Bréhier, *La théorie des incorporels dans
l'ancien stoïcisme*, Vrin, 1928, pp.54~59 참조. 시간에 관해 이러한 의미에서의 "공허한
형식"을 처음으로 찾아낸 것은 초기 스토아학파 사람들이다. "시간은 그들(스토아학파 사람
들)에게 처음으로 '하나의 공허한 형식'(une forme vide)으로서 나타난다. 이 형식 아래에서

열'이 되는 것이다. 왜일까. 간단하다——그것이야말로 '반-기억'에 적합한 시간 형식이기 때문이다. 처음의 두 가지 수동적 종합에서 '미래'는 오로지 '도래할 현재' 혹은 '지나가기 위해 도래할 현재'라는 의미밖에 지니지 않으므로, 재현적인 현재에 의해 정의되는 시간의 한 차원에 불과했다. 그러나 이 세 번째 종합은 바로 "미래인 한에서의 미래"에, 현실화라는 '규칙적인 시간' 속의 현재가 아니라, 그러한 표상 가능한 것으로서의 현재를 비껴가며 오히려 이 현실화의 형식을 전복하는 두 가지 방식에 관계되어 있다. 즉 한편으로는 이 현실화의 형식에 대한 외부로서의 '일탈한 시간'의 현재에, 그러니까 신체적 생성이 가진 '지금'(maintenant)에, 또한 다른 한편으로는 이 생성에 그 고유한 형상을 부여하는, 마음대로 전이하는 '순간'(instant)에, 그러니까 표면이 심층에 걸려 비틀거리지 않도록 하거나 심층과 혼합되지 않도록 하는 것이 아니라, 오히려 그것들을 적극적인 '시간-사건'으로서 의지하고, 예컨대 관념이 '표현되는 것'(lekton)과 말이 '의미되는 것'(semainomenon)을 동일시하는 것이 아니라, 그것들의 혼동을 저지하고 그것들을 비판적으로도 임상적으로도 잘 구별될 수 있도록 하는 "반-효과화의 현재"에 관계되는 것이다('리좀-시간').[27]

사건은 서로 계기하지만, 이는 시간이 어떠한 부분도 갖지 않는 법칙에 따라서다"(p.59). 바로 그렇기에 이 시간 안에 계기하고 서로 중합하는 사건은 바로 헤아려지지 않고 이 시간을 점유하며, 또한 이 '아이온-시간'은 이러한 모든 사건에 대한 유일하고 동일한 사건이 된다.

27) LS, 190~197/279~288 참조. 세 가지 현재에 관한 주. 이 "세 번째 현재"라는 사유 방식은 매우 중요하지만, 그것은 어디까지나 이 '반-효과화'의 시간이 "심층의 크로노스와 '미친 생성'의 집합"(두 번째 현재)에 관계지어지는 한에서다. 이 두 번째와 세 번째 현재는 비-물체적 사건이 사태로 현실화할 때의 시간인 규칙적인 "효과화(effectuation)의 현재"(첫 번째 현재)를 어디까지나 "피한다"는 점에서는 공통의 사명을 갖지만, 두 번째 현재는 그것을 심층의 긍정되어야 할 나쁜 크로노스에 속하는 '지금'의 힘에 의해, 또한 세 번째 현재는 그

실은 시간의 이 종합은 이제 **"수동적 종합"**이라고는 불리지 않는다. 왜냐하면 세 번째 종합은 그 안에 어떠한 능동적 종합도 세워지지 않기에, 본질적으로 능동적 종합과 공존할 수 없는 종합이기 때문이다. 초월적으로 실행된 어떤 능력이 존재할 수 있는 것은, 초월적으로 실행된 다른 능력들과의 사이의 **차이와 발산** 속에서 관념으로서의 '문제'를 서로 전하는 경우뿐이기 때문이다. 따라서 처음의 두 종합이 '재인의 대상'에 관한 시간 규정 일반이었던 데 반해, 세 번째 종합은 우리와 '마주침의 대상' 사이에 성립하는 시간을 구성하는 것이라 생각되어야 한다. 그러므로 예컨대 도덕적 능력론의 전형인 칸트에 대항하는 형태로 들뢰즈의 선험적 경험론이 창건되었듯이, 여기서도 칸트의 시간론을 원용함으로써 역으로 반-도덕적인 '에티카'에서의 시간이 보다 명확히 석출될 것이다. 그렇다면 실제로 감관 안에 '감성'을 생기게 하고, 사유 안에 '사유하다'라는 작용을 발생시키는 시간이란 '어떤 시간'일까. 그것은 예컨대 '나'라는 주

것을 표층의 아이온의 시간에 속하는 '순간'의 역능에 의해 각기 전혀 다른 방식으로 달성한다는 점에서는 이 두 가지의 특이한 현재 사이에 어떠한 공통성도 발견되지 않는다(LS, 193/283~284 참조). 『의미의 논리』에서는 이 두 번째 현재, 심층의 "전도(subversion)의 현재"에 대해 표면의 "세 번째 현재"가 주장되고, 또한 그것은 '사건'이 잠재적인 것의 현실화에 즈음하여 결코 효과화되지 않는 "어떤 과잉적인 것"(quelque chose d'excessif)을 갖는 한에서 그 '과잉적인 것'을 잠재적이고 선험적인 영역에서 완성하려는 시간으로서, 처음 두 현재와는 전혀 다른 "세 번째 현재"로 주장된다. 하지만 주지하다시피 몇 년 후에 들뢰즈는 다음과 같은 발언을 하게 된다. "나는 변했습니다. '표면-심층'(surface-profondeur)이라는 대립에는 이제 전혀 관심이 없습니다. 지금 내게 흥미로운 것은 충실한 신체, 탈기관체와 흐르는 강도-흐름(flux) 간의 관계입니다"(ID, 364). 다시 말해 문제는 이제 세 번째 현재를 사용하여 효과화가 전도되지 않도록 하는 것도, 혹은 표면과 심층을 혼동하지 않도록 하는 것도 아니라(LS, 196~197/287~288 참조), 심층 그 자체를 하나의 높이로 하는 '반-효과화'의 실재성을 지닌 충실한 신체며, 또한 그 신체가 발하는 증기(사건)——자신을 그 현실화에서 비어져 나온 어떤 사건(예컨대 말의 언어 속에서, 즉 표면의 언어 위에서 펼쳐지는 무제한적인 퇴행의 역설을 절단하는, 어떤 사건 속에서의 과잉적인 부분, 즉 비-의미작용적 렉톤)의 자식으로 하기, "자기 자신의 사건의 자식으로 생성하기"——다(QP, 150~151/227~229 참조).

체성 안에 어떠한 변화를 낳을까. 종합 없는 수용성으로서의 '경험적 감성'이 아니라, 수동적 종합의 작용을 가진 '초월적 감성'을 그 시간 형식과의 관계에 도입함으로써, 일반적으로 전제된 '나'라는 동일성에 도대체 어떠한 변화가 생길 수 있을까——그러나 그것은 '내'가 분열하고, 그 '자아'가 붕괴함과 동시에, 아마도 **얼굴 없이 가면을 쓰는 시간**에 적합할 것이다.

　세 번째 종합에서 시간은 공허하고 순수한 비-물체적 형식이 된다. 시간은 하나의 직선으로 이해되지만, 여기서는 하나의 직선으로 이루어진 미로를 구성하고, 그것만으로 더욱 신비로운 하나의 선이 되는 것이다.[28] 이는 무엇을 의미할까. 먼저 그 단순성에서부터 고찰해 가자. 칸트는 「감성론」에서 "서로 다른 시간들은 동일한 시간의 부분과 다름없다", 또한 "모든 일정한 길이의 시간은 그 근저에 있는 유일한 시간의 제한들(Einschränkungen einer einigen Zeit)에 의해서만 가능하다는 것, 이것은 시간의 무한성이 의미하는 것과 다름없다"고 기술하고 있다.[29] 일정한 길이의 시간, 즉 시간이 말해지는 모든 '부분적 시간'이란, 어떤 **운동에 의해** 측정되는, 즉 운동에 종속된 시간이다. 단적으로 말해서 어떤 주기적 운동을 전제로 하여, 그것에 의존하는 한에서 성립하고 측정되는 것이 여기서의 '시간이 말해진다'는 사항이다. 이런 의미에서 시간이 말해지는 모든 것은 서로 다르고 항상 부분적이지만, 그와 달리 이러한 '부분적 시간'에 관해 유일하고 동일한 '시간'을 생각할 수 있는데, 그것은 운동에 의존하고 그에 따라 측정되고 정의되는 제한된 시간에 선행하는, 그것들

---

28) CC, 41/58 참조.

29) Immanuel Kant, *Kritik der reinen Vernunft*, Meiner, 3rd ed., 1990, A32=B47~48[『순수이성비판』, 백종현 옮김, 아카넷, 2006, 252쪽].

을 자신의 제한으로서만 가능하게 하는 '유일한 시간'이다.[30] 칸트에게서의 '유일한 시간'이란, "계기"도 아니고 운동에 종속된 시간도 아니다. "계기"는 시간 속에 존재하는 "현존재"와, 그 "현존재"의 끊임없는 변화에만 관계되지만, 이 '유일한 시간'을 정의하는 것은 아니다. 왜냐하면 시간 그 자체는 결코 변화하지 않고, 변화가 말해지는 것은 오히려 이 시간 속에 존재하는 것이기 때문이다.[31]

그러나 '변화의 개념'이 형성되려면, 칸트에 따르면, 현존재와 그 규정들에 관계되는 계기의 지각이, 즉 시간 속에 존재하는 어떤 것에 관한 '변화의 지각'이 필요해지는데, 바로 그 '변화 자체' 혹은 '변화하는 것'이 존재하지 않는다면, 처음부터 우리의 '변화의 지각'도 있을 수 없다고 생각하고 싶어질 것이다. 그러면 우리는 분명 시간도 어떤 '변화하는 것'에 의해 정의하고 싶어진다. 예컨대 아리스토텔레스처럼 시간을 크기나 운동과의 유비에 따라 '보다 앞'과 '보다 뒤' 같은 구별에 입각한 "운동의 수" (arithmos kineseos)라는 개념에 의해 정의하고 싶어진다.[32] 하지만 그것은 결국 시간을 운동에 종속시켜 이해하려는 것이다. 사실 아리스토텔레스는 "시간"(크로노스)을, 운동 그 자체는 아니지만 운동 없이 존재하는 것도 아닌 "운동의 무언가"(tes kineseos ti einai)라고 생각하여, 어디까지나 그것을 운동에 의거한 것으로서 정의했다. 이에 반해 칸트가 행한 결정적인 전환이란, 운동과 시간의 이 주종 관계를 역전시켜 시간을 운동으로부터 해방시킨 것이다. 들뢰즈에 따르면, 이것이 칸트의 시간론에서

---

30) Kant, *Kritik der reinen Vernunft*, A188~189=B232~233[『순수이성비판』, 422쪽] 참조.
31) *Ibid.*, A41=B58[261쪽] 참조.
32) Aristoteles, *Physica*, 218b21~219b2. ed. and trans. W. D. Ross, *The Works II, Physica. De Caelo. De generatione et corruptione*, Oxford, 1950.

가장 중요한 논점의 하나다. 시간이 운동에 종속되는 것이 아니라, 역으로 운동이 시간 안에서 가능케 되는 것이다. 시간은 비록 그것이 운동에 관계될지라도, 단지 그것을 측정할 뿐만 아니라 그 운동을 조건짓는 '조건'으로서 관계되는 것이다. 시간은 바로 "변화의 가능성의 조건"이며, 변화하고 운동하는 것의 순수 형식이 되는 것이다(여기서 말하는 '순수'란, 운동으로부터의 자율성을 의미한다).

칸트는 『순수이성비판』 두 번째 판의 「관념론 논박」에서, "'나'라는 표상 속에서 나 자신의 의식은 결코 직관이 아니라, 사유하는 주관의 자발적 활동의 단순한 지적 표상이다"라고 기술하여,[33] '나'란 그 자체로는 완전히 공허한 개념임을 주장했다. '나' 혹은 '나는 사유한다'는 단순한 지적 표상에 불과하며, 따라서 데카르트와 달리 이로부터 '자아'에 관한 모든 지식이 아프리오리하게 이끌어 내어지지 않는다. '나'는 무매개적으로 우리의 의식에 나타나는 것이 아니라, 혹은 직접 그 자체로서 내적 감관에 현전하는 것이 아니라, 늘 직관과 개념 간의 '어긋남'(glissement)——이는 비분절적 시간(아이온)의 반영이다——을 동반하고, 단지 나의 모든 표상에 동반할 수 있을 만큼만 공허한 개념이다.[34] 칸트에게는 '나'(Je)와 '자아'(moi), 혹은 '나는 사유한다'와 '나는 존재한다' 사이에 어떤 예리한 균열이 존재하는데, 이 균열 자체가 여기서의 '시간'인 것이다. 그러므로 이 시간 속에서 사람들은 명제나 표상으로 구성된 사물의 표면에서, 자기 동일성의 장애를 느낌과 동시에 자기 동일성을 갈망하는 것이다. 이 시간은 그 아래에서 '나'라는 **규정작용**이 **무규정적인 것**으로서의 '나의 현존

---

33) Kant, *Kritik der reinen Vernunft*, B278[『순수이성비판』, 461쪽].
34) *Ibid.*, B131~132[346~347쪽] 참조.

재'에 작용하는 한, 이 규정작용('나')의 '규정 가능성의 조건'이면서 무규정적인 존재가 **규정 가능한 것**이 되기 위한 형식이다. 이 순수 형식이라는 '균열'(fêlure)을 칸트는 다음과 같이 도입한다. "'나는 사유한다'는, '나의 현존재'를 규정하는 작용을 나타낸다. 따라서 현존재는 이에 따라 이미 주어져 있지만, '내'가 이 현존재를 어떻게 규정해야 할지, 즉 현존재에 속하는 다양한 것을 '내' 안에서 어떻게 정립해야 할지, 그 방식은 이에 따라서는 아직 주어져 있지 않다."[35] 분명 '나는 사유한다'라는 "규정작용"(das Bestimmende)은 '나는 존재한다'를 포함하므로, 이에 따라 "무규정적인 것"(das Unbestimmte)인 '나의 현존재'는 이미 '나'에게 주어져 있게 되지만, 그것만으로는 아직 이 현존재의 다양을 '내' 안에 정립하는 "방식"(Art) 그 자체는 주어지지 않는다. 그리고 이 "방식"이야말로 무규정적인 것을 "규정 가능한 것"(das Bestimmbare) —— "세 번째 논리적 가치"[36] —— 으로 하는 순수 형식으로서의 시간이다.

이처럼 무규정적인 존재인 '나의 현존재'가 규정작용에 의해 규정 가능한 것으로서의 "수동적 자아"(moi passif)가 되는 것은 오로지 시간 속에서뿐이다. 따라서 '나의 현존재'는 실제로는 "수동적 자아"로서만 시간 속에서 규정 가능하게 되고, '나의 신체'는 '나의 자아'로서만 규정되는 것이다. 그러나 '규정하는 것'은 단지 어떤 것을 일방적으로 규정할 뿐만 아니라, 그 자신이 그 '규정되는 것'을 표현해야 하고, 이를 위해서는 '규정되는 것'이 이번에는 '표현되는 것'으로서 그 표현을 조건지어야 한다. 비록 시간의 순수 형식을 통해서일지라도, '규정작용'이 '무규정적인 것'

---

35) Kant, *Kritik der reinen Vernunft*, B157 Anm [『순수이성비판』, 364쪽].
36) DR, 116/202 참조.

을 표현하지 않고 오로지 일방향적으로 조건짓기만 한다면, 그 '규정작용'은 동일적인 '나'의 능동적 종합 이외의 그 무엇도 아니며, 또한 다른 한편의 '무규정적인 것'도 단순한 수용적 '자아'에 불과하게 될 것이다. 하지만 이에 반해 '규정작용'이 규정되는 것을 '규정 가능한 것'으로 표현할 때, 그 '규정작용'은 이 표현되는 것의 작용을 받아 바로 "균열된 '나'" (Je fêlé)가 되고, 또한 다른 한편의 '규정 가능한 것'도 자신 안에 종합의 역능을 지닌 "수동적 '자아'"로서 파악되는 것이다.[37] 이렇게 시간의 순수 형식이라는 단순한 직선적 '한 계열'은 칸트에게서의 '나'와 '자아'를 둘러싼 규정의 차원들 속에 표현의 논리가 도입되자마자, 미궁 같은 '여러 계열', 즉 리좀 모양의 시간 형식이 되어, 미세한 '선험적 차이'를 낳는 심급으로서 발견된다(형성의 차원이 하나의 실천철학인 한, 그 실질적 방법론인 '반-효과화'론은, 그러므로 도처에서 이러한 '얼마간의 리좀'du rhizome 을 재-개하고 배분하는 활동이라 할 수 있다).[38] 이 특이한 차이란, 시간의

37) DR, 117/204 참조. "이 형식(시간의 순수하고 공허한 형식) 속에서 '나'는 시간 속에 나타나는 수동적 '자아'의 상관자다. '내' 안의 금 혹은 균열, '자아' 안의 수동성, 이것들이야말로 시간이 의미하는 바다."

38) DR, 116/202~203; F, 115/162 참조. "칸트에 따르면, 시간은 그 아래에서 정신이 자기 자신을 촉발하는 형식이었는데, 그것은 마치 공간이, 그 아래에서 정신이 다른 사물에 의해 촉발되는 형식이었던 것과 마찬가지다. 따라서 시간은 주체성의 본질적 구조를 구성하는 '자기 촉발'이었다." 또한 리좀에 관해 말하면, '다른 방식으로 느끼기' 혹은 '다른 방식으로 사유하기'는 그 자체로 '얼마간의 리좀'을 효과화하기다(MP, 16/23 참조). 이러한 의미에서의 '다른 방식'이 우리들의 이-것의 어떤 강도적 부분을 성립시키는 것이다. "하나의 이-것 (une heccéité)에는 시작도 끝도 없고, 기원도 목적지도 없다. 이-것은 항상 '사이'에 있는 것이다. 이-것은 점이 아니라 선으로만 이루어진다. 이-것은 리좀이다"(MP, 321/499). 그러므로 '리좀-시간'은 이러한 이-것의 '존재 방식'을 낳는 준원인이라 할 수 있다. 왜냐하면 이 순수하고 공허한 형식으로서의 '아이온-시간'은 나와 자아를 분열시킴과 동시에, 이 양쪽을 일종의 착란된 방식으로 봉합하는 '리좀-시간'의 "실"(fil)로서 이름도 없는 어떤 '나-괴물'을 낳기 때문이다(CC, 44/62 참조).

언어로 말하면 여러 '표상적 현재' 사이에 있고, 그것과는 이질적인 형성의 질서를 도처에서 가능케 해야 하는 시간, 즉 잠재적인 '생성의 지금'과 현실적인 '전이하는 순간'의 차이다. "미래인 한에서의 미래"의 시간은 이러한 차이를 가진 시간, 우리 사이에서 분자적으로——혹은 부분관사적으로——만 공유되는 시간이며, 그것은 시간의 첫 번째, 두 번째 종합과 연을 끊고, 그것들과는 불공가능적인 '존재의 방식'을 산출하는 것이다.

6. 초월적 감성에 관하여: 강도의 문제

들뢰즈가 공허한 시간 형식에 의해 균열이 생긴 '나'의 상관자로서 수동적 '자아'를 강조하는 것은 결국 모든 능동적 종합에 앞서는 수동적 종합으로서의 감성작용을 떠오르게 하는 것과 관련되어 있다고 이해해야 한다. 왜냐하면 감성이 초월적으로 실행됨으로써, 경험적 감성을 대신하여 이 초월적 감성 속에서 과연 무엇이 우리에게 직관되는지가 문제가 되기 때문이다. 그리고 이것이 '감각될 수밖에 없는 것'이라는 전면적으로 그 내포적인 성질을 지닌 '양' 즉 '강도'(intensité)다. 그렇다면 '강도'란 어떠한 것일까. 그것은 "감성의 초월적 실행을 정의하는 것"인 이상, '감각될 수밖에 없는 것'의 어떤 차이에 관계되는 양, 정도다.[39] 강도는 감성의 초

---

39) DR, 305/506 참조. 딱히 들뢰즈의 '강도' 개념을 명확히 밝히는 것은 아니지만, 다음의 저작은 매우 흥미로운 테마를 다루고 있다. Charles Ramond, *Qualité et quantité dans la philosophie de Spinoza*, PUF, 1995. 특히 2부 2장에 실린 "Les 'grandeurs intensives'"; Juliette Simont, *Essai sur la quantité, la qualité, la relation chez Kant, Hegel, Deleuze: Les "Fleurs noirs" de la logique philosophique*, L'Harmattan, 1997의 4장 "Étrange "anticipation de la perception"(Kant/Maïmon/Deleuze)"과 부록 "Des deux usages de l'intensité(Cohen/Deleuze)" 참조.

월적 실행을 발생적으로 정의하는 그 실재적 요소다. 즉 강도는 '사태'에 관계되는 어떤 물리량이라기보다, 오히려 비-물체적인, 그러나 결코 사물의 표면에서 해결되거나 측정되지 않는 '문제의 정도'에 관계되는 것이다. 이로부터, 예컨대 하나의 물음의 속성으로서, 즉 물어져야 할 힘을 지닌 문제로서 스피노자에게서의 구성적 속성을 파악한다면, 바로 그 '문제-속성'의 정도 혹은 강도로서의 양태가 단지 이 문제의 해로서가 아니라, 오히려 '문제 제기적인 것'(problématique)의 존재로서 활동하고 있음을 알 수 있을 것이다. 이 점의 이해를 벗어나면, 어떻게 강도가 감성을 초월적으로 실행하는지를 '형성의 위상' 속에서 파악하는 일이 곤란하게 될 것이다. 현실화 차원에서의 강도가 문제인 것이 아니다. 배후로 돌아가는 사유와 연을 끊는 것만이 아니라, 나중에 소거될 긍정성을 가지고 세계를 이야기하는 것도 그만두자. 현실화 과정 속에서 취소되어 가는 차이를 표시하는 '양'이 아니라,[40] 또한 연장 혹은 재현을 근거짓는 내포적인 차이를 보여 주는 '양'도 아니라, 그러한 전개된 재현의 한가운데서 전혀 다른 방향을 향해 스스로를 전개하려는 비판력을 지닌 '양' 개념 혹은 '차이의 개념', 그것이 '강도'며, 그것을 파악하는 것이 문제다. 그러므로 이를 위한 물음은 다음과 같을 것이다. 기억과 지성 일반을 위한 소재를 제공할 뿐인 경험적 감성이 아니라, 다의적인 능동적 종합의 힘으로서의 범주들에 저항하여, 다른 능력들을 초월적 실행으로 눈뜨게 하는 문제 제기적인

---

40) DR, 288/479 참조. "강도는 차이지만, 이러한 차이는 연장 안에서도, 또한 질 아래서도 부정되고 취소되는 경향이 있다." "강도는 비가역적인 상태들로 이루어진 하나의 계열 속에서의 객관적 방향을 '시간의 화살'(fléche du temps)로 정의한다. 이 시간의 화살 속에서, 사람들은 가장 큰 차이화=분화로부터 가장 작은 차이화=분화로, 생산적 차이로부터 단축되어 마지막에는 취소되어 버리는 차이로 나아간다"(강조는 인용자). 이는 바로 적용의 차원 속 강도의 현실적 외연화의 상태다.

'초월적 감성'이 중요하게 되는데, 그렇다면 이러한 감성이 일의적으로 수용하는 것(내포량), 혹은 오히려 그 고유의 한계 아래에서 수동하는 것(강도)이란 대체 무엇이며, 강도는 어떻게 내포량으로부터 구별되는 것일까.

칸트는 '질'의 범주에 대응하는 "지각의 예료(豫料)"의 원리를 다음과 같이 기술하고 있다. "모든 현상 속에서 감각의 대상인 실재적인 것은 내포량 즉 정도(Grad)를 가진다."[41] 실재적인 것은 우리의 감각의 일정한 대상이 되어 우리의 감각을 자극하고, 그것에 변양을 부여한다. '내포량'(quantité intensive)은 늘 우리에게 무매개적으로 주어지는 질이며, 그 양에 고유한 질과 다름없다.[42] 즉 어떤 특정한 내포량에는 그에 대응하는 '외연적인 양'의 표시와 함께, 그 양에 고유한 '내포적인 질'의 표현이 동반된다는 것이다. 따라서 사람은 전자에 주목할 때엔 서로 다른 두 양에 관해 '정도의 차이'를 인지하고, 또한 후자에 주목할 때엔 두 양에 각각 대응하는 고유한 질에 관해 그것들 간의 '본성의 차이'를 이야기하는 것이다. 따라서 이 양쪽의 관점을 종합한 것이 "정도"(degré)라는 개념이다. 다시 말해서 내포량이란, 모든 시점에 대해 공통적이고 유일한 시점 ─ 외연성(가로=좌·우와 세로=고·저) ─ 을 동반하면서 이 유일한 시점을 시선화하는 '질' ─ 내포성(깊이=지地·도圖) ─ 이다(적용의 위상, 정적 발생, 현실화로부터 말하면, 이 세 연장의 차원은 강도라는 "연장의 모태matrice"로부터 이와 공가능적으로 발생한 것이다). 그러나 칸트와 달리 강도를 내포량

---

41) Kant, *Kritik der reinen Vernunft*, B207[『순수이성비판』, 401쪽].
42) DR, 299/496. "내포량은 양 내에서의 차이, 즉 양의 차이 내에 존재하는 취소 불가능한 것, 양 그 자체 내에 존재하는 동등화 불가능한 것을 재현한다. 따라서 그것은 양에 고유한 질이다."

으로부터 비판적·불공가능적으로, 즉 형성의 위상, 동적 발생, 반-효과화 아래에서 구별한다면, 이러한 '시선'으로는 아직 충분하다고 할 수 없다.[43] 왜냐하면 그것은 아직 하나의 관점으로 생성하고 있지 않기 때문이다. 즉 그것은 니체의 원근법주의의 실재적 요소인 '관점'이 아니라는 것이다. 왜냐하면 이 원근법은 자신의 강도적인 '원근법주의적 공간'(선험적 원리) ——들뢰즈는 이를 '강도-공간(spatium)'이라 부른다——의 발생적 요소며, 따라서 우리는 시선이라는 신체의 존재로 향해진 '깊이-감각'을 넘어, 실재적 경험을 구성하는 신체의 본질 속에서의 '강도-감각'을 가지는 것이기 때문이다. 이리하여 강도는 내포량으로부터 구별되어야 하는 것이다.

칸트의 내포량의 사유 방식에는 확실히 문제가 있다. 최대의 난점은 칸트에게선 우리의 감각을 자극하는 외부의 실재적인 것이 가지는 정도와, 그에 대한 우리의 감각의 정도 사이에 단순한 대응 관계가 완전히 전제되어 있다는 점이다. 즉 거기서의 내포량에 관한 논의는 대상 속에서의 정도와 감각 속에서의 정도가 완전히 **동일한 계열** ——혹은 질의 미분과 그 미분의 감각과의 일치 ——에 속하는 것임이 무비판적으로 전제되어 있다고 생각된다. 하지만 결론을 미리 말하자면, 그런데도 칸트는 아마 그 자신이 전

---

43) 이를 들뢰즈는 다음과 같이 말한다. "칸트의 오류는, 시간에도 공간에도 논리학적 외연을 인정하지 않는 바로 그때에, 공간에 기하학적 외연을 유지하고, 또한 하나의 연장을 이런저런 정도로 채우고 있는 물질에 내포량을 할당한 것이다"(DR, 298/495). 칸트의 선험적 관념론은 어디까지나 경험적 표상에 의거한 입장이며, 거기서 외연량은 그 위를 시점이 이동하는 가로와 세로의 이차원 평면으로 환원되고, 또한 내포량은 이 평면 안을 겨누어 틈새 없이 집중해 오는 깊이의 어떤 질적 시선으로 환원된다. 바로 칸트의 이중오류다. 따라서 예컨대 "칸트는 좌우대칭인 것 안에서 바로 내적 차이를 인지하지만, 그에 따르면 개념적이지 않은 그 차이는, 외연량인 한에서 연장 전체와의 외적 관계에만 관계될 수 있는 것이다"(DR, 298/495. 또한 Immanuel Kant, *Prolegomena zu einer jeden künftigen Metaphysik, die als Wissenschaft wird auftreten können*, Meiner, 7th ed., 1993, §13, pp.38~39[『형이상학서설』, 백종현 옮김, 아카넷, 2012, 164~166쪽] 참조).

혀 의식하지 않았겠지만, 단지 '사태'에 관해 말해지는 내포량으로부터 구별되어야 할 '강도의 차이'라는 들뢰즈의 개념에 결과적으로 도달하고 있다고 생각할 수 있다. 이러한 논점을 염두에 두고 내포량과 강도에 관해 생각하기로 한다. 칸트에 따르면, 감각의 모든 정도는 그로부터 '정도=0'을 향해 감소할 수 있는 양인 한에서만 내포량으로서 정의된다. "나는 단일성으로서만 각지되고, 다수성이 '부정성=0'으로의 접근에 의해서만 표상되는 양을 내포량이라 칭한다."[44] 감각의 모든 정도는 이것의 반대개념으로서의 '부정성=0'으로 무한한 단계를 거쳐 근접해 간다. 바꿔 말하면, 현상 속에서 우리의 감각에 대응하는 것이 가지는 어떤 정도 a가 실재적인 것의 내포량인 것은, 그 '정도=a'가 '정도=0'의 상태로 상정되는 부정성과의 내절적(內折的) '거리'의 각지를 동반해서만 규정된다는 것이다. 즉 내포량이란, '부정성=0'과의 사이에 수많은 다양한 '질'의 단계(거리)를 가지는 양, 즉 '부정성=0'과의 관계에서야 비로소 규정되는 양이다. 혹은 '크기'(grandeur) 그 자체 내에 이러한 의미에서의 '거리'(distance)를 포함하는 '양'(quantité), 그것이 내포량이다.

그렇다면 이 '부정성=0'은 무엇을 의미할까. 이 점을 밝힘으로써 이 '정도=0'과 일정한 '정도=a' 사이의 내포적인 잠재적 '거리'라는 개념도 그로부터 귀결될 것이다. 예컨대 어느 특정한 온도, 50도의 온수를 생각해 보자. 이 온수를 그대로 방치해 두면 50도, 49도…… 라는 하나의 계열을 거쳐 결국 주위와 같은 온도(예컨대 25도)까지 감소하고, 이렇게 차이는 서서히 취소되어 간다. 문제는 이 25도를 처음 온수의 온도인 50도에 대한 '부정성=0'이라고 생각해도 되느냐다. 그러나 이 25도에는 하나의

---

44) Kant, *Kritik der reinen Vernunft*, A168=B210 [『순수이성비판』, 404쪽].

정도가 있기 때문에, 이 '실재성 = 25도'가 처음의 '실재성 = 50도'에 대한 '부정성 = 0'이 아님은 분명하다. 마찬가지 이유로, 온도계에 표시되는 0도에 대응하는 온도가 '부정성 = 0'이 아님도 명백할 것이다. 0도라는 온도도 하나의 정도를 갖는 한, 그것은 '실재성 = 0도'라고 생각되어야 하기 때문이다. 그러면 이어서, 우리의 감각에 주어진 50도의 온수의 정도는 어떠한 계열을 거쳐 감소하는지 생각해 보자. 그것은 감각의 대상 쪽의 50도, 49도…… 라는 계열에 대응하는 감각의 정도의 계열을 따라 결국 우리의 원래 체온(예컨대 36도)으로까지 감소하고, 여기서도 차이는 이렇게 취소되어 갈 것이다. 그렇다면 '감각의 정도 = 50도'에 대한 '부정성 = 0'은 이 36도라는 체온이게 되지만, 이미 분명하듯이, 이 체온 36도도 처음의 '감각의 정도 = 50도'와 마찬가지로 어떤 '부정성 = 0'과의 관계에 있어야 할 하나의 정도('감각의 정도 = 36도')를 가지고 있다. 즉 여기서는 다음 세 가지 사항에 주의해야 한다. 첫째, 감각의 대상인 실재적인 것이 지닌 정도와 그 감각의 정도는, 정도 그 자체로서는 어떤 대응 관계에 있지만, 구체적 차이는 그것들의 정도가 감소해 갈 때에 각각 다른 계열을 거침으로써 분명해진다는 것. 둘째, 이 감소의 한계치 즉 '부정성 = 0'은 실은 이 두 계열의 어디에도 존재하지 않는다는 것. 따라서 셋째, '부정성 = 0'과 거리의 관계에 있어야만 하나의 '정도'로서 우리에게 주어지는 것, 그것이 '내포량'이지만, '강도'는 이 두 계열을 각각 거쳐 감소해 가는 것이 아니라, 차라리 이 양쪽에 공통인 다른 계열, 즉 어떤 정도 그 자체의 세기의 계열을 거쳐 감소해 간다고 생각해야 한다는 것.

이처럼 어떤 주어진 감각의 정도가 '부정성 = 0'으로 다양한 질적 단계를 거쳐 감소해 가는 그 계열은 실제로는 **정도의 '강도' 그 자체가 점차 감소해 가는 과정**이다. 이는 마찬가지로 감각의 대상인 실재적인 것의 정도가 점차 감소해 가는 계열이기도 하다. 요컨대 어떤 '정도=a'는 외연적인 '양'을 표시할 수 있는, 그보다도 낮은 일련의 정도의 계열을 거쳐 감소해 가는 것도 아니고, 양에 고유한 '질' 계열을 따라 다양한 질을 낳으면서 ——실은 이에 따라 플라톤이 말하고 들뢰즈가 비판하는 '반대의-감각되는 것' 혹은 '질 속의 반대성'의 가능성이 생기는 것이다[45]——감소해 가는 것도 아니라, 이러한 연장과 질에 의해서는 결코 보일 수 없는 '강도의 계열' 아래에서 '정도=0'으로 점차 근접해 가는 것이다. 따라서 우리를 표상으로 이끄는 판단을 모델로 하지 않고, 또한 우리를 이 판단으로 이끄는 공통감각 속에서의 표상작용에 대항하여, 감각 속에서의 어떤 적극적인 것에 관한 개념형성을 시도하거나, 그 관념의 표현적 생산 활동을 파악하려 한다면, '부정성=0'은 바로 '강도=0'이다. 즉 정도의 세기가 '0'이라는 것이다. 다시 말해 어느 일정한 '강도=a'는 동일한 정도에 머물면서도 무한히 많은 고유한 '강도의 차이'(예컨대 니체의 유기체 해석의 과정 혹은 그 편식의 실재성)를 내포함과 동시에, '강도=0'과의 긴장 관계, 즉 '잠재성의 거리'(예컨대 어떠한 현실적인 작용도 갖지 않는 원근법주의와 그 발생적 요소가 되어야 할 하나의 원근법 간의 긍정적 '거리')에 무매개적으로 존재하는 것이다. 그래서 다시 한 번 칸트적인 시점에서 현상 내에서의 실재적인 것을 생각하면, 만일 우리가 실재적인 것의 정도를 결국 물질이 다양하게 취하는 '사태'라 간주한다면, 그때 어떤 실재적인 것의 일정한 정도는 어디까지나 외연적인 '양'을 표시할 수 있는 다른 정도를 차례로 거쳐 감소해 가는 것이라 파악된다. 하지만 이에 반해, 현상 내에서의 이 실재적인 것을 현상의 '내재적 양상'으로 파악한다면, 그것이 표현하는 정도는

---

45) DR, 304~305/504~506 참조.

바로 하나의 감각될 수밖에 없는 것을, 즉 점차 감소하는 강도의 역능을 우리에게 보여 주는 것이 된다. 이 경우에 경험적인 능동적 종합의 요인인 기억이나 지성 속에서 대상이 되는 물질은 그 정도의 기체(基體)인 것이 아니라, 그 정도에 대한 상관자로서 단지 요청될 뿐이다. 그러나 칸트는 이러한 방향의 어느 쪽도 명확히 보여 주지 않고, '사태'가 나타내는 정도와 '감각의 변양'이 보여 주는 정도를 질의 범주 아래에서 아프리오리하게 계속 혼동했던 것이다. 확실히 외견상 유사하다고 생각되지만, 혼동의 결과로서 무비판적으로 정도의 이 공통 계열이 암묵적으로 전제되는 것과, 강도의 유일한 계열을 정도의 두 계열 '사이'의 **실재성**으로 파악하는 것은 전혀 다른 사태라는 것을 잊어서는 안 된다.[46]

한편 들뢰즈는 '부정성=0'이라는 칸트의 개념으로부터, 결여나 무(無) 같은 부정적인 것과는 무관한 '강도=0'이라는 잠재적인 긍정성의 개념을 제기한다.[47] 그것은 바로 실재적 일의성에 관한 하나의 관념이다. 이 '강도=0'이라는 잠재적인 것이 실재성을 갖지 않는다고는 할 수 없을 것이다. 오히려 이 잠재적인 것은 현실적이지 않을 뿐, 모든 실재성의 정

---

46) 칸트는 "실재성은 어떤 무엇이다. 부정성은 무(無), 즉 그림자나 추위 같은 대상의 결여 개념이다(결여적 무nihil privativum)"라고 하여(Kant, *Kritik der reinen Vernunft*, A291=B347[『순수이성비판』, 520쪽]), '부정성=0'을 "결여"라는 문자 그대로 부정적인 것에 따라 이해했다. 이는 칸트가 이 부정성을 감소 계열의 일부를 점유하는 것이라 생각했던 증거라고 할 수 있을 것이다. 즉 빛에 대한 "그림자"나 따뜻함에 대한 "추위"는 실제로는 양에 고유한 '질'이며, 따라서 충분히 하나의 정도를 지닌 것인 한, 다양한 정도에 의해 구성되는 계열의 외부에 존재하는 것이 아니다. 그러나 '부정성=0'은 어떠한 의미에서도 이 계열을 **물체적으로**(정도를 지닌 것으로서) 점유하지 않는, 어느 일정한 정도 그 자체의 세기가 감소하는 극한에 돌연 발견되어야 할 '강도=0'이며, 거기에서 부정적인 것은 생각할 수 없다. 이는 결국 판단을 모델로 하여 '지각'을 생각했기 때문에 빚어진 오류다.

47) AŒ, 390/542, 394/547 참조. "탈기관체는 강도의 이런저런 정도에서 항상 공간을 채우는 물질이며, 부분 대상은 '강도=0'으로서의 물질에서 출발하여 공간 내에 실재적인 것을 산출하는 정도, 즉 강도적 부분이다"(AŒ, 390/542).

도를 자기 안에 포괄하는 하나의 '비-물체적인 것', 가장 풍부한 것을 포함하지만 그 자체는 가장 '불모인 것'이다. "현실적이지 않고 실재적인, 추상적이지 않고 관념적[이념적]인"(réels sans être actuels, idéaux sans être abstraits)이라는 프루스트의 '잠재적인 것'에 관한 정식을 들뢰즈가 빈번하게 사용할 때[48] 중요한 것은, 단지 현실적인 것으로부터 구별되는 잠재적인 것의 "특질"들이 아니라, 현실화 속에서 산출되는 **현실적인 것**이 의존하고 있는 잠재적인 것의 실재성이 아니라, 오히려 이러한 현실화를 벗어나 그 현실화에 의존하지 않는 어떤 '사건'의 비-물체적인 실재성이 문제라는 점이다('비-물체적 유물론'의 입장[49]). 강도라는 '감각되어야 할 것'은 이러한 비-물체적 실재성의 정도다. 문제는 '있는 것-되기'의 내포량이 아니라, 실제 있는 것을 상정하지 않고, 목적도 스토리도 없이 생성하기, 즉 '무구한 것-되기'의 강도다. 왜냐하면 생성이란, 실제 있는 것을

---

48) Proust, *A la recherche du temps perdu*, p.873[『잃어버린 시간을 찾아서 11: 되찾은 시간』, 258쪽]. 또한 PS, 73~74/97, 76/101; DR, 269/450; QP, 148/223 등을 참조. 잠재성에 관한 이 정식을 프루스트는 다음과 같은 문맥에서 서술하고 있다. "그러나 예전에 들었던 어떤 소리나, 옛날에 맡았던 적 있는 어떤 냄새가 '현실적이지 않고 실재적인, 추상적이지 않고 관념적인' 현재와 과거 속에서 동시에 다시 들리거나 맡아지거나 하면, 바로 평소에는 숨겨져 있는 사물의 불변의 본질은 해방되고, 때로는 훨씬 전부터 죽어 있었던 듯 생각되었지만 전혀 그렇지 않았던 우리의 참된 자아는 제공된 천상의 양식을 받아 깨어나 생기를 띠는 것이다. 시간의 질서로부터 해방된 '일순간'(une minute)이, 그 '일순간'을 느끼게 하기 위해 우리 안에 시간의 질서로부터 해방된 인간을 재-창조한 것이다."

49) Michel Foucault, *L'ordre du discours*, Gallimard, 1971, pp.59~60[『담론의 질서』, 이정우 옮김, 서강대학교 출판부, 1998, 39쪽]. "사건은 물체의 질서(ordre des corps)에 속해 있지 않다. 그렇지만 사건은 결코 비물질적인 것(immatériel)은 아니다." 푸코는 이로부터 사건의 철학이 "비-물체적인 것의 유물론"(matérialisme de l'incorporel)이라는 역설적 방향으로 나아가야 한다고 주장한다. 마찬가지로, 예컨대 스피노자에게 "양태의 본질은 순수한 **물리적 실재성이다**"(SPE, 175/261)라고 들뢰즈가 주장할 때, 이 "물리적"(physique)은 조금도 "물체적"(corporel)을 의미하지 않는다. 그것은 오히려 물체적 실재성과는 다른 실재성, '비-물체적'인 것의 실재성을 보여 줌으로써 스피노자의 철학을 '비-물체적 유물론'으로 파악하는 방향을 제시하는 것이다.

배후에서 단지 덧그린 듯한 방식으로 동태화하는 것이 아니라, 존재로부터 다른 긍정의 방식을 끌어내는 것, 그 존재의 성격을 실재적으로 발생시키는 것이기 때문이다. '감각되어야 할 것'에만 촉발되는 '다른 감성'이 감관 속에 실제로 생기는 것은, 능동적 종합을 구성하는 일반적인 오성이나 이성이라는 능력을 전혀 전제하지 않고, '강도=0'이라는 스스로의 한계에 직면함으로써만 여러 강도를 파악하는 한에서다. 이런 의미에서도 칸트가 실재성을 '부정성=0'과의 '거리'의 각지에 의해서만 양화될 수 있다고 생각한 점은 매우 중요했다는 것을 알 수 있을 것이다. '강도=0'은 감성의 한계이며, 또한 그런 한에서 초월적으로 실행된 감성이 일의적으로 촉발되는 것은 '감각될 수밖에 없는 것'으로서의 강도에 의해서다. 그러나 '강도=0' 그 자체는 그것이 잠재적인 일의적 '존재'로서 파악되는 한, 초월적 감성에 의해서도 감각될 수 없다. 왜냐하면 이 일의적 '존재'와 그 관념은 어떤 능력의 개별적 대상이 되지 않고, 초월적으로 실행되는 능력들의 발생적 반복에 의해 반-효과화되는 한에서 정의되는 것이기 때문이다.

일의적 '존재'는 단지 사유되고, 또한 긍정될 뿐만 아니라, 그 이상으로 실재화되어야 한다——혹은 영원회귀에 보다 걸맞게 말한다면, 선택되어야 한다——고 들뢰즈는 주장했는데, 이는 감성이 초월적으로 실행되는 것과 불가분한 문제 제기다. '초월적 감성'이 외연량으로 표시될 수 있는 내포량과 그 양에 고유한 질에 대응하는 '경험적 감성'과 전혀 다르다는 점은, 앞서 기술했듯 선험적 경험론에서의 능력들의 이론으로부터도 분명하다. 초월적 감성은 잠재적인 "바탕-허"(sans-fond)로서의 '강도=0'으로 반-효과화되어 가는 '감각될 수밖에 없는 것'——비-물체적인 실재성(강도의 차이)——을 파악하는 능력이며, 또한 이 감성에 고유한 시간 형식이야말로 운동에 종속된 '크로노스'적 시간으로부터 구별되는 '아이온'으로서의 시간의 공허한 순수 형식이다. 현재의 지각 속의 '시점'(point de vue)을, 그것에 고유한 깊이를 부여하면서 하나의 '시선'(regard)으로 하는 것은 바로 과거며, 또한 기억이라고 할 수 있다. 왜냐하면 기억의 지도 속의 다양한 '부(不)-등고선'은 단순한 지각이 아니라 깊이로의 시선으로 이루어지기 때문이다. 하지만 그런데도 시선은 '원근법'(perspective)이 아니고, 감성의 실행을 반드시 동반하지도 않는다. 시선을 하나의 원근법으로 하는 것은, 강도에 적합한 시간 형식을 가진 감성이다. 이 점에서 보면, 스피노자가 말하는 "정신의 눈"은 바로 강도의 관점이 된 감성 그 자체며, 그것에 고유한 '지각태'는 바로 원근법주의적 공간 내에서 계산되지 않고 점유하고, 분할되지 않고 배분되는 특이한 '본질-강도'이자 영원한 것으로 계속해서 생성하는 '미래-지금'이다.

시간의 첫 번째 수동적 종합에서는 자발적 상상력이 수축의 능력으로서 살아 있는 현재를 구성하지만, 두 번째 수동적 종합에서는 기억이 "기억을 단절한 것"(immémorable)으로서의 순수과거의 '존재'를 구성한다. 그렇지만 첫 번째 종합에서의 '자발적 상상력'은 오로지 다른 능력들이 행하는 능동적 종합으로의 이행을 적극적으로 함의한 작용이며, 이런 의미에서 다른 능력들을 초월적 실행 아래에서 발생시키는 '문제'를 그것들에 전하는 능력이 아니다. 마찬가지로 두 번째 종합에서의 '기억'은 유일하게 상기될 수밖에 없는 '기억을 단절한 것'을 순수과거 속에서 반-효과화하도록 초월적으로 실행되지만, 다른 능력들까지 그 초월적 실행으로 끌어들일 수는 없다. 거기서 현재가 지나가는 이유를 부여하는 '조건' 즉 잠재적인 과거는, 경험적인 살아 있는 현재를 자신의 현실화로서 근거짓고, 또한 재현의 방향에서만 그것을 조건지을 수 있다.

왜냐하면 이 두 종합에서 감성은 여전히 경험적으로 사용될 뿐이고, 혹은 '사용된다'고도 할 수 없으므로, 다른 모든 능력 속에서 "재인의 대상"이 될 수 있는 것만 처음부터 수용하기 때문이다. 미리 알려진 현실적인 것, 공시적(共時的)으로 다른 능력들의 대상이 될 수 있는 '재인의 대상'만을 이 감성은 수용하는 것이다. 따라서 이러한 능력들의 활동을 현실적인 본질로 하는 양태는, 예컨대 공가능적인 사건으로 이루어진 수렴하는 계열을 개체로서 편력하는, 걷는 '해'(解)로서의 유한존재며, 불공가능적인 사건으로 이루어진 발산하는 계열들을 어떻게든 넘어지지 않고 ── 베르그송이 말하는 '통과된 공간'(espace parcouru)을 낳지 않는 걸음걸이로 ── 걸으려는, 즉 그 발산하는 계열들을 동시에 편력하는(=이접적 종합), 개체화하는 '문제 제기적인 것'의 존재일 수는 없다.

그러나 이에 반해, '조건지어지는' 것이 꼭 '근거지어지는' 것을 의미하지는 않고, 잠재적인 것의 현실화가 꼭 재현을 나타내지는 않는다는 것을 실현하기 위한 기점이 되는 것이 감성의 초월적 실행이다. 왜냐하면 그에 따라 단지 현재인 것과 긍정적으로 현실적인 ── '결정되다', '조건지어지다'라는 사건이 역으로 어떤 능력의 소유로 이어지는 ── 것이, 혹은 다른 침묵의 부사(=선험적 부사)를 동반하여, 즉 '부'(否, ou)적으로-안을 향해 있는 것과 바깥을 향해-'비'(非, me)적으로 생성하는 것이 구별되기 때문이다. 잠재적인 선험적 장 그 자체의 비-물체적 '변형'은 잠재성을 변화시키면서 그대로 그 잠재적인 것 속에서 반-효과화되는 것이다(예컨대 데이비드 린치 감독의 2001년도 걸작 「멀홀랜드 드라이브」는 하나의 이접적 종합에 바쳐진 영화며, '언어-표면' 위에서의 현실적인 결정(아담에 의한 카밀라의 결정)과 시사된 결정(아담의 시선에 의한 베티의 결정) ── 따라서 이 두 사건(혹은 두 '이미지-감정')이 이 영화의 전반부 마지막을 보여 주고 있다──이 어떻게 '신체-심층'에서의 비-물체적 변화를, 혹은 차라리 **잠재적인 '변신'**(어느 다이안, 어느 카밀라, 어느 아담들의 잔혹한 변신)을 일으키는지가, 동일한 세계의 이접적 종합인 만큼 어떠한 상징도 없이 훌륭하게 그려진 작품이다──"사람의 태도는 어느 정도 그 인간의 인생을 좌우하네. 그리 생각지 않나"(이 작품에는 린치의 다른 작품과 마찬가지로 사람을 사건의 반-효과화로 유인하는 많은 '개념적 인물'personnage conceptuel이 등장한다). 하지만 그때 문제인 것은, 표면에 드러나고, 타자의 스토리 속에서 농락당하고 좌우되는 인생이 아니라, 오히려 잠재적으로 변화하는 '하나의 삶'의 모습이다. 왜냐하면 거기서는 이제 '원본-복사본'(또는 '현실-꿈' 혹은 '현실세계-가능세계')의 스토리 관계가 아니라, 단지 테이프 그 자체(복사본의 복사본)의 잠재적 변화를 일으키는 요소들이 짜내는 극화만이 문제이기 때문이다──"여기에 오케스트라는 없습니다. […] 이것은 전부 테이프입니다"). 반-효과화는 현실적인 것 안에 포함된 카오스적으로 '모호한 사건'(비-현실적인 것)을 잠재성을 향해 **역-전개하는 힘**──혁명적인 것-되기'──이다. "미래인 한에서의 미래", 즉 시간의 세 번째 종합이 표현하려는 '미래'는 단지 '지나가기 위해 도래할 현재'가 아니라 반-효과화의 시간──'사이-시간', 즉 분절화되지 않으며 박자 없는 '시간-아이온' 위를 마음대로 '전이하는 순간'과 그러한 순간 사이에만 존재하는 '생성의 지금'과의 일치──이며, 현실화의 한가운데서 이와는 다른 다양체가 비판적으로 형성될 수 있는 것은 시간의 이 세 번째 종합에서뿐이다. 존재의 일의성의 실재화는 감성의 변양과 불가분하며, 또한 강도는 그러한 '원근법-역능'에 의해서만 파악되는 지각태다. 들뢰즈는 다음과 같이 기술하고 있다. "내포량의 '에티카'에는 두 가지 원리밖에 없다. 즉 가장 낮은 것까지 긍정하기, (과도하게) 전개하지 않기."[50] 이를 동적 발생의 측면에서, 즉 강도의 '에티카'로부터 바꿔 말하면, 가장 낮은 것이 지닌 어떤 적극성에서 출발하기, 다른 실재성으로의 전개를 결코 단념하지 않기가 된다.

7. 영원회귀로서의 '미래' 속 존재

칸트에게서의 시간, 결코 운동에 의거하지 않는 순수하고 공허한 형식인 시간에 의해 충실한 유기적인 '나'는 분열되고, 이로부터 범주에 입각한 능동적 '나'와 종합 없는 수용적 '자아'에 앞서는, 공허하고 명목적으로 일의적인 '나'와 고유한 종합의 작용을 갖는 수동적 '자아'가 부상했다. 이것이 의미하는 것은 두 번째 종합에서의 시간의 근거를 뛰어넘어, 잠재적 과거에서 살아 있는 현재로의 현실화 운동이 사유 불가능하게 된다는 것, 바꿔 말하면 '조건'과 '조건지어지는 것' 사이에는 목적론적 관점에서 말해지는 단순한 '미완성'이나 '불일치'가 있는 것이 아니라, 도리어 **결코 완결되지 않는 '일치'**가 선험적 차이로서 존재한다는 것이다.[51] 시간의 이 세 번째 종합에서 말해지는 선험적 '조건'은 경험적이고 표상적인 '조건지어지는 것'(예컨대 명사적 표상)을 현실화로서 근거짓는다는

---

50) DR, 314/520 참조.

51) CC, 45/63~64 참조. "내부성(intériorité)[내부성의 형식으로서의 시간]은 우리의 통일성이 유지됨에도 불구하고 우리 자신을 뚫고, 우리 자신을 분할하고, 우리를 계속해서 이중화한다. 마지막까지 다다르지[완결되지] 않는 이중화. 왜냐하면 시간은 끝[목적]을 갖지 않는데, 활동성(滑動性)[미끄러짐]과 유동성(굽이침)이 무제한적인 공간을 구성하듯이 시간을 **구성**하는 현기증, 진동을 갖기 때문이다." 예컨대 필로넨코는 칸트의 이 이중화를 다음과 같이 적확하게 기술하고 있다. 감성론과 분석론 이후의 변증론 단계에서 물자체는 '이념'으로서 정의되는데, "여기서의 물자체는 현상들의 인식 내에서, 또한 그 인식을 통해서 **직관과 개념 간의 결코 완결되지 않는 일치**(die niemals vollendete Übereinstimmung)를 실현하려고 노력하는 이성 자신의 운동이다"(Alexis Philonenko, "Kant und die Ordnungen des Reellen", *Études kantiennes*, Vrin, 1982, pp. 113~114, n36 참조. 강조는 인용자).

의미에서의 조건이 아니라, 도리어 자신의 무근거성을 '바탕-허'로서 보여 주는 것이다. 그러므로 들뢰즈는 다음과 같이 말하게 된다. "충족 이유, 즉 근거는 기묘하게도 주름-잡혀 있다(coudé). 한편으로 근거는 자신이 근거짓는 것 쪽으로, 즉 재현의 형식들 쪽으로 기울어 있다. 그러나 다른 한편으로 그것은 비스듬히 나아가 하나의 바탕-허 속에, 즉 그 모든 형식들에 저항하고 또한 재현되지 않는 근거의 저편에 숨어든다." 이 후자의 경우에 선험적 장은 모든 일반적인 근거짓기의 원리로부터 해방되어, "보편적인 '탈-근거'"(universel effondement)로 이행하는 것이다.[52] '조건'이 그 조건짓기의 작용을 결코 완결하지 않는 것은 '조건' 그 자체의 불완전성에서 유래하는 것도, '조건지어지는 것'의 낮은 완전성이 원인인 것도 아니다. 오히려 사람이 불완전한 조건을 정립하는 것은 현실화 속에서 그 근거짓기의 작용만을 이야기하려고 할 경우다. 왜냐하면 이 경우의 조건은 재현이라는 지금-현재로부터, 바로 재현 안에 어쩔 수 없이 존재하게 되지만 이에 대항하고 현실화되지 않는 어떤 '사건'을 반-효과화하는 시간을 구별할 수 없고, 오로지 양쪽을 혼동하면서 근거질 수밖에 없기 때문이다. 블랑쇼를 원용하는 들뢰즈에게, 현실화에 관한 이 '완결되지 않는 일치'는 전혀 다른 의미에서의 완성, 능력들의 초월적 실행에 의한 '반-효과화' 아래서의 완성을 의미하는 것이다.[53]

'조건'과 '조건지어지는 것' 사이에 결코 '완결되지 않는 일치'를 가져오는 시간의 공허한 순수 형식은 단순한 하나의 직선, 단순한 하나의

---

52) DR, 352/576~577 참조.
53) LS, 178/264 참조. "한편으로, 실재화되고 완성되는 사건의 부분이 있다. 또한 다른 한편으로, '그 완성이 실재화할 수 없는 사건의 부분'이 있다. 그러므로 효과화와 반-효과화로서 존재하는 두 가지 완성(accomplissement)이 있는 것이다"(강조는 인용자).

계열이지만, 그것은 동시에 **다계열적이다**. 그러나 시간의 세 번째 종합은 표면의 언어에 의해 형성되는 **무한 퇴행**의 표현의 운동이 아니라, '현실화'와 '반-효과화'라는 이질적이고 불공가능적인 계열로 이루어진, '심층-높이'의 **무한 진동**을 갖춘 새로운 표현의 이론을 구성한다. 사람이 시간의 이러한 종합을 사는 것은, 습관과 순수과거 속에서 단지 '지나가기 위해 도래할 현재' 이외의 그 무엇도 아닌 '미래'를 사는 것이 아니라, 현실화를 일탈한 어떤 '사건'을 반-효과화하는 시간으로서의 '미래', 즉 순간과 순간 사이의 어떤 비-현실적인 사건으로서의 '사이-시간' 그 자체를 사는 것이다.[54] 그것은 스피노자가 말하듯, 선악의 관념을 가지지 않고, 슬픔의 감정에 사로잡히지 않고, 문맥에 의존하지 않는 '사이'에 존재하는, 우리 삶의 강도의 증대다. 그것은 '이제껏 없었다'라는 것을 오히려 적극적으로 우리의 무조건적 원리로 하려는 노력이다. "형성의 질서" 속에서 선험적 경험론의 담론들이 시간론으로서 성립하는 것은 이 세 번째 종합에서만이다. 상상력에 의해 구성되는 '살아 있는 현재'에 저항하고, 또한 잠재적 과거의 현실화의 결과인 지금-현재 혹은 재현('등질적 다양체')에 대항하여, 그것들 한가운데서 다른 비판적인 '다질적 다양체' ── 예컨대 어떤 반시대적인 아담을 구성하는 여러 사건의 계열 ──를 개시하는 것은, 그로부터 차이가 추출되는 "습관 속에서의 반복"도, 근거짓기를 위해 차이를 포함하는 "기억 속에서의 반복"도 아니라, 다만

---

54) QP, 149/225~226, 150~151/227~229 참조. "두 순간 사이에 있는 것은 이미 시간이 아니다. '사이-시간'('사이의-시간')이라는 것은 사건이다. '사이-시간'은 영원한 것에 속하지 않지만, 시간에도 속하지 않는다. '사이-시간'은 생성에 속하는 것이다"(QP, 149/225). "내재적 삶은 주체나 객체 안에 현실화될 뿐인 사건 혹은 특이성을 빼앗아 간다. 이 부정(否定)의 삶은 그 자체로는 순간을 지니지 않고, 아무리 서로 접근해 있을지라도 그저 '사이의-시간'(entre-temps), '사이의-순간'(entre-moments)을 지닐 뿐이다"(i, 5/514).

탈-근거화의 반복으로서 "미래의 반복" 안에 '하나의 삶'을 두는 것이다──시간의 에티카, 그것은 "반복을 미래의 범주로 하기"다.[55]

'도덕'과 불가분한 칸트의 "선험적"이라는 말은 '조건'과 '조건지어지는 것' 사이가, ① 아프리오리한 것의 경험으로의 "필연적 적용"(application nécessaire)과 ② 그 반대로 경험적 소여의 아프리오리한 것으로의 "필연적 종속"(soumission nécessaire)이라는 이중 관계에 따라 규정되는 원리들을 성질짓는 것이었다.[56] 그러나 들뢰즈의 선험적 경험론에서 이러한 이중 관계는 더 이상 '적용'과 '종속'이라는 의미를 전혀 가지지 않는다. 확실히 언뜻 보면 ① '조건'에서 '조건지어지는 것'으로의 '적용' 관계는 잠재적인 것의 '현실화' 운동에 의해 치환되고, ② 역방향인 '종속'의 관계는 비현실적인 것의 '반-효과화' 작용에 의해 규정된다고 생각되지만, 그 내실은 전혀 다르다. 개념의 적용이 적용되는 직관으로부터 힘을 빼앗는 형태로 자신에게 직관을 종속시키는 것이 아니라, 적용에 의해 조건지어지는 것이 도리어 역으로 어떤 작용의 소유가 되는 것, 그것이 현실화며, 또한 실제로 어쩔 수 없이 종속되어 있더라도 '적용-종속'이 아니라 '현실화-창조'를 지지하고, 그러나 그 이상으로 그 조건을 연속적으로 변화시키는 힘의 생성을 의도하기, 그것이 반-효과화다──"잠재적인 것은 우리의 이해 내에서는 다중(multitude)에 속하는 활동하는 역능들(존재하기, 사랑하기, 변형하기, 창조하기)의 집합이다."[57]

---

55) DR, 125/216~217. "왕위에 오른 반복, 그것은 다른 두 반복(현재라는 반복하는 것, 과거라는 반복 그 자체)을 종속시키고, 그것들로부터 자율성을 빼앗는 '미래'(avenir)라는 반복이다." 그것은 항상 '도래-할-것'(l'à-venir)만을 회귀시키는 선택적 존재를 구성하는 반복이다.

56) PK, 22/37 참조.

57) Michael Hardt and Antonio Negri, *Empire*, Harvard University Press, 2000, pp.356~359[『제국』, 윤수종 옮김, 이학사, 2001, 456~459쪽] 참조. '제국'에서 모든 가치형성

따라서 영원회귀에 관해 말해지는 선험적 차이는 이러한 서로 환원 불가능한 이중 관계로부터 구성되는 '선택의 역능'에 의해 비로소 성립하는 무제한적인 탈-근거화의 반복으로서 산출되는 것이다. 칸트에게서 필연적 적용과 필연적 종속은, 실제로는 상호 전제적인 한정과 제한을 이루고 있는데, 이에 반해 '현실화'의 운동과 '반-효과화'의 실행 사이에는 어떠한 관계가 정립되는 것일까. 현재를 지나가게 하는 조건으로서의 잠재적 과거와 이에 따라 조건지어지는 지금-현재 간의 현실화라는 닫힌 원환 운동에 균열을 초래하는 것은, 자기 자신의 현실화로부터 벗어나 현실화되지 않는 어떤 '비-현실적인 것'——예컨대 표면의 언어 활동에서 잠재적인 관념의 생산 활동으로의 **이행 그 자체**——에 의해 촉발되는 능력들의 초월적 실행이다. 따라서 중요한 것은 바로 다음과 같은 점이다. 그리되면 '현실화'와 '반-효과화' 사이에는 서로 다른 두 발생론적 관계('정적 발생'과 '동적 발생')가 성립하게 되고, '현실화'는 이제 재현도, 잠재적인

의 장으로서 가능적·잠재적인 것은 신체의 강도적 효과로서 산출된 비-물체적인 것이 아니라 '다수자'라는 초월화(=글로벌화)된 물체와 다름없다. 따라서 여기서는 잠재성에 고유한 비-물체적 변형과 그 힘을, 바로 그 잠재적인 것으로부터 완전히 빼앗기게 된다. 잠재적 것의 변화를 반-효과화하는 역능이 귀속되는 것은 늘 '민중의 신체'이기 때문이다. 이는 '강도의 차이'와 마찬가지로 하나의 동어반복(tautology)이라고까지 할 수 있을 정도로 신체는 늘 민중의 신체며, 민중은 필연적으로 잠재적 변화를 하나의 결과로서 일으키는 신체 아래서만 이야기된다. 하트와 네그리가 말하는 "척도의 저편"(beyond measure)으로서 잠재적인 것이란, 이러한 의미에서의 민중의 신체가 계속 생산하는 비-물체적 변형을 필연적으로 포함한 것이어야 한다. 바꿔 말하면, 이 변형을 잠재성에 불어넣는 것이 바로 '예언'이며, 그에 걸맞은 자기 자신의 신체——이는 헤아려지지 않고 공간을 점유하는 신체며, '비-물체적 유물론'(이편이 그들이 주장하는 "유물론적 목적론"materialist teleology보다 더 적확하다고 생각된다) 속에서만 파악할 수 있는 신체다——의 생성이 그대로 '민중'(peuple) 혹은 '평민'(plébéien)——즉 평면의 민중(=유목민)——의 실현이다(pp.65~66[106~107쪽]; DR, 121/211, 124/215 참조). "오늘날 정치적 담론인 선언은 스피노자적인 예언의 기능(예언자는 자기 자신의 민중을 낳는다)을, 즉 다중을 조직하는 내재적 욕망의 기능을 실행하려고 열망해야 한다"(p.66[107쪽]). 다중이란, 모든 현행 조건의 잠재적 변형을 위한 힘들의 별칭이다.

것에 의한 현실적인 것의 단순한 근거짓기의 운동도 아닌, 실은 현실화 속에서 이 운동에 저항하는 어떤 '반시대적인 것'을 역으로 전개하고 효과화하는 발생적 요소들의 의의를 가지게 되는 것이다('역-식'의 세 번째 규정에 따른다). '비-현실적인 것'은 잠재적인 것이 현실화되는 한에서만 어떤 현실적인 것 안에 혼잡한 형태로 **포함되는** 것이다.

　'사태' 안에 "현실화된 잠재성으로 향할 때" 우리의 능력들은 그것이 초월적으로 실행된 부분을 더 **많이** 갖는 한에서, 즉 생성 그 자체에 관해서만 말해지는 '동일한 것-되기'의 부분들 ——특이한 것만이 공통적인 것, 평탄한 것이다 —— 로부터 정신이 더 **많이** 구성되는 한에서, 바로 그 잠재적인 것을 실재적으로 정의하는 발생적 요소들이 된다. 들뢰즈가 "영원회귀"라는 시간의 세 번째 종합에 담은 '미래'의 의미, "미래인 한에서의 미래"란, 바로 스스로 어떻게 영원회귀라는 반복의 발생적 요소들이 될 수 있느냐는 문제에 관계되는데, 만일 그렇지 않다면 '미래'는 우리에게 전혀 필요 없는, 단지 '도래할 현재'로서의 의미밖에 지니지 않게 될 것이다. '미래'는 단지 도래할 시간이 아니라, 아이온 위에서 자유롭게 전이하는——그런 한에서 도처에 있는——순간과 순간 사이의 '생성의 지금'이다. 즉 이 '미래'는 단순히 부여된 시간이 아니라, 따라서 구하지 않으면 어디에도 없지만, 반시대적인 것의 '생성-욕망'을 작동시킨다면 도처에서 발견되는 시간이다. 예컨대 그것은 예측이나 예상이라는 행위에 부여된 시간이 아니라, 예언이라는 활동(=이미지 없는 사유)에 적합한 시간 형식이며, 또한 그 예언을 실제로 현실화하는 신체(=탈기관체)에 귀속되는 시간이다. 하지만 만약 사람이 시간의 두 번째 종합에 머무른다면, 이 '지나가는 현재'는 그것이 어떠한 내용을 갖더라도, 잠재적 과거라는 선험적 조건에 의해 근거지어지는 현실적인 것 이외의 그 무엇도 포함하지 않는다. 거기에 있는 것은 단지 지나가는 이유만을 가진 지금-현재, 재현적 현재며, '생성의 지금'은 이 닫힌 원환의 외부에 배제된 채로 있다. 그러나 설령 그렇더라도, 비-현실적 사건을 잠재성 속에서 반-효과화하는 시간, '생성의 지금'이 '조건'과 '조건지어지는 것' 사이의 복사적(複寫的)인 쿌레 관계를 단절하는 작용을 갖는다는 것은 변함없다.

살아 있는 현재는 우리가 '습관'이라는 **경험적인 수동적 종합**에 내재하여 살아가는 방식으로, "반복의 역설"에 의해 정의되었다. 이에 반해 '순수과거'는 지나가는 현재의 이유면서 그 현재를 근거짓는 조건, **선험적인 수동적 종합**으로, "과거의 역설"이 이 점들을 밝혔다. 또한 이 선행하는 두 가지 종합에 대해 "생성의 지금", "반-효과화의 현재"라는 형태로서의 '미래'에만 관계되는 '영원회귀'가 시간의 세 번째 종합이었다. 이 끊임없이 탈중심화하는 원환, 탈-근거화의 반복은 아프리오리하게 우리에게 주어지는 것이 아니라, 어떻게 능력들을 초월적으로 실행할 수 있을까, 어떻게 현실화에 의존하지 않는 어떤 비-물체적 사건을 그 잠재성 속에서 전개할 수 있을까라는 의미에서의 **경험주의적 물음**을 우리에 대해 구성하는 것이어야 한다. 단적으로 말하면 '미래'를 발생적으로 정의하는 그 요소들, 그것은 바로 선험적 '조건'의 잠재적 변화, 즉 '비-물체적 변성'(métamorphose incorporelle)이다. 탈-근거화의 반복은 분명히 "무제한적 퇴행의 역설"과 동일한 형식 아래 표현되지만, 거기에 포함되는 계열들의 내용은 전혀 다르다. 즉 무제한적 퇴행의 패러·독스가 아니라, 무한진동의 패러·그래프다. '지시하는 것' 혹은 '표현하는 것'과 '지시되는 것'의 관계는 내재적인 현실화의 운동으로서 파악되고, 또한 '표현하는 것'과 '표현되는 것'의 관계는, 예컨대 예술 영역에서의 반-효과화하는 힘과 변하지 않는 역능을 철학과 그 사회성에 대해 부여한다. 한편으로 '지시되는 것'에 의한 '지시하는 것'으로의 이 현실화는 지금-현재와 생성의 지금의 산출이며, 그러므로 재현은 '표현하는 것'을 포함하는 것으로 파악되는데, 다른 한편으로 '표현하는 것'에 의한 '표현되는 것'으로의 반-효과화는 이 '표현되는 것'이 선험적·비-물체적인 한, 이 장(場)의 동적 발생이라는 의미에서 '비-물체적 변형'(transformation incorporelle)을 일으킨다.[58] 우리는 탈-근거화의 반복을 '표현의 이론'에 입각하여 이해해야 한다. 즉 '표현되는 것'은 '지시되는 것'으로서 본질적으로 '표현하는 것'을 포함한 '지시하는 것'으로 현실화되고, 다시 이 '표현하는 것'의 반-효과화의 힘에 의해 그 '표현되는 것'은 잠재적으로 변성되며, 다시 이 변성된 '표현되는 것'은 '지시하는 것'으로 현실화되고…… 이것이 무제한적으로 이어지지만, 혹은 차라리 무한 진동하지만, 이미 이 하나의 블록만으로 '영원회귀'다.[59] 그러므로 '에티카'에서의 선험적 장, 영원회귀는, 즉 반복에서 출발하는 **차이의 선택**과 차이에서 출발하는 **반복의 생산**은 바로 하나의 단순한 직선을 신비적인 미로로 만드는 두 이질적인 계열, '현실화'와 '반-효과화'라는 **불공가능적인 운동**과 논리에 의해 자전하는 수레바퀴로 구성되는 것이다. 그것은 **자기원인**으로서, 혹은 내재성 속에서 '근거' 자신이 자기의 '무-근거'를 보여 주고, '조건' 자신이 자기의 '무-조건성'을 주장하며, '기저' 자신이 자기의 '바탕-허'를 산출하고 표

---

58) MP, 109~111/167~170, 136~139/207~213, 633/965~966 참조.

59) 현실화와 반-효과화로부터 구성되는 이 탈-근거의 반복을 '표현의 운동'으로서 도시하면 아래와 같이 된다(이로부터 이 책 4장의 각주 83번에서 도시한 '무제한적 퇴행의 역설'은 말의 언어를 더듬게 하는 관념의 언어 활동이라는 여기서의 '영원회귀'의 한 조각, 한 효과다. 문제는, 이미 문법적으로 분절화되고, 그것에 지배된 '표면의 언어'를 미끄러지기만 하는 무한 퇴행의 운동이 아니라, 각 표현의 운동이 그 자체로 완결된 특이한 '사유의 생식' 혹은 '존재의 전환'을 표현하는 사유의 '패러·그래프' 혹은 존재의 일의성의 '블록'에 의해 실재적·발생적으로 정의되는 '내재성'을 보여 주는 것이다).

현하는 하나의 실재적 선이다.

8. 새로운 자기원인: '반-효과화의 원인'에 관하여

'조건'과 '조건지어지는 것' 사이에는 실은 **모든 가치의 가치전환의 실질적 요소**가, 즉 불공가능성이라는 가장 강한 차이를 산출하는 '선험적 차이'가 존재한다. 즉 에티카에서의 '선험적'이라는 말은 처음부터 어떤 특이한 차이에 관해서만 사용되는 것이다. 그러나 칸트는 도덕의 '일반성-특수성' 아래에서 '선험적'을 다음과 같이 정의한다. "나는 대상이 아니라 오히려 대상 일반에 관한 우리의 인식 양식 ——그것이 아프리오리하게 가능해야 한다는 한에서 ——에 관계된 모든 인식을 '선험적'이라 명명한다."[60] '아프리오리'란, 우리의 경험에서 유래하지 않는 것, 즉 우리의 경험에 전혀 의존하지 않는 것에 관해 사용되는 말이며, '아포스테리오리'란, 역으로 경험에 의해서만 주어지는 것, 다시 말해 부분들의 상호 외재적인 수용에 관해 사용되는 말이다.[61] 그렇다면 이 경험에서 유래하지 않

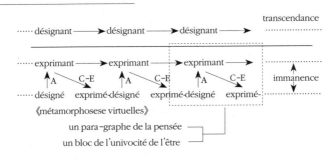

A : actualisation (현실화)

C-E : contre-effectuation (반-효과화)

60) Kant, *Kritik der reinen Vernunft*, B25[『순수이성비판』, 233쪽].

는 아프리오리한 것이 어떻게 전혀 성질을 달리하는 아포스테리오리한 경험에 적용될 수 있을까. 이를 설명하는 것이 바로 '선험'이라는 것이다. 이미 보았듯이, 아프리오리한 것과 아포스테리오리한 것 사이에는 선험적 차이의 가능성이 존재하며, 게다가 그것은 아프리오리한 것에서 아포스테리오리한 것으로의 필연적 적용과 그 반대인 필연적 종속이라는 이중 관계에 의해 규정되었다. 하지만 칸트에게 아프리오리한 것으로의 아포스테리오리한 것(경험의 소여)의 필연적 종속은, 필연적 적용 이상의 그 무엇도 이야기하지 않는다. 왜냐하면 이 적용은 종속으로부터 자신의 가능성의 조건들을 대상화할 힘을 빼앗아 가기 때문이다. 그것은 마치 동일한 하나의 선을 하강할 때에는 '적용'이라 불리고, 또한 상승할 때에는 '종속'이라 말해지는 것과 같다. 이러한 '종속' 개념에 따라 선험적 차이를 파악하는 것은 결국 칸트에게 '감성의 사용'이라는 표현조차 망각시킬 정도로, 감성이라는 능력을 공통감관 내에서의 경험적 소여에만 적합한 수용능력으로 계속해서 폄하하는 것과 이어져 있다. 따라서 우리는 이러한 상승과 하강을 전혀 다른 선 위의 움직임으로서 재고해야 한다──즉 이러한 '방위의 차이'야말로 어떤 파격적인 포텐셜을 지닌 '본성의 차이'를 낳는다는 방식으로.

이 하나의 이중 관계는 들뢰즈의 선험철학에서는 잠재적인 것의 '현실화'라는 적용의 운동과 비-현실적인 것의 '반-효과화'라는 형성의 질서 사이의 무한 진동으로부터 구성된다. 단적으로 말해서 후자를 기점으로 하여 모든 가치의 가치전환을 위한 발생적 요소가 생성되고, 그 반복

---

61) ES, 70/131. "경험이란 '부분 밖의 부분'(partes extra partes)이며, 대상들은 지성 안에서 분리되어 있다."

이 전자의 운동 속에서 일의적 존재의 차이의 전이로서 효과화된다는 것이다. 그러나 차이는 그뿐만이 아니다. 아프리오리한 것은 단지 경험에서 유래하지 않을 뿐만 아니라, 오히려 여기서는 그 자체가 아포스테리오리한 것을 낳는 능산성을 가지므로, 아포스테리오리한 것도 단지 우리에게 수용되기만 하는 것이 아니라, 즉 '종합 없는 수동'으로서의 수용이 아니라, 그 자체 내에 수동적 종합의 힘을 가진 것으로서 파악되는 것이다. 따라서 선험적 차이라는 것을 염두에 두면, 어떤 것이 경험에서 유래하지 않는다는 것은 오히려 그것이 결코 경험적 형상과 유사적으로 파악될 수 없다는 것을 적극적으로 의미한다고 이해해야 한다. 잠재적인 것과 현실적인 것 사이에는 능산적 자연과 소산적 자연의 관계=비가 존재한다. 따라서 우리는 스피노자와 마찬가지로 잠재적인 것이 현실적인 것을 산출한다고 말할 때, 거기에는 '원인의 일의성'이 성립한다고 생각하는 것이다. "한마디로 말해서, 신이 자기원인이라고 말해지는 그 의미에서(eo sensu), 신은 바로 모든 것의 원인〔작용인〕이라고 해야 한다"[62]라는 스피노자의 언명에는 '원인의 일의성'('작용인'causa efficiens은 '자기원인'causa sui과 동일한 의미에서 말해진다)에 관한 하나의 충격적인 사유가 작용하고 있다. 이 두 원인을 동일한 의미에서 일의적으로 말하지 않는 철학은, 그러므로 불가피하게 '자기원인'을 '작용인'과의 유비에 의해 사유하게 된다.[63] 이에 반해, 스피노자에게서는 '자기원인' 아래에 어떠한 가능적

---

62) 『에티카』 1부 정리 25 주석, p.68[54쪽].

63) SPE, 148/224; SPP, 77/86~87 참조. "전통적으로 자기원인이라는 개념은 작용적인 원인성(구별된 결과의 원인)과의 유비에 의해, 따라서 오로지 파생적인 의미에서 매우 신중하게 사용되고 있다. 자기원인이란, '원인에 의한'과 같은 정도의 의미일 것이다. 스피노자는 이러한 전통을 뒤집어, 자기원인을 모든 인과성의 원형, 인과성의 본래적이고 완전한 의미로 간주한다."

인 것도 생각되지 않으며, 따라서 '원인의 일의성'은 **필연적으로** '산출의 일의성'이라는 개념과 이어진다.

자기원인이란, 본질이 그 존재를 포함하는 것이다. 그것은 자신에게서의 자신에 의한 원인이다. 스피노자의 경우 자기원인은 양태의 '산출 차원'에 관계된 작용인과 다른 의미에서 말해지는 것이 아니라, 바로 이 작용인과 동일한 의미에서 말해지는 '내재적 원인'이다. 따라서 스피노자에게서의 신은 자신이 존재하는 대로 산출하고, 자신을 이해하는 대로 산출하는 것이다. 이 **산출의 필연성**은 실체와 양태에 관해 말해지는 '속성의 일의성' 없이는 있을 수 없고, 또한 이 일의성이 다시 '원인의 일의성'으로 이어지지 않고서는 있을 수 없다.[64] 왜냐하면 그 '존재'를 포함하는 신의 본질을 구성적으로, 즉 신의 무한성을 전제로 하면서 형상적으로는 다양하게, 그러나 존재론적으로는 하나인 것으로 표현하는 것은 무한히 많은 속성이며, 그 **동일한 속성** 아래에서 신은 모든 것을 산출하기(재-표현하기) 때문이다. 주의해야 할 점은, 요컨대 발생적 요소로서 무한히 많은 속성으로부터 일의적으로 정의되는 것만이, 자기와 그 이외 모든 것과의 "공통 원인"이 된다는 것이다. 그러나 우리는 영원회귀를 새로운 자기원인으로 파악하기 위해 이러한 자기원인의 규정, 혹은 '원인의 일의성'에, **스스로 자신의 발생적 요소가 되어 그에 따라 스스로 실재적으로 정의되는 원인**을, 즉 '반-효과화의 원인'(causa contra-efficiens)을 덧붙여야 한다. 스스로 자신의 발생적 요소들이 될 때, 혹은 스스로 자신의 발생적 요소들을 산출할 때, 그것은 이를테면 무한 실체가 자신의 자기산출과 동일한 의미에서 말해지는 자신의 산출물인 양태에 의해 실재적·발생적으로 정

---

64) SPE, 90~91/141~143 참조.

의되기까지, 자신으로의 회귀를 자기원인이 반복 혹은 선택한다는 것이다. 마치 산출하는 역능, 현실화하는 역능과는 **전혀 다른 실재적인 힘**이 이 '회귀'에는 필요한 것과 같다. 영원회귀 속에서의 '수레바퀴'는 이 힘들을 포괄한 자기원인의 별칭이다. 그것은 니체가 분명히 말하듯이, 하나의 '새로운 힘', 하나의 '제일 운동', 하나의 '자력으로 구르는 수레바퀴'다. 일의성의 철학으로부터 말하면, 니체는 '영원회귀'를 자력으로 회전하는 하나의 수레바퀴에 빗대어, 새로운 '자기원인' 창조하기를 차라투스트라에게 이야기하도록 한다. 그것은 영원히 회전하는 "존재의 수레바퀴"다. 이 수레바퀴는 본성상 서로 다른 두 가지 운동으로 구성된다. 수레바퀴의 앞쪽에 주목하면, 그것은 현실화를 구성하는 하나의 하강운동이며, 반복에서 출발하는 '차이의 선택'이다. 또한 수레바퀴의 뒤쪽에 주목하면, 그것은 '반-효과화'의 힘으로 생성하는 하나의 상승운동이며, 차이에서 출발하는 '반복의 생산'이다. 따라서 '영원회귀'는 탈-근거화된 원환인데, 그것은 '영원회귀'가 불공가능적인 속도를 지닌 두 가지 운동으로 구성된, '탈-바퀴' 상태로만 구를 수 있는 수레바퀴, 즉 자신이 자신의 발생적 요소와 실재적으로 식별 불가능한 착란된 자기원인이라는 것의 하나의 효과=결과다.

　전자의 하강운동에서 '영원회귀'는 실제로는 하나의 선험적 조건으로서 그 **현실화**의 논리에 따라 차이를 선택한다고 말해진다. 왜냐하면 영원회귀는 실재적 경험의 조건이며, 처음부터 일의적 존재를 실재적으로 배분하는 것의 원인이기 때문이다. 즉 '영원회귀'가 선택적이라는 것은, 동일 사물의 재-현전이 아니라 현실화라는 차이의 긍정적인 전이운동 아래에서 그리 말해지는 것이다. 분명 우리는 이 논점을, 무엇을 바라든 마치 그것이 영원히 회귀하는 것처럼 그것을 바라는 방식으로 자신이 바라는 바를 행해야 한다는 선택적 '사유' 속에서, 또한 그와 동시에 긍정만이, 즉 차이의 긍정만이 회귀하고, 긍정될 수 있는 것(생성)만이 회귀한다는 선택적 '존재' 속에서 파악할 수 있다.[65] 하지만 영원회귀의 경우, 이러한 현실화를 하강운동으로서의 차이화=분화만으로 이해하는 것은 불가능하다. 왜냐하면 영원회귀는 새로운 원인의 일의성에 의해 정의되는 자기원인이며, 여기서는 차이화=분화와는 전혀 다른 원리가 '회귀' 속에 개입하기 때문이다. 다시 말해 잠재적으로 차이화=미분화(微分化)된 것이 현실화 아래에서 차이화=분화됨으로써 그 끝에 결국 이 운동과 공존 가능한 표상의 세계가 성립한다는 '근거짓기'의 질서, 적용의 사유 이상의 것을 우리는 '영원회귀' 속에서 이해할 필요가 있다. 영원회귀 속의 하강운동에서는 현실화와는 다른 본성, 다른 실재성을 포함한 것만이 현실화되고, 그 표현이 상승운동이 되어 나타나는 것이다. 즉 비-물체적 사건의 '현실화'와는 다른 실재성을 지닌 어떤 사건(표현되어야 할 것)의 '반-효과화'. 혹은 '차라투스트라'와는 다른 본성을 지닌 '디오니소스'.[66] 혹은 사태로 현실화되고 혹은 효과화되는, 단지 주어진 '비-물체적인 사건'이 아니라 그 현실적인 것 속에서의 '비-현실적인 사건'(예컨대 모든 가치의 가치전환의 요소들)을 잠재성 그 자체의 발생을 동반하는 방식으로 특이화하기.

---

65) N, 38/60 참조.
66) NP, 221/332 참조. "긍정인 모든 것은 차라투스트라에게서 그 '조건'을 찾아내지만, 디오니소스에게서는 그 '무조건적 원리'(principe inconditionné)를 찾아낸다." '영원회귀'라는 이 새로운 자기원인을 도시하면 다음과 같다. 여기서 세 가지 원인은 유일하고 동일한 의미에서 '원인'이 말해지는 것이다. 바로 '영원회귀' 속에서의 원인의 일의성이다.

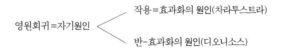

영원회귀=자기원인 — 작용=효과화의 원인(차라투스트라)

반-효과화의 원인(디오니소스)

자기를 탈-근거화시키는 요소들을 그 동일한 자기가 산출함과 동시에, 그 요소들에 의해 바로 그 원인으로서 자기가 실재적으로 정의된다는 의미에서의 자기원인, 그것이 영원회귀다. '반-효과화'란, 단지 표현되지 않는 것에 표현을 부여하려는 것이 아니라, '표현되어야 할 것' 혹은 오히려 '효과화되어야 할 것'(efficiendum)을 압도적인 현행의 현실화의 흐름을 거스르면서 발생시키는 것이다. 그러므로 '반-효과화'는 이미 그것만으로 충분히 반시대적이고, 따라서 에티카에 반-도덕주의의 힘을 부여하는 경험의 원천이기도 하며, 모든 '혁명적인 것-되기'가 지녀야 할 가장 실재적인 이름도 없는 동사임과 동시에, 이 동사에 관해 강도적인 '존재의 방식' 즉 다양한 '관점-강도' 그 자체다. 그것은 '조건지어진 것'이 그 조건에 대해 **무조건적인 역능**을 소유하는 방식이며, 잠재성을 끌어들인 '혁명'의 유일한 **내재적인 길**을 걷는 방식이다. 미래는 아직 존재하지 않는 것이 아니라, 오히려 '비-존재'(non-être)라는 긍정성 속에서 **무조건적 원리**를 보여 주는 것이다. 보편적인 원근법주의를 내적으로 발생시키는 것은 이러한 '반-효과화'의 힘에 의해 촉발되고 특이한 원근법으로부터 구성되는 실재적 경험이며, 이 경험의 조건이야말로 이 '반-효과화의 원인'과 동일한 의미에서 말해지는 자기원인, 영원회귀다. 어떤 이름도 없는 진동이 영원회귀의 무한 진동의 한 블록 혹은 한 패러·그래프일 수는 없을까. 우리는 이 사항들을 들뢰즈의 철학에서 석출하고, 즉 그 철학 전체와 아울러 산출되어야 할 이질적인 강도적 부분으로서 석출하고, 그것들에 한층 더 비판의 강도를 가해 왔다. 왜냐하면 사람은 반복적인 일상생활에 잠재하는 '바탕-허' 속에서 자신에게 가장 흥미로운 어떤 것에 관해 시점과 시선을 뛰어넘은 하나의 관점을 형성함으로써만 어떤 '고귀한 것-자기'로 생성할 수 있기 때문이다.

후기 — 재개하기 위하여

옛날에 내가 30여 년간 살았던 마을은, 조금 이상한 표현이지만, 소음이 흘러넘치는 활기찬 마을이었다. 하지만 그 소음의 정체로 말하자면, 서민 마을 특유의, 이웃 사람들이 서서 나누는 이야기나 웃는 소리 같은 잡음이 아니라, 오히려 압도적으로 공장 지대에 어울리는 기계들의 노이즈였다. 빈번히 왕래하는 트럭의 주행음이나 그 배기가스, 먼지는 분명 지독한 것이었지만, 수많은 작은 공장이 분자 모양으로 서로 연결되어 성립된 마을에서 일종의 몽환처럼 들려온 것은, 롤랑 바르트가 말하는 "순조롭게 움직이고 있는 것의 소리"로서의 "웅성거림"[1] 같은 것이 아니라, 언제나 장단이 어긋나게 움직이던 기계들의 조합이 만들어 낸 노이즈였다.

이러한 마을에서 태어나고 자란 나는 10대 초반부터 음악에 강한 관심을 가지고 현대음아 작곡기가 되고 싶다고까지 생각했다. 음악과 잡음의 구별은 처음부터 내게 문제가 아니었다. 문제는 오직 이 양쪽이 귀속되는 평면을 찾아내고, 그 속에서만 생겨날 수 있는 소리의 운동을 표현-작곡하기 혹은 변형하기에 있었다. 바로 들뢰즈가 스피노자의 『에티카』

---

1) ロラン・バルト, 『言語のざわめき』, 花輪光 訳, みすず書房, 2000.

에 관해 말하는 "음악적 구성(작곡)의 평면", "위대한 자연의 평면"이다. 하지만 이러한 구성, 작곡, 변형으로의 내 의지는 점차 가치나 의미와 같은 비-물체적인 것을 향했고, 이렇게 나는 철학의 영역에 개입하게 되었다.

물체적인 것의 구성(작곡)에 의해 비-물체적인 것의 변형을 실현하기, 이것이 내게 철학의 첫 번째 의의가 되었던 것이다. 그리고 무엇보다도 '소리'의 관념을 변화시키는 것이 중요했다. 구성적 변형으로의 의지. 20대 중반의 내가 들뢰즈 혹은 들뢰즈·가타리의 사상과 마주친 것은 이러한 역능의지 아래서였다.

음악과 잡음의 무의미한 구별은 앎과 무지의 무가치한 구별로 내 안에서 이어지게 되었다. 옛날에 들었던 기계들의 실재적인 것의 결합과 단절의 강도음은 "욕망하는 기계들"의 언어로서 금방 이해되었지만, 그 이상으로 그때까지의 내 무지가 하나의 사유의 노이즈임을 알았을 때, 나는 자신의 무지의 첨단을 철학의 펜촉으로 만들고 싶었던 것이라 생각한다──그렇게 손에 잡히지 않는 사유를 바랐던 것이다. 어쩌면 나는 이러한 신체와 사유를 통해, 통과한 공간을 만들어 내지 않는 산보의 방식, 발자국을 남기지 않는 삶의 방식, 실험으로서의 인생이 걷는 방식을 가능케 하고 싶었는지도 모른다. 이것이 내 출발점의 잠재적 이미지리라. 그러나 이러한 사항이 이 책에서 얼마나 실현되었는지의 평가는 이제 독자에게 맡기고 싶다.

다만 한 가지, 앙토냉 아르토는 "나는 한 페이지 쓸 때마다 나의 적과 마주친다", "진짜 사건이 시간에서 벗어나, 그 틀을 허물 때가 다가오고 있습니다"라고 신음하듯 이야기했는데,[2] 이러한 '마주침'과 '때'를 조

---

2) アントナン・アルトー, 『ロデーズからの手紙』, 宇野邦一・鈴木創士 訳, 白水社, 1998.

금이라도 나 자신이 끊임없이 느끼면서 이 책을 완성했다는 것, 그것만은 틀림없다.

이 책은 2000년 가을에 학위청구논문으로 도쿄도립대학 대학원 인문과학연구과에 제출되고, 이듬해 학위논문으로 승인된 「존재와 차이: 들뢰즈의 '발생'의 문제」를 기초로 하여, 거기에 대폭적으로 가필을 한 것이다.

다만 학위논문에서는 이미 발표된 논문 가운데 「비판과 창조의 원환: 들뢰즈의 선험적 경험론의 문제—틀에 관하여」(『哲学誌』 40号, 東京都立大学哲学会 編, 1998), 「존재의 일의성의 '실재적 정의': 들뢰즈의 일의성의 철학의 문제—틀에 관하여」(『哲学』 50号, 日本哲学会 編, 1999) 두 편을, 또한 이 책에서는 그것들에 더해 「'반-효과화'론의 전초: 어떤 반시대적인 아담을 위하여」(『現代思想』, 2002年 8月号, 青土社)와 「일의성의 철학으로서의 『순수이성비판』: 칸트의 '현상의 일의성'에 관하여」(『哲学誌』 39号, 東京都立大学哲学会 編, 1997)의 전반부를 각각 가필한 후 사용했다.

학위논문에 관해서는 심사를 맡아 주신 후쿠이 아쓰시(福居純, 주심), 지쓰카와 도시오(実川敏夫, 부심), 이시카와 모토무(石川求, 부심) 선생님께 감사드린다.

특히 후쿠이 선생님은 내 대학원생 시절의 지도교수이시기도 했고, 근세·근대 철학의 의의, 특히 17세기 철학의 가장 굵직한 부분, 바로 그 진수를 선생님께 배울 수 있었다. "저작에 서문 같은 걸 넣는 것은 저자가 저서 밖으로 달아나려는 의도가 있음을 보여 주는 것이다"라고 하시는 그분의 강인한 철학적 사유로부터 나는 그대로 '철학하기'의 엄격함을 배웠다. 그것은 바로 스피노자가 말하는 "가능한 한 빨리"(『지성개선론』)와 연결되는 사유의 특이한 속도였다.

고다 마사토(合田正人) 선생님도 언급해야 한다. 선생님은 내가 쓴 것에 관해 늘 제일 먼저 긍정적 평가를 보여 주셨는데, 그것이 얼마나 내게 자극이 되었는지. "사상에서 위험한 냄새가 사라지고 있다"고 하시는 그분의 글과 말씀, 또한 행동으로부터도 나는 많은 것을 배웠다. 그것은 특히 사상사를 통해 본 철학의 '존재 방식'의 자유도와 관계된 것이라 확신하고 있다.

나는 여기서 후쿠이 아쓰시와 고다 마사토라는 두 분의 흔치 않은 철학자와 사상가에게 각별한 감사의 말씀을 올린다.

마지막으로 적절한 조언과 함께 이 책의 출판을 실현해 주신 지센쇼칸(知泉書館)의 고야마 미쓰오(小山光夫) 씨께도 새삼 감사의 마음을 표한다. 마찬가지로 지센쇼칸의 다카노 후미코(高野文子) 씨께도 감사드린다.

2003년 7월
에가와 다카오

옮긴이 후기

들뢰즈가 일본에 처음 소개된 것은 1970년대 초반, 비평계를 통해서다. 비교적 이른 시기였지만, 이것이 오히려 본령인 철학적 논의가 회피되는 경향을 오랫동안 지속시킨 발단이기도 했다. 1980년대에 아사다 아키라(浅田彰)를 위시하여 등장한 이른바 '뉴아카데미즘'은 후기구조주의 사상의 확산에 일익을 담당하면서도 들뢰즈·가타리의 철학에 대한 도식적이고 단편적인 해석을 제시하는 데 그쳤고, 들뢰즈의 지도를 받고 귀국한 우노 구니이치(宇野邦一)는 1980년대 중반부터 들뢰즈적 글쓰기를 실천했지만, 들뢰즈 철학 자체를 논의한 것은 아니었다. 1990년대 중반에 들어서야 총체적인 입문서가 간행되고 철학적 연구가 개시되는데, 세기를 넘긴 어느 날 철학계를 뒤흔든 '사건'이 일어난다. 바로 에가와 다카오가 내놓은 이 책 『존재와 차이: 들뢰즈의 신험적 경험론』(2003)의 등장이다.

이 저작은 일본에 들뢰즈가 소개된 지 30년 만에 출현한 일본 최초의 본격적인 들뢰즈 철학 연구서이자 들뢰즈 철학을 독창적으로 계승한 에가와 자신의 철학을 담은 책이다. 그가 들뢰즈의 사상 총체를 염두에 두면서도 들뢰즈의 전기 대표작 『스피노자와 표현의 문제』, 『차이와 반복』, 『의미의 논리』에 초점을 맞추어 제시하는 과제는, 그 자신이 분명히 밝히고 있듯이 들뢰즈의 '선험적 경험론'(transcendental empiricism)과 '존 재의 일의성'(univocity of being)을 종합하여 초월적 규범을 가진 '도덕' 을 비판하고 하나의 '에티카'를 형성하는 것이다. 그리고 이러한 논의의 핵심을 이루는 것이 현실적인 것에서 잠재적인 것으로의 상승을 가리키 는 '반-효과화'(contre-effectuation) 개념이다. 현실화의 운동과 더불어, 비-현실적인 사건을 전개하고 잠재성의 차원을 발생시키는 '반-효과화' 의 운동을 파악해야만 비로소 "조건지어지는 것이 조건에 종속되는 과 정에 대항"하여 영원한 비-종속을 위한 선험철학을 구성할 수 있기 때문 이다.

『의미의 논리』와 『철학이란 무엇인가?』에 몇 차례 등장할 뿐인 '반-효과화'론을 통해 들뢰즈 철학의 정수를 포착하고 '에티카'에 도달하는 과정을 해명하는 참신함, 그리고 칸트와 스피노자의 철학을 양립시켜 '비 판'과 '임상'을 아우르는 체계를 정연하게 구축하는 긴밀함을 겸비한 이 저작은 저자가 하나의 글쓰기로써 추구하는 이미지 없는 사유와 스토리 없는 삶을 독자에게 요구하는 가혹함마저 보인다. 엄밀하고 반-도덕적인 철학에 대한 고집은 이후의 저작 『죽음의 철학』(2005), 『초인의 윤리: '철 학하기' 입문』(2013)으로 이어지고, 『안티-모랄리아: '탈기관체'의 철학』 (2014)에서 정점에 이른다.

최근까지 일본에서는 들뢰즈 철학에 대한 연구 대부분이 형상적 수 준에 머물러 있었고, 단순한 소개나 예술적 또는 정치적 담론에의 성급한 원용도 적지 않았다. 하지만 그런 가운데서도 중진들의 활약이 펼쳐지고 또 그에 자극받은 새로운 세대가 약진을 거듭하는 변화가 일고 있는데, 에가와의 이 저작이 그 분기점이었다고 할 수 있다. 이번에 이 책을 통해 한국에 소개하는 것이 다소 늦은 감은 있지만, 저자의 테제는 여전히 유효하고 충분한 자극이 될 수 있으리라 생각한다. 다만 졸역으로 인해 색다른 문체와 치밀한 논의가 자아내는 원전 특유의 반-시대적 공기가 제대로 전달될 수 있을지 염려스럽다.

이 책의 번역은 소운서원(逍雲書院)의 강독 세미나를 통해 성립했음을 밝혀 둔다. 들뢰즈 철학 전반에 관해 깊고 넓은 가르침을 주신 이정우 선생님, 나태한 역자를 능숙하게 이끌어 주신 그린비출판사 편집부에게 심심한 감사의 말씀을 올린다.

2018년 11월

이규원

찾아보기

| ㅈ |